U0580179

学习与思维

温寒江的探索

丛书主编 ◎ 肖韵竹　汤丰林

本卷主编 ◎ 李　军

XUEXIYUSIWEI

wenhanjiangdetansuo

北京师范大学出版集团
BEIJING NORMAL UNIVERSITY PUBLISHING GROUP
北京师范大学出版社

"学习与思维"教学指导丛书
编委会名单

名誉主编：温寒江

总 主 编：肖韵竹　汤丰林

委　　　员：(按姓氏笔画)

王延梅　　王振先　　王晓微　　白永然

白永潇　　吕俐敏　　汤丰林　　孙　丽

孙美红　　李　军　　李　玮　　李万峰

李小川　　杨　红　　杨建伟　　肖韵竹

何　冲　　沈彩霞　　张　敏　　张锋周

陈　崴　　庞孝瑾　　郑蔚青　　孟　彦

赵伯静　　郝玉伟　　钟亚妮　　倪　芳

徐　骏　　崔莹莹　　韩　冰　　温寒江

谢海明　　滕利君

本卷主编：李　军

本卷编者：(按姓氏笔画)

王延梅　　白永然　　李　军　　杨建伟

肖韵竹　　陈　崴　　郝玉伟　　滕利君

温寒江先生

总　序

Preface

追寻教育的理想

　　如果把遥看世界的镜头推到人类进化史的长河中，我们会看到，这既是"物竞天择、适者生存"的生物进化史，也是人类智能的演化史。在人类智能的发展中，具有强大推动力的无疑是学习与思维能力。因为学习，人类有了继承与发展；因为思维，人类有了规范与创新。这正如美国物理学家伦纳德·蒙洛迪诺在《思维简史》中所说的那样："为了理解科学之根源，我们必须回过头去审视人类物种之根源。人类的独特之处在于我们被赋予了理解自身以及世界的能力与渴望。"其实，这里"独特之处"的根源便是人类的学习与思维能力。我们认为教育从根本上讲，应该重在学生学习与思维能力的培养，因为只有具备了强大的学习与思维能力，他们才能真正成长为德、智、体、美、劳全面发展的优秀的社会主义事业的建设者。

　　因为找到了这个逻辑起点，所以我们更加深切地理解了教育家温寒江先生三十年如一日矢志不渝研究"学习与思维"问题并付诸实践的初衷。也正是基于这样一种认识，我们成立了学习与思维教育研究中心，并启动了首期高级研修班，就是想站在前人的肩上放眼未来，走出一条以学习与思维研究为专业追求的教育求索之路。研修班由来自高校和县(市、区)

教师培训机构的专业工作者及中小学校长、教师组成。大家既是学员，又是教师；既是研究者，又是培训者。研修班实现了自主学习、自主研讨、自主管理，不仅探索出了教师培训的新模式，也开展了学习与思维问题的实质性研究。这套丛书是研修班的重要成果。研修班打破了惯常培训项目每人一个选题、每人一篇论文、汇编一本论文集的成果集结套路，采用系统学习与重点研究相结合的方式，在深入研讨的基础上集体攻关，合作完成了这样一套既体现继承又突出发展，既强调理论又重视实践，既注重个人专业优势又凸显集体创作智慧的"学习与思维"教学指导丛书。这是一套统一体系下的结构化成果。我们在写作中试图体现如下价值追求。

一是传承。任何研究都有其出发点。我们的出发点便是温寒江先生的学习与思维研究成果。这项成果的典型代表是获得过"北京市哲学社会科学优秀成果奖一等奖"的《学习学》(上、下卷)。这是温寒江先生离休后深入反思我国中小学教育教学实践，萃取其教育人生中的宝贵经验，带领上千名中小学校长、幼儿园园长及教师不懈探索，最终形成的具有重大现实意义的研究成果。这项历经国家六个"五年规划"①(从"八五"开始)的成果重点回答了这样一些问题：我们的课堂为什么单调乏味？学生学习效率为什么不高？学生为什么缺乏创新性？等等。温寒江先生及其团队在三十余年的历程中，对上述问题进行思考与研究，在理论上取得了许多成果。例如，他最早开展的右脑开发与形象思维培养的研究，早在二十年前就对我国教育改革产生了影响。其代表性著作《开发右脑——发展形象思维的理论和实践》为当时我国教育从"应试教育"转型为"素质教育"提供了重要的理论基础。再如，他的另一部代表性著作《学习学》(上、下卷)，充分吸收现代脑科学研究的最新成果，形象思维与抽象思维并重，构建了完整的学习学体系。同时，其研究也取得了许多实践成果，主要体现在将学习与思维研究成果充分运用到中

---

① "十一五"之前，"五年规划"称为"五年计划"。

小学和幼儿园的具体实践之中，对许多学科的教学改革产生了积极影响，形成了多种有效的教学策略与方法。这样一份宝贵的财富，是本套丛书必须传承的重要内容。因此，本套丛书回顾了 96 岁高龄的温寒江先生所走过的科研之路，对一些重要研究成果也在相关内容中做了阐述。同时，我们还将其《学习学》的学习原理部分用英文版的方式呈现，期望能够在国际学术平台上进行深入交流。总之，我们希望能很好地传承温寒江先生一生躬耕教育的献身精神，也能传承好其立足中国大地潜心创立的这套具有中国特色的教育理论与实践体系。

二是发展。学习与思维问题不仅是人类发展史上的重要命题，也是教育发展史上的重大命题。温寒江先生的学习与思维研究只是滚滚江河中的一朵浪花，而这朵浪花能否在教育发展进程中产生更加长久的影响，则重在我们这些后来者是否能用长远的眼光去发展它。换言之，我们在传承的同时必须要发展，以赋予这些研究成果更加强大的生命力。我们在举办研修班之初确定的总基调就是继承与发展，并且明确了继承不是盲目照搬，而是用新时代教育改革的新要求、新标准去衡量。因此，继承既是充分汲取营养，更是批判性地接受。而这也正是温寒江先生所倡导的马克思主义唯物辩证法的立场。从这个意义上讲，继承与发展的辩证关系便是，继承是起点，发展是目标，二者相辅相成。那么，我们在发展中应该把握什么呢？第一，必须把脉时代。习近平在新时代的教育和教师层面提出了许多重要论述，如"四有"好老师、"四个引路人"，以及劳动教育，等等。我们必须在学习与思维研究中积极回应这些重大的时代命题。第二，必须把脉改革。基础教育改革与发展的前沿议题很多，如"核心素养""高阶思维能力与创新能力""批判性思维""问题解决能力""合作学习"等。而如何运用学习与思维研究的最新成果去诠释这些问题，又如何在对这些问题的有效回应中进一步发展学习与思维理论，这是我们必须把握的基本路向。第三，必须把脉前沿。脑科学、心理学、教育学、技术学等各个科学领域都有了突飞猛进的发展，学习科学、思维科学等领域的新思想、新成果也不断涌现，它们正在深刻影响着社会变革与教育综合改革。而我们如何更好地吸收这些新成果，同样是我们在深入研究学习与思维问题时必须面对的课题。第四，必须把脉需求。教育作为重大民生问题，其发展的时代要求是办出"人民满意的教育"。面对这样的目标，一系列重要议题，如育人方式的转变、中高考改革、新课程改革等，同样需要我们在学习与思维研究中做出积极的回应。应该说，"发展"既是本套丛书努力体现的意图，也是我们未来推动研究时需要把握的方向。

三是创新。温寒江先生的学习与思维课题本身就是一项具有创新性的研究。就我们的认识而言，其创新性体现在四个方面。其一，它充分运用了脑科学研究的成果，特别是将研究建立在认知神经科学的基础之上，是脑科学与基础教育发展紧密结合的典范性研究。其二，它立足中国基础教育的实际，深刻反思了运用于教育实践的心理学原理，对诸如表象、思维等概念提出了自己的认识，做出了力图更好体现教育要求的解释。其三，它重新审视了学科教学中存在的低效、沉闷等问题，在实践中创新了学科教学方法，提高了课堂教学的效率。其四，它为解决教师专业发展面临的问题提出了新的解决路径。他明确倡导并践行"向教师学习，总结教师经验"的促进教师专业发展之路，为一线教师的成长发展指明了方向。正因为这项研究本身所具有的这种创新活力，所以我们在本套丛书的撰写过程中同样积极主张创新。我们的创新主要体现在三个方面。第一是结构创新。本套丛书共五册，既自成体系、独立成书，又具有内在的逻辑联系，是一个整体。我们希望给阅读本套丛书的教师和研究者一种结构性的整体观，让他们从书名即可直观地把握我们对教育的理解与追求。第二是内容创新。我们没有沿袭传统的学科内容逻辑，而是点面结合，积极追求以面为逻辑线索，尽量简写；以点为写作重点，既突出传承性，又突出前沿成果，更突出与中小学和幼儿园实际的结合。第三是应用创新。本套丛书只是研修班的第一阶段成果，我们还将在此基础上积极推动成果转化，开发面向中小学和幼儿园教师的系列培训课程，以加强学习与思维研究成果的实践应用，让研究成果真正落地于课堂，服务于每一位学生的学习。

四是实用。为基础教育教学实践服务，是温寒江先生学习与思维研究始终不渝的追求，也是我们在未来发展中要坚定追求的目标。因此，我们在本套丛书的撰写中，也特别重视实用问题。实用，简单地讲，就是"务实"与"有用"。所谓"务实"，就是研究不求眼球效应，而是既要尊重学术规范，准确理解和把握已有研究成果，又要结合作者自己的研究基础，并充分吸收前沿研究成果，努力形成符合教育规律和学术规范的内容体系。所谓"有用"，则是指对中小学和幼儿园教师的教育教学工作有用，呈现给他们的内容是易于理解、便于运用的理论与策略。因此，本套丛书被定位为教师教学指导用书，其意蕴便是我们努力追求的"有用"目标。实用的价值取向，我们从书名到内容都给予了充分的体现。第一卷《学习与思维：学习学原理》，是《学习学》的修订版，重在体现以学生为中心，重在揭示学生学习的规律与特点，以便为教师更好地研究学生、把握学生提供理论指导，同时也是温寒江先生学习与思维理论体系中学习原理部分的集中呈现。第二卷《学习与思维：温寒江的探索》，其意主要为呈现温寒江先生的教育科研精神，同样也是丛书的灵魂，希望能够为广大教师提供一幅教育实践研究的全景图，让大家感受到研究与实践应是教师一生的追求，是一个艰苦的过程，也是一个幸福的过程。第三卷《学习与思维：基础理论》，希望为教师提供其在教育教学设计与实施中可运用的思维及相关理论，主要围绕学习与思维的脑机制、思维与创造性思维、学习动机等核心问题及学习科学前沿等方面的内容展开，力争把最有用的理论和原理呈现给大家。第四卷《学习与思维：教学策略》，重在围绕教学设计与实施，为广大教师提供课程开发及教学各环节的原理、工具与方法，以提高其教学的科学性与高效性，促进学生有效学习。第五卷《学习与思维：实践案例》，主要为广大教师提供了学习与思维研究中的典型案例，并做了必要的理论分析与点评指导，目的是为教师开展学习与思维研究成果指导下的教育教学实践提供有益的借鉴。

最后，丛书付梓之际，我们既为研修班通过一年刻苦学习与认真研讨取得的成果而感到高兴，也为学习与思维研究依然任重道远而倍感压力。但我们坚信，因为有各方仁人志士的支持与参与，这项充满活力与希望的

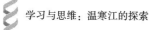

研究必将会继续绽放绚烂的光彩，不辜负温寒江先生和他的团队三十余年的辛勤奉献，也不辜负承载这项使命的研修班每一位成员的智慧与汗水！借此机会，我们还特别感谢北京师范大学出版社郭翔编辑为丛书的出版付出的心血！同时要感谢教育部教师工作司、北京市委教育工委、北京市教委各级领导及北京教育学院全体教职工、北京市相关中小学和幼儿园教师对学习与思维研究的关心和支持！

　　让我们为教育的理想而努力！

肖韵竹（北京教育学院党委书记）

汤丰林（北京教育学院副院长）

2020 年 5 月 18 日

本卷序一

Preface

向教师学习，总结教师经验①

向教师学习，总结教师经验是我的初心。20 世纪 50 年代，我在北京市第四中学工作。该学校有一批优秀的老教师，他们有丰富的教学经验。我想总结他们的经验，但由于我的理论经验水平不够，未能如愿。后来我在北京市第八中学工作，有几位语文老师的课讲得生动、形象、有感情，学生爱学。我想总结他们的经验，但由于关于情感、形象这些问题的理论经验不足，又未能如愿。20 世纪 80 年代，我在北京教育学院工作，听到了马芯兰老师讲授的教学改革经验。六年的教学任务四年就完成了，教学质量很高，学生作业也很少。当时，语文

温寒江先生于 2020 年 5 月 20 日为本书写的寄语

的审美情感、数学的思维与能力，是教学改革的重点和难点。马芯兰老师的改革实验为教学改革提供了实践经验。通过总结优秀教师的经验来解决这些问题促使我进行了接近 30 年的科学研究。

---

① 本序言根据 2019 年 5 月 18 日温寒江先生于北京教育学院"学习与思维"研究与实践学术研讨会暨"学习与思维教育研究中心"成立仪式上的发言整理。图片为温寒江先生于 2020 年 5 月 20 日为本书写的寄语。

我们的研究大致分两个阶段。第一个阶段从"八五"到"十五"。首先研究什么是思维，形成了抽象思维和形象思维两种思维的理念；接着界定了思维的概念，并且以思维为核心，研究了思维与技能和能力的关系、能力的提升等发展策略，形成了以思维为中心，由思维、技能、能力、创新能力、智力共同组成的基本概念体系。第二个阶段，"十一五"和"十二五"期间，我们研究了学习的过程。青少年的学习是连续的过程，是身心发展的过程。经过了十年的求索，我们把学习问题的研究成果概括为六个基本原理：思维的工作记忆原理、学习的迁移原理、学习的基本过程原理、能力发展多层次原理、学习的可持续发展原理和学习的主体性原理。

　　我们在"学习与思维"理论研究过程中始终以马克思主义认识论、科学发展观为指导思想，坚持的一个重要的研究原则是理论与实践相结合。我们研究的课题，是前人未曾研究过的。我们以中小学和幼儿园主要的学科教学为实验对象，先后有 41 所学校、1000 千多名教师参加了课题研究。我们一边做理论研究，一边进行教育改革实验，在不断总结优秀教师教学经验的过程中逐渐取得了一些理论成果。一方面，这些理论研究成果促进了教学改革实验，为教学改革实验提供了理论依据；另一方面，学校的教学改革实验也在不断检验着这些理论研究成果，一大批优秀教师教学改革的经验与教训又使理论研究进一步深入。不断向教师学习，总结教师经验，为教学服务，是我们进行课题研究最持久的动力。

温寒江

2020 年 5 月 18 日

本卷序二

Preface

光辉的教育人生[①]

我于 1954 年在北京市第四中学毕业。当时温寒江在北京市第四中学做校长，我的高中毕业证书上盖的是温寒江校长的名章。

2010 年 12 月 12 日陶西平同志向温寒江老师赠送"夕阳红"照片

[①]　本序言根据陶西平先生于 2008 年 11 月 13 日在北京教育学院召开的温寒江教育科研 30 年研讨会与 2010 年 12 月 12 日在北京教育学院与北京市社会科学联合会、北京市哲学社会科学规划办公室、北京教育学会联合召开的"学习与思维"课题研究 20 年成果汇报会上的发言合并整理而成。陶西平先生一直关注温寒江先生关于学习与思维问题的研究。在本书即将出版时，惊悉陶西平先生仙逝，序言再没有机会得到陶先生的亲笔修改。为深切缅怀和感谢陶西平先生，我们仍把陶先生的两次发言作为本书重要的序言。图片为 2010 年 12 月 12 日陶西平同志向温寒江老师赠送"夕阳红"照片。陶西平先生赠送给温寒江先生的照片为 1954 年 8 月号人民画报封底，内容为温寒江先生在北京市第四中学任校长时带领准备参加高考的学生复习。温寒江先生的这批学生里有中国第一个宇宙飞船设计的副总工程师，有大庆油田开发的副总指挥，有鞍钢股份炼铁总厂长，有将军，有导演，有清华大学教授，有北京大学教授，有中国第一个研究汉字输入的科学家等。

温老任北京市第四中学校长时才 30 岁，应该说是非常年轻的。他到北京市第四中学以后，就到各班去听课。大家都很关注这位年轻的校长。他学识渊博，哪门课都能讲，晚上还在校长室欣赏音乐。大家都非常佩服他的才华。从当年 30 岁的校长到现在 90 多岁的教育家，温老的教育人生为我们回答了两个问题：一个是什么是对事业的忠诚，另一个是什么是对规律的敬重。

我们要学习温老对教育事业的忠诚。在温老开始进行学习与思维课题的研究时，我参与了其中部分活动和问题的探讨。我感觉温老身上充分体现了终身奉献、终身反思、终身学习的精神。温老总是不断回忆自己走过的路，从中不断提出新的问题，然后不断求索。我认为这就是对事业忠诚最重要的体现。一直到现在他还在不断地思考问题。比如，他前不久问我：为什么那届学生中出的院士不够多？也就是说，他到现在还在对 50 多年前培养学生的情况进行反思，还在追寻"为什么"。很多问题是我们没有想过的，但是他在想；不但在想，而且还在研究、求索。这种终身奉献、终身反思、终身学习的精神是值得我们每个教育工作者学习的。

温老对开发右脑问题的探讨是一波三折的，因为这是一个前沿课题，人们会有很多不同的看法，但是他在这个问题上取得的成果受到了多方面的关注。温老借助国内外关于脑科学研究的成果来进行教育实验和研究，并在这一基础上写的《开发右脑——发展形象思维的理论与实践》。李岚清同志读后在这本书上做了一百多条批注，并提出要专门听一次汇报。这是一次有上百人规模的会议，国家科技部前部长朱丽兰同志、教育部前部长陈至立同志都参加了会议，很多心理学家、脑科学家、艺术家和教育工作者也前来听温校长汇报。大家提出了很多意见，有一些支持意见，也有一些不同看法，还有一些对今后研究的建议。李岚清同志也谈了自己的意见，其中一些是关于这本书的。参加这样的会议，我能感受到国家领导人对普通教育工作者的著作给予的关心。我更为温老作为一位普通教育工作者，写出的著作能够得到国家领导人的重视感到骄傲。

　　温老另一种值得我们学习的精神是他始终敬重规律，不断地探索规律。教育是没有奇迹的，如果它看起来像个奇迹，这里面肯定有虚假或不合理的东西，因为教育是需要按照规律去办的。温老在这方面确实给我们做出了榜样。他从教育教学实践中提出问题，然后进行深入研究，反过来又用研究成果指导实践。其中一些理论是很有创意的，如"三基"理论。过去我们讲"双基"，温老提出了"三基"，即知识、技能、思维。这个观点实际上是对素质教育的完整诠释，是对课程改革的一个很重要的提示。当年李岚清同志重视温老的课题，实际上也是要说明，素质教育不是凭空想象出来的，它的提出是有科学依据的，要从人的发展角度为素质教育找到科学依据。温老对教育规律的敬重是值得我们学习的，我觉得温老和他的团队给了我们很多宝贵的启示。

　　首先就是要尊重和敬畏教育规律。温家宝在全国教育工作会议上说了这么一段话："要倡导教育家办学。教育的发展有其自身的规律。一个好老师，可以教出一批好孩子；一个好校长，可以成就一所好学校；一批教育家，可以影响国家和民族的未来。我国教育事业要兴旺发达，一个重要条件就是让真正懂教育的人来办教育。因为他们尊重、敬畏教育的价值和规律。"我想了好半天为什么要敬畏教育规律，后来我想那是因为违背教育规律是要受到惩罚的，大到宏观或者中观决策，小到上一节课或处理一件事，都会造成全局的失误或者造成一个人的终身遗憾。我常说素质教育就是高素质教师进行的教育。我想再补充一句，尊重和敬畏教育规律是成为高素质教师最重要的条件。正是基于这种理念，温老跟他的团队才能始终不渝地把对规律的把握作为教育改革的前提。

　　其次就是要坚持不懈地探索教育规律。我们对规律的认识总是一个不断完善、不断深化的过程。前人为此做出了努力，给我们积累了丰厚的精神财富；但是时代的变迁、社会的进步使教育事业面对许多新的问题时会产生许多新的困惑，科学研究新成果的不断涌现又引起我们对原有规律的思考，于是对规律的把握也就伴随着对规律的探索。温老从中小学课堂教学

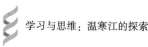

存在的枯燥乏味、抽象难懂、死记硬背、高分低能等现象带来的困惑出发，试图探索问题的症结所在。温老和他的团队把思维作为脑科学成果在教育中应用的切入点，通过研究当前教学改革忽视思维、脱离思维的问题，回归到学习的基本命题，从两种思维的基本理论出发，特别是有针对性地以形象思维与教育的关系研究为重点，打破了长期以来思维研究强调单一的抽象思维的局限性；在这个基础上进一步研究了思维发展的全面性，并且对思维的全面发展和人的全面发展的内在联系机制进行了探索，从而构建了两种思维的学习论。当然任何新的理论的建立总要在争论中发展，在质疑中完善，但这项研究对落实《国家中长期教育改革和发展规划纲要（2010—2020 年）》提出的创新人才培养模式、注重学思结合、注重知行统一、注重因材施教有着重要的指导意义。

最后就是要有坚持不懈地探索教育规律的教育家。我们所处的时代需要教育家。回顾人类的历史，在古代，无论是国外的教育家苏格拉底、柏拉图、亚里士多德，还是中国的孔子、孟子、荀子；在近代，无论是国外的杜威，还是中国的陶行知，都处于社会的转型期。因为在社会的转型期，教育的变革往往滞后于社会的变革，于是教育会有诸多不适应的方面。我想，提出许多需要回答的问题并能够从理论和实践相结合的角度回答其中一两个问题的人就是教育家。现在我们国家正处在转型期，尽管教育事业取得了令人瞩目的成绩，但是社会对教育提出的诸多问题还未得到解决。因此中国现在需要教育家，也有可能出现教育家。

温老毕生从事教育工作，积累了丰富的实践经验，又有着深厚的理论功底；特别是他对教育事业的忠诚和对教育真谛的追求，使他以一种较强的社会责任感为探求教育规律贡献了全部的智慧。他几十年如一日带领团队进行学习与思维课题的研究，从不懈怠，永不放弃。这就是教育家的意志，这就是教育家的情怀。我们从温老身上可以看出，教育家是在理论与实践相结合、历史与现实相结合的过程中进行教育创新的人。温老的团队始终坚持教育实验，在学科教学、学校德育、课外教育等方面进行了大量的探索，积累了许多成功的经验，取得了明显的成效。我们期盼有更多像温老这样的教育家出现。

　　温老年逾96岁还在战斗，他带领的团队已经成长起来。我相信他们不会停止前进的脚步，温老的热血将在他们身上延续，并且绽放出更加灿烂的光辉。

陶西平

（时任国家教育咨询委员会委员、北京市社会科学界联合会名誉主席）

本卷序三

Preface

把握时代脉搏，勇于探索创新①

温老从事教育工作 70 余载，他的教育生涯伴随着中华人民共和国的成立和发展。几十年来，温老积累了丰富的教育经验，为教育事业的发展做出了卓越的贡献。

中共北京市委教育工作委员会原书记王宁先生与温寒江先生于

2019 年 5 月 18 日在北京教育学院学习与

思维教育研究中心亲切交谈

---

① 本序言根据 2019 年 5 月 18 日王宁先生于北京教育学院"学习与思维"研究与实践学术研讨会暨"学习与思维教育研究中心"成立仪式上的发言整理。

　　温老是我们的前辈，我很小的时候就知道温老的名字了。我虽然没有在温老领导的学校学习过，但是依然深深了解温老严谨的治学精神和先进的办学理念。在中学时代，我们常常能够见到温老儒雅的身影，我们对他满是尊敬。2015 年，我去温老家里拜访温老，温老拿出《学习学》的手稿给我看。当时的温老已经 91 岁高龄，依然笔耕不辍，还在为教育事业奉献着自己的智慧，让我深受感动。温老扎根基础教育实践，坚持不懈地推动学习与思维科学研究达 30 余年，最终形成了一套特色鲜明的学习学理论体系。这是一笔极其珍贵的科研财富。我觉得这笔珍贵的科研财富饱含着温老丰富的人生阅历和坚定的教育初心，有很多方面值得我们教育工作者学习。

　　第一，我们要学习温老的大爱和深沉的教育情怀。

　　半个多世纪以来，温老始终怀着一颗仁爱之心专注于教育事业，倾心于学生的成长进步。他为了减轻学生负担，提高教师的课堂时效，急学生之所急，想教师之所想；一直秉持提炼教学经验、让教师专业得到发展、让学生能力得到提升这颗初心，扎根教学实践，解决实际问题，引领教师成长，真正发挥了广大师生引路人的作用。温老把关心下一代成长进步的大爱和深沉的教育情怀化作实际行动，探索出了一条具有特色的基础教育创新之路并施惠于广大师生。温老在关注基础教育前沿理论和实践的同时，不忘关注边远贫困地区学生的成长和家乡教育事业的发展。他生活俭朴，多年来默默奉献，捐资捐物，助学助教，滋养了很多贫困学子的心灵，照亮了很多贫困学子的人生道路。我们一直讲教育工作者要有大爱，要有情怀，我觉得温老给我们做了一个非常好的榜样。

　　第二，我们要学习温老持之以恒、求真务实的科研精神。

　　温老离而不休 30 余载，怀着为党和国家事业造就更多社会主义建设者和接班人的坚定理想信念，在为他人、为社会奉献的道路上越走越远。温老一直坚持求真、求实的科学精神，深入学校开展教育科研。温老作为一名离休老同志，坚持每周深入两所实验学校听课、评课、指导备课，开展教学研究和论文写作，与一线教师共同提炼、总结了丰厚的研究成果，为北京乃至全国很多地方的基础教育改革和发展奠定了重要的理论与实践基础。温老是一位 95 岁高龄仍然活跃在教育战线最前方的教育家，这种持之以恒、求真务实的科研精神值得我们学习。

第三，我们要学习温老率先垂范的高尚品德和道德情操。

温老不为世风所动，面向基层，耐得住寂寞，毫无倦怠，几十年如一日，坚持从理论到实践、再到理论、再到实践的苦苦求索。温老始终用严谨的教师职业道德来约束自己，用高尚的道德情操去感染教师，以自己为镜子教育学生。可以说，温老的率先垂范，影响感召着首都几代教师为教育事业执着奉献。当前，我们主张要培养教育家，要有教育家的情怀，要教育家办学、教育家育人。这意味着，不论我们身处高等教育领域还是基础教育领域，不论我们的角色是教育管理者还是专任教师，我们都既要有政治家的高度，又要有教育家的情怀。只有这样，我们才能担负起立德树人的重担。我们要向温老学习，学习温老终身学习、终身从教的精神，以"教育家办教育"的情怀和标准要求自己。

温老身上还有很多高尚品德值得我们学习。北京教育学院成立"学习与思维教育研究中心"，就是为了搭建一个学习温老精神的平台，搭建一个将学习与思维理论不断提升并传播四方的平台，更好地服务北京乃至全国的基础教育发展，更多地造福广大师生。"学习与思维教育研究中心"要强化使命担当，发挥更大的作用。

第一，要聚焦人才培养，助推基础教育的高质量发展。希望同志们一如既往地支持北京教育学院的发展，支持"学习与思维教育研究中心"的建设。北京教育学院要进一步总结经验，围绕如何发挥北京中小学校长与教师培养培训的重要基地的作用这一问题，统筹学院培养培训的力量，紧密结合北京特色，以创新精神研究和探索提高师资队伍质量的新路径与新方法，充分发挥"学习与思维教育研究中心"这个平台的作用，争取产出更多的科研成果，培养更多的优秀人才，为基础教育高质量发展贡献更大的力量。

第二，要聚焦科研创新，为完成立德树人根本任务提供智慧支撑。希望同志们在教育科研的路上，牢牢把握住时代脉搏，紧扣时代对教育事业发展提出的新要求，勇于探索创新，不畏惧难题。同志们要加快探索科研成果应用转化的步伐，将优秀科研成果转化为教材体系、教学方法、教学实践，让科研成果真正惠及学生，从而提高人才培养质量，让学生有更多的成就感和幸福感。

第三，聚焦培养高端教师队伍。希望同志们以学习与思维研究的基本观点和原理为指导，系统地加强教师培训课程的建设，打造一批具有针对性、引领性的精品课程；深入利用"学习与思维教育研究中心"的研究成果，创新教师培训方式，努力培养一大批骨干教师，让"学习与思维教育研究中心"真正成为基础教育领域高端人才的"孵化器"。

王宁

（时任中共北京市委教育工作委员会书记）

2019 年 5 月 18 日

本卷序四

Preface

深入研究教与学，促进学生全面发展①

温老作为我国优秀教师队伍的杰出代表，我们要向温老学习。

**教育部教师工作司司长任友群先生、北京市教育工委书记
王宁先生与温寒江夫妇在 2019 年 5 月 18 日北京教育学院
"学习与思维"研究与实践学术研讨会上的合影**

  教育的核心在于学习，学习的核心在于思维训练。这就需要将培养学生的独立思维能力置于教学活动的中心，突出对学生思维能力的训练，引导学生通过自主思维认识各种自然现象和社会现象的客观规律，增强学生

---

① 本序言根据 2019 年 5 月 18 日任友群先生于北京教育学院"学习与思维"研究与实践学术研讨会暨"学习与思维教育研究中心"成立大会上的发言整理。

学习的自主性与创造性，培养学生的创新精神和创新能力，造就国家亟需的创新人才。温老抓住了现代教育的这一关键问题，提出运用"全面发展思维"培养创新人才，这对教育改革与发展具有重要意义。

20世纪90年代中后期，学习科学刚刚进入中国。温老是中国较早对学习与思维进行研究的一线教育工作者。早期的研究中，实验手段还是很有限的。最近几十年，特别是最近十年，随着新技术的开发及普及，技术成本开始降低，科技的发展给教育研究提供了更广泛的空间。但是，实验室研究和教育教学实践经常会脱节；科学家发表了很多关于脑科学的文章，一线教师很难在课堂中应用。从实验室走到一线、走到课堂，还有很长的路需要去探索。作为北京教育学院的老院长，温老基于中小幼的教学实践所开展的学习与思维研究，弥补了研究与应用之间的空隙，取得了丰硕的理论与实践成果，为丰富和完善我国基础教育理论与实践做出了重要贡献。我们要向温老表示感谢和敬意。

在当前深化教育领域改革的背景下，北京教育学院成立"学习与思维教育研究中心"，可以说正逢其时、恰逢其势，适应了新时代国家教育发展的战略需求，适应了现代社会对教师培养的更高要求，适应了教师能力素质提升的需要。借此机会，结合当前"学习学"研究的进展以及教师队伍建设的重点工作，就学习与思维相关领域的研究和实践提三点建议：

第一，把"学习与思维教育研究中心"建成引领基础教育理论研究的前沿阵地。自20世纪90年代以来，现代意义上的学习科学逐渐得到发展，其研究成果日益受到教育领域决策者与实践者的关注，学习科学已经成为诸多国家或地区教育变革的理论指引，也成为一些教师进行教学实践探新的理论基础。希望"学习与思维教育研究中心"的研究者结合学习科学研究的最新进展，深度思考课程、教学、教材、学习等基本问题，进一步深化具有中国特色的"学习学"理论研究，进一步丰富基于思维发展的学习与教学等领域的研究，为中国的教育改革提供理论支撑。

第二，基于"学习学"的研究，解决教育实践问题。中国教育研究的一个问题是我们非常在乎教师"怎么教"，不太研究学生"怎么学"。我仔细读了温老2016年写的《学习学》。温老提出的关于学习与思维的六大原理非常重要，在帮助教师教和学生学、促进学生全面发展方面是可操作的。一个地区基础教育教研和师训的地位直接影响本地区基础教育发达程度。北京是首善之区，在教育改革方面积累了很多经验，希望"学习与思维教育研究中心"的研究者向温老学习，立足于人才培养的现实问题，深入研究教和学，促进学生全面发展，不断将这一研究成果发扬光大。

第三，立足教师培养和培训，在教师发展上倾注更大力量。基础教育事关每个人的终身发展，事关每个家庭的希望与期盼，事关人民群众对教育的需求与评价，是整个教育体系的基石。我国幅员辽阔，地域差异性显著，教师素质不高已经成为制约当前基础教育改革深入推进和教育质量提升的短板。要承担起立德树人的根本任务，我们就要做好教师培养和培训工作。在这个方面，首都应该承担起更多的引领性责任。北京教育学院作为首都中小学教师培训的"排头兵"，更要承担起这个历史责任来。希望北京教育学院结合学习科学等相关理论的最新研究进展，继续做好温老"学习学"理论和实践的推广工作，进一步积极探索，创新教师培训工作的方式和方法，充分发挥好示范带头作用，为全国基础教育教师队伍建设积累宝贵经验，一起把中国的教育事业做得更好。

任友群

（教育部教师工作司司长）

目 录
Contents

导　论

温寒江先生的教育科研四十二年①

温寒江，1924 年出生，1947 年毕业于浙江大学，教育家。先后担任北京市第三十五中学、北京四中、北京八中校长，北京教育学院院长。1987 年离休后，先后主持北京市哲学社会科学"八五""九五""十五""十一五"规划重点课题。多年以来，温寒江先生从我国基础教育存在的问题出发，以马克思主义认识论和科学发展观为指导，以深厚的教育理论素养和丰富的教育实践经验为基础，以脑科学研究成果为依据，以人的形象思维为切入点，持续开展脑科学在教育应用中的研究，形成了较为完整的学习学理论体系，并取得了显著的实践效果。温寒江先生主编的"脑科学·思维·教育丛书"，为构建和完善我国学习与思维的基础教育理论、促进基础教育事业发展做出了重要贡献。

温寒江先生近照

1979 年以来，在解放思想的精神鼓舞下，温寒江先生反思过去的教育工作，先后主持了国家(部)、省、市级 7 个教育科学课题的研究工作，取得了关于学习与思维的系列研究成果。

———————

① 本部分根据温寒江先生《我的教育科研三十年》《来自一个大山孩子的回忆录》《向教师学习，总结教师经验》以及对温老的采访整理而成。"四十二年"指从 1979 年至 2020 年。

20 世纪 80 年代，我国正在有步骤地实行九年制义务教育，这是关系到民族素质的提高和国家兴旺发达的一件大事。实行九年义务教育，就要建立一支有足够数量的、合格且稳定的师资队伍。当时温寒江先生在北京教育学院任职。在教师培训工作中，他发现了大量中小学教师学历不合格、教师队伍素质亟待提高的问题。他勇挑重担，接受了国家教育科学规划重点科研项目"中小学师资培训的研究"的重要任务。北京教育学院邀请了上海、江苏、广东、湖北、四川、辽宁、新疆、广州、武汉、南京、大连等省市的教育学院，上海市教育局，东北师范大学《高师函授》编辑部等 15 个单位的负责人组成课题组。

这个课题研究工作分两步进行。第一步，各课题成员所在单位广泛开展与课题有关的专题调查、专题研究，共完成专题总结 159 篇。在这基础上，完成了《培训在职教师是实行义务教育，提高基础教育水平的战略措施》的研究报告。第二步，在总结中华人民共和国成立 30 多年来我国师资培训工作的基础上，对师资培训工作的性质、特点和规律进行探索与研究，对我国师资培训工作的内容、形式、方法和教育学院的建设与管理问题进行了较系统的研究，最后形成《师资培训概论》一书，填补了国内这方面的研究空白。

随着师资培训工作的深入开展，如何培养一名合格教师的问题凸显了出来。"中小学教师素质和能力问题"是北京市哲学社会科学"七五"规划课题。课题组对当时被分配到北京市中小学工作的高师、中师部分毕业生和北京教育学院、上海教育学院即将毕业的本科、专科学员的教学基本技能状况进行了调查，研究了国外教师技能(能力)培养的有关文献。在这基础上，温寒江先生着重进行了两方面的研究。第一，深入研究教师素质的结构与内涵，即思想政治素质、科学文化素质、技能(能力)素质和心理素质。第二，研究制订《中小学教师基本技能内容纲要》(以下简称《技能纲要》)。在拟定《技能纲要》(征求意见稿)后，温寒江先生和他的研究团队访问了专家、学者和教师 140 多位，分别征求他们的意见；经过多次筛选、修改，形成《技能纲要》，并在北京、上海、武汉等地 43 所中小学 2080 名有经验的教师中就《技能纲要》进行了问卷调查。温寒江先生对研究教材、运用教法、语言表达、观察研究学生、组织学生、进行思想教育六个方面的教师技能问题进行了研究和论述，这些研究成果成为《论教师的素质》一书的重要内容。

改革开放以来，我国中小学进行了许多教育改革。一批中小学积极开展课外活动，取得了明显的效果。例如，一些农村学校根据当地经济发展的需要，开展多种多样的课外活动，开辟了一条教育为农村经济服务的渠道；一些城市学校开展课外活动后，学生学得活了，全面发展的学生多了。为什么课外活动能取得这样明显的成效？课外活动与课堂教学有什么关系？我们在现有教育理论中找不到令人满意的答案。"课外活动在教学体制改革中的地位和作用"是"七五"期间全国教育科学规划重点课题，主要是针对当时教育改革实践中的问题提出来的。温寒江先生申请这个课题后，组织国内开展课外活动比较早并有显著成绩的学校，如北京汇文中学、北京景山学校、苏州中学、南京师范大学附属中学、华东师范大学第一附属中学、湖南省华容县第一中学等进行了研究。

温寒江先生运用系统论思想，比较系统地研究了课外活动的目的、意义，课外活动与兴趣、能力、思想品德的培养的关系以及课外活动的过程、原则、内容、形式与方法。他认为，课堂教学与课外活动各有优缺点，课外活动不是对课堂教学的延伸，二者是相辅相成的，开展课外活动是对课堂教学的重大改革。这些研究成果形成了《课外活动与教学体制改革》一书。

在温寒江先生 42 年的学校工作中，一批优秀教师的经验给他留下了深刻的印象。这些经验很有创造性，有的突破了现有教育理论。离休以后，他运用布鲁纳（Bruner）的知识结构理论和赞可夫（ZanKov）的整体发展思想，撰写了《现代教学论引论》一书，对教学论进行了新的探索。这本书通俗易懂，书中引用了一批优秀教师和知名学校的经验，力求把理论和实践结合起来；同时，初步运用形象思维阐述了教学的基本过程，重视德育过程和德育教学法，重视课外活动在教学体制中的重要作用，深受北京市广大中小学教师欢迎。

1990 年以后，依据脑科学的新成果，温寒江先生进行了发展形象思维与学习问题的研究。几十年来，先后参加实验的学校有 41 所，其中大学 2 所、中学 18 所、小学 16 所、特殊教育学校 2 所、幼儿园 3 所，参加研究的人员有 1000 余人。

课题以基础教育中普遍存在的问题为研究对象。"八五"期间，温寒江先生和他的研究团队首先认识到的问题为：中小学学生对语文、地理等学科的学习感到枯燥乏味、没有兴趣，认为平面几何抽象难懂。随着研究的继续和深入，温寒江先生逐渐概括出了基础教育中存在的问题：在实践中，课堂教学普遍存在四种现象——枯燥乏味，抽象难懂，死记硬背，高分低能。在理论上，现有教育理论存在八个未能解决或未能完全解决的重要问题。

第一，人的全面发展（德、智、体、美、劳）的内在联系是什么？为什么说科学与艺术是相通的？

第二，人是怎样认识客观事物和理解所学的知识的？现有理论有较大的局限性，如不能阐明人如何领悟一首诗、一个故事或一首歌，也不能说明如何理解正确掌握一项体育技能。

第三，学校能否培养中小学生的创新能力？技能、能力、创新能力内在联系的机制是什么？

第四，学习从已知到未知，新旧知识内在联系的机制是什么？（当时国外有多种学习迁移理论，但没有统一的学习迁移理论）

第五，学习是一个认识过程。关于学科学习过程的理论，有的学科存在缺失，如语文、几何；有的学科尚不清楚，如体育、音乐、美术。

第六，教育要信息化，信息技术与学科教学整合的原理、方法、特点是什么？

第七，学习是否可以持续？中小学各科教学存在教学难点，如何化解教学难点？

第八，学习脱离实际的理论根源是什么？

上述这些问题不是一般性问题，而是根本性问题。这些问题的长期存在已严重影响了教育质量的提高和素质教育的发展。

课题研究的指导思想主要有两个。最初，温寒江先生主要以马克思主义认识论为指导思想；在胡锦涛提出科学发展观以后，又把科学发展观作为课题研究的指导思想。课题研究与实验的目标是让青少年的智力得到最佳发展，教会每一个学生（不让一个学生掉队）。课题的研究有三大特点：第一，以脑科学的新成果为科学依据；第二，有中国特色；第三，一边搞理论研究，一边进行教学实验，把理论和实践结合起来。

课题的理论研究大致分为三个阶段。

"八五"期间，首先进行了形象思维基本理论的研究，阐述了以下几个问题：第一，形象思维的科学依据；第二，形象思维的一般概念与特点（"十五"期间对思维定义做了修改）；第三，形象思维的普遍性；第四，发展形象思维的重要意义；第五，形象思维的一般方法；第六，形象思维的产生——观察与直觉；第七，形象思维的表达；第八，形象思维与教学。这些问题初步构成了形象思维的理论框架。研究成果为《开发右脑——发展形象思维的理论与实践》。

"九五"期间，温寒江先生研究了创造性思维和创新能力的培养，根据思维发展的全面性分析了创造过程中的思维活动，对创造性思维做出了比较全面的定义：创造性思维是创造过程中的思维活动，主要是两种思维（抽象思维、形象思维）新颖的、灵活的、有机的结合。接着温寒江先生又总结了培养创造性思维、创新精神和实践能力的初步经验，阐述了构建中小学创新教育体系的目标、原则和途径，提出了中小学创新教育体系的初步框架，并撰写了《构建中小学创新教育体系》一书。

"十五""十一五"期间，温寒江先生主要研究学习理论，研究的着重点为以下三个方面。

学习理论的脑科学基础。第一，思维是大脑的机能，人之所以能进行思维，是因为大脑具有两种属性。温寒江先生据此界定了思维的定义，并以此为核心，重新界定了技能、能力、创造性思维等基本概念。第二，工作记忆是推理的核心，根据工作记忆的理论提出了思维的基本法则。第三，天生的机制使儿童能获取语言，大脑存在语言模块。人是运用语言模块形成的普遍语法进行思维的，这被称为"语言的思维语法规则"。这就是脑科学和学习理论相结合的基础或出发点。

学习的基本过程——思维、技能、知识三个要素及其相互关系。根据马克思主义认识论，温寒江先生主要研究了以下两个问题。第一，新旧知识的衔接是学习过程可持续的基础。课题组提出了新的学习迁移理论，解决了一个多世纪以来国外不同心理学派从各自的哲学思想、学习理论出发提出的多种迁移理论内容不统一的问题，从而使迁移理论成为学习过程中新旧知识（包括知识、经验、技能、能力等）衔接的基本原理。第二，学习是一种认识过程，思维是这个过程的核心，技能（能力）是这个过程的两翼，知识是认识的结果。这个学习过程理论揭示了思维、技能（能力）、知识是学习过程的三个基本要素，理顺了思维、技能（能力）、知识三者的关系，认为思维是学习过程的核心，并从心理学角度（思维、技能角度）阐述了从感性认识到理性认识和从理性认识回到实践的两次飞跃。

学习与发展——思维的全面协调和可持续发展。关于发展，温寒江先生着重研究了以下六个方面。第一，思维的全面性是人的全面发展的基础，科学与艺术在思维上（形象思维）是相通的。第二，思维的协调发展主要体现为知识与技能之间的协调性以及学科学习中两种思维(抽象思维、形象思维)的协调发展。第三，现代教育媒体(以计算机为中心的多媒体与网络)是当代思维全面发展的好载体，媒体的变革促进了学习方式的变革。第四，发展的层次性。技能、能力、创新能力三者之间既相互联系又相互区别，是人的认识能力发展的三个不同层次，思维是三者内在联系的机制。技能通过思维的综合性训练可以形成能力，通过思维的新颖性、灵活性训练形成创新能力。因此，中小学可以培养能力和创新能力，青少年智力可以得到最佳发展。第五，思维的可持续发展。在思维全面协调发展的基础上，思维是可持续发展的。第六，由于思维是全面协调和可持续发展的，学科学习的难点是可以被化解的，因此，学习是可持续的。深入教材教法改革，提高自身素质，教师可以教会每一个学生，不让一个学生掉队。以上研究成果主要反映在《让青少年智力得到最佳发展》《学习与思维——学习中思维的全面协调和可持续发展》《学习学》(上、下卷)等书中。

　　除了对学习与思维的理论进行研究外，温寒江先生和他的研究团队还进行了以下四个方面的教学实验研究。第一，学科教学过程中思维发展的全面性和协调性的实验研究；第二，学科教学中如何培养能力、创新能力的实验研究；第三，学科教学中思维发展起步教学的实验研究；第四，学科教学难点分析及化解教学难点的教学实验。这些在中小学进行的教学实验是对理论成果的实践验证。

　　温寒江先生曾经谈到他和研究团队的研究思路。他认为，关于脑科学在教育中的应用，课题很多。关键是要找准切入点，有正确的研究思路。课题研究的重点放在脑科学与学习上，切入点是思维，研究思路是开发大脑潜能(开发右脑)—发展形象思维—思维的全面发展(抽象思维、形象思维都要发展)—思维的全面协调和可持续发展。在这个过程中，思维的全面协调和可持续发展是进行教育教学改革、落实科学发展观的关键。这个研究的切入点和研究的思路是正确的，这是十分宝贵的经验。同时，温寒江先生也谈到当今世界面临思维方式、媒体方式和学习方式的变革；其中，思维的变革是后两种变革的理论基础。他认为，团队只是做了一些起步工作。

　　从 1979 年对教学过程的规律与特点进行探讨以来，温寒江先生进行教育科学研究 42 年。这是求索的 42 年，也是学习的 42 年。42 年来，一种在改革开放大潮中被不断取得的辉煌成就激发的热情，一种反思过去、期待早日实现教育现代化的责任感，经常鼓舞着温寒江先生积极思考、不断求索。2018 年以来，温寒江先生在研究劳动教育的过程中，撰写了《"90后"学习学文集》和《来自一个大山孩子的回忆录》。

从温寒江先生教育探索的内容来看，他在长期教育实践的基础上，经过研究形成了一套比较完整的学习学理论体系。

第一，温寒江先生对师资培训工作的性质、特点、内容、规律以及教育学院的建设与管理等问题进行了探索和研究，总结了培养一名合格教师的路径；运用整体发展的思想，引入现代心理学理论的最新研究成果，对传统教学理论进行了补充和完善，填补了相关研究的空白。

第二，温寒江先生结合教育教学对形象思维进行了全面、系统和深入的研究，构建了形象思维基本的理论框架。两种思维理论的提出充分确立了形象思维在学生学习和生活中的重要地位，使学校教育逐渐克服了只强调抽象思维的片面性，走上了全面发展之路。

第三，在两种思维理论的基础上，温寒江先生提出了创造性思维是创造过程中两种思维的有机结合的观点。创造性思维是创新能力的核心，也是创造过程中的关键因素。建立两种思维相结合的教学新模式、建立学科课程与活动课相结合的课程体系，可以扎实有效地培养中小学生的创新精神和创造性思维。

第四，温寒江先生以对思维的研究为起点，进一步研究思维、技能、能力、创新能力、智力之间的关系，形成了学习与思维的概念体系，并提出了学习的六大原理，形成了具有中国本土性和独创性的学习学研究成果，建构了有中国特色的学习学体系。

从温寒江先生教育探索的特色来看，他始终坚持马克思主义认识论和科学发展观，他在对我国中小学教育发展的共性问题进行探索的过程中找到了一条基础教育通向未来发展的道路。

第一，温寒江先生始终关注中国国情和教情，在继承优秀传统文化的基础上把我国基础教育普遍存在的问题放在突出的位置进行研究，具有浓厚的民族情感。

第二，温寒江先生研究思考的问题涉及哲学、心理学、生理学、认知神经科学、教育学及其分支学科，具有明显的综合性和跨学科的特点。这些学科的研究成果成为两种思维理论提出的科学依据。

第三，温寒江先生的教育思想来源于教育实践，实践性贯穿于他教育探索的始终。半个多世纪以来，温寒江先生边研究边实践，把理论研究与教学实践结合起来。理论研究成果指导了教学改革，为教学改革提供了理论依据；教学改革又丰富了理论，并且检验了所形成的理论成果。理论与实践相结合一直是温寒江先生进行学术研究的基本原则。

第四，温寒江先生关于师资培训的理论以及在认知神经科学基础上的两种思维理论已成为现代教育的理论基础。他不断发现固有的教育规律，提出科学的教育教学方略，推动基础教育沿着正确的道路发展。

温寒江先生的教育探索对我国当代教育的影响是深远的，贡献是巨大的。

第一，促进了我国教育方针的全面贯彻。坚持以人为本和全面、协调、可持续的发展观，对于教育来说极为重要。但是我们过去做得并不十分理想，说是德、智、体、美、劳全面发展，然而重视的往往只是智育。温寒江先生提出的两种思维理论以及思维的全面协调和可持续发展理论，对全面贯彻党和国家的教育方针、促进我国素质教育全面发展有极大的推动作用。当前和今后一个时期，培养德、智、体、美、劳全面发展的社会主义建设者和接班人，是实现立德树人根本任务的重要内容。两种思维、创造性思维、学习的主体性原理等理论有益于进一步解决"培养什么人"的问题。

第二，促进了学校课程、教材、教法的改革。温寒江先生的教育探索有益于加大学校改革的力度，有益于武装广大教育工作者的头脑。马芯兰老师的小学数学教学改革，桑海燕老师的小学语文教学改革，郑蔚青老师的中学物理教学改革，高敬东、温玉清老师的中学物理教学改革，曾晖老师的中学化学教学改革，刘雪倩老师的中学语文教学改革等都是在温寒江先生教育思想的引导下取得的丰硕成果。此外，受温寒江教育思想的影响，杜玫老师在儿童美术教学、吴文漪老师在音乐教学、张伯琥老师在体育教学中了取得了突出的成绩。两种思维的理论不仅提高了音、体、美学科教学的质量，而且提高了它们在基础教育中的地位。随着广大教师对两种思维理论和创造性思维理论的学习、研究、掌握与运用，我国中小学课堂教学的面貌将会发生更为深刻的变化。

第三，促进了教育与心理学等相关学科的紧密结合，使教育科研更好地为教育实践服务。科技是第一生产力，教育科研应该是发展教育事业的第一生产力。温寒江先生的教育思想和教育实践拉近了教育与心理学、哲学、社会学、认知神经科学以及信息技术等相关学科的距离。教育吸取多学科的丰富营养，用人类创造的多方面的精神财富和物质财富充实、武装自己，必将达到一个更加美好的理想境界，也会为人类社会的发展做出贡献。

第一章
基础：探索中小学师资培训的有效路径

 **本章概述**

　　本章以探索中小学师资培训的有效路径为线索，主要从四个方面展现温寒江先生自 20 世纪 80 年代以来关于中小学师资培训的教育思想与实践。一是温寒江先生在总结中华人民共和国成立 30 多年来我国师资培训工作的基础上，对师资培训工作的性质、特点、内容、规律以及教育学院的建设与管理等问题所进行的探索和研究；二是温寒江先生及其研究团队在对北京、上海、武汉等地 2080 名教师进行调查研究的基础上，从研究教材、运用教法、语言表达、观察研究学生、组织学生和进行思想教育六个方面总结了培养合格教师的路径；三是运用系统论思想研究了课外活动的过程、原则、内容、形式与方法，提出了课堂教学应该与课外活动密切结合的理论；四是运用整体发展的思想，引入现代心理学理论的最新研究成果，对传统教学论进行了补充和完善。需要关注的是，温寒江先生在探索中小学师资培训的有效路径的过程中，注意到了技能在知识与能力之间的中介作用，提出了要重视培养学生形象思维能力的问题。

第一节　关于中小学师资培训的问题

🌳 节前导读

20 世纪 80 年代末，温寒江先生牵头国家教育科学研究重点项目，组织全国十几所教育学院的从事师资培训工作的领导和专家，进行了关于中小学师资培训工作的研究，出版了《师资培训概论》。该论著从我国国情出发，从我国师资队伍状况出发，从我国教育事业发展现状与前景出发，本着面向中小学教师、为提高中小学师资素质服务的工作方向，概述了中华人民共和国成立以来师资培训工作的发展历程和主要经验，介绍了师资培训工作的对象、任务和渠道，论述了师资培训工作的内容、形式和方法以及教师进修院校的地位、任务和管理等问题，全面系统地对我国师资培训工作的规律和未来发展的方向进行了阐述和总结。《师资培训概论》的问世填补了中华人民共和国成立以来还没有一部系统论述师资培训工作的专著这个空白，也激励着广大从事师资培训工作的教育工作者把师资培训工作作为一门重要科学来研究，推动了我国师资培训事业的不断发展。

一、中小学师资培训概述

(一)什么是中小学师资培训

《国家中长期教育改革和发展规划纲要(2010—2020 年)》指出，提高教师业务水平要"完善培养培训体系，做好培养培训规划，优化队伍结构，提高教师专业水平和教学能力"。从狭义上来讲，教师职后培训，即我们常讲的中小学教师培训。中小学教师需要暂时离开或搁置教育教学活动来参加职后再学习。教师职后培训是在职前培养、岗前培训以及自我反思提升基础上进行的，对教师积累教学经验、提升教学技能、拓宽专业视野以及培养教育思想和理念等方面具有重要影响。完善的教师培训体系是实现中小学教师队伍专业化的重要途径。

(二)20世纪90年代前我国中小学师资培训的发展阶段

中华人民共和国成立以来，由于党和政府的重视，在各级教育行政部门的领导下，中小学师资培训工作伴随着全国教育事业的发展取得了很好的成绩。温寒江先生认为，师资培训工作对提高中小学教师队伍素质和促进教育事业发展起到了重要的推动作用。他曾对中华人民共和国成立30多年来的师资培训工作做了详细说明：我国通过师资培训工作培养了一大批合格或基本合格的教师，并造就了许多优秀的教育工作者，在这期间，也经历了一些曲折和反复。直到党的十一届三中全会后，师资培训工作才走上健康发展的道路，并开创了前所未有的崭新局面。[①]

温寒江先生认为，从中华人民共和国成立到20世纪90年代初的师资培训发展大致分为三个阶段。第一阶段：1949—1965年。该阶段是师资培训工作奠定基础并经历曲折发展时期，主要工作包括：提高原有教师队伍素质，创建师资培训基地，开展各种形式的师资培训工作等。第二阶段：1966—1976年。该阶段由于师范教育停顿，出现不合格教师增加、教师队伍素质下降的现象。第三阶段：1977—1989年。由于师资培训工作受到党和政府的重视，师资培训基地不断恢复和发展，采取多种形式分类培训教师，使师资队伍素质发生了显著变化。师资培训工作的三阶段发展概况充分反映了上述时期我国中小学师资培训工作曲折前进的历程。

(三)我国中小学师资培训的特点

1. 多层次

普通教育的学校结构是多层次的，因此教师的智能结构、培训结构、对培训教师的要求也是多层次的。现阶段，我国师资培训主要有三个层次：第一个层次为教材教法进修和教学研究；第二个层次为系统文化进修，即获得合格学历的进修和继续教育；第三个层次为研究性的进修。

2. 多规格

多规格是由多层次的特点决定的。当前我国为了有效提高中小学教师的文化水

---

① 温寒江：《师资培训概论》，1页，北京，北京师范大学出版社，1989。

平和教育教学能力，要求只有具备合格学历或考核合格证书的才能担任教师，包括学历合格和考核合格(教材教法考试合格、专业合格)。

3. 多形式

教师培训应根据培训单位具体条件和培训对象所在学校的需要，采取灵活的组织形式和方法。我国目前的师资培训主要形式有：脱产进修与不脱产进修相结合，短期班与长期班相结合，函授与广播电视教学相结合，校内自培与校外培训相结合。

(四)从事中小学师资培训的经验

在回顾我国师资培训历程时，温寒江先生认为，总结经验、探索规律、推动实践是非常必要的。他总结了自己从年从事师资培训工作的宝贵经验。

第一，师资队伍的建设是发展教育事业、提高教育质量的关键。世界发达国家都非常重视基础教育，将基础教育师资队伍建设作为提高基础教育水平最根本的措施。因此，结合国内和国外的教育经验，温寒江先生提出，教师是教育任务的直接承担者，重视教育必然应该重视教师和教师培训。我们应该吸取经验教训，将教师队伍建设作为教育改革的重点，且任何时候都不能动摇。为了提高师资队伍的建设水平，一方面，要重视改革，加强师范教育；另一方面，要大力组织和推进在职教师的进修工作。

第二，师资培训工作要坚持从实际出发，面向全体教师，讲求实效，保证质量。由于地域原因和历史原因，从整体上看，我国教育的基础和条件，中小学师资队伍的文化水平、专业基础和职业素养都存在着不同程度的差异。这就意味着对于教师队伍的建设要拒绝"一刀切"模式，需要因地制宜，开展不同形式、层次和规模的培训，以适应不同要求；而且，必须做好全面规划，分层制定，教学计划、教学大纲和教材等细节方面必须统一要求、严格规定、坚持标准。

第三，开辟多条师资培训渠道，加强师资培训基地建设。教育是全社会的事业，因此师资培训需要全社会的关注和支持。教师进修院校作为师资培训的一条基本渠道，是师范教育体制中的重要组成部分，直接承担在职教师的培训任务。因此我国应充分重视教师进修院校的建设，使之同全日制师范院校相互配合。除此之外，社会各方面也要积极参与师资培训工作，开拓函授、卫星频道、自学考试以及

派遣讲师团等多条渠道，多管齐下，加快我国师资培训的步伐，为实现在职教师接受高质量的教育做出贡献。

第四，各级领导对师资培训工作的认识和重视是做好师资培训工作的关键。邓小平曾指出，是否重视师资培训工作是检验领导是否重视教育的标志之一。通过多年的实践，温寒江先生发现，由于领导部门的认识差异，各地师资培训工作的开展出现不平衡现象，领导对于师资培训工作的重视程度与师资培训工作的进展息息相关，领导的重视能够促进许多问题的积极解决。

温寒江先生通过对师资培训的分析，提出把师资队伍建设真正放到战略地位，经过不懈努力，争取在 15 年内或者更长一段时间，建设一支数量足够、合格、稳定的中小学师资队伍；为造就一支宏大的，高水平的，年龄、专业和层次结构合理的中小学师资队伍奠定基础。这是整个教育战线面临的一项重大又紧迫的任务。我们要认真总结师资培训工作的历史经验，借鉴国内外的经验，加强教师培训基地的建设，继续开辟适应不同情况和不同需要的培训渠道与培训形式，不断完善对教师队伍和师资培训工作的科学管理，为九年义务教育的顺利实施、为促进我国基础教育的发展做好充分的师资准备。

二、当前中小学教师培训面临的困境

当前，推进教师专业化建设的主要途径是培养和培训，但收到的实效并不乐观。从现状分析来看，中小学教师培训面临如下困境。

（一）培训针对性不强

我国不同地域在经济、文化等方面的发展具有较大的差异性，师资力量也具有一定的不均衡性。不同地区、不同学校的教师在前沿学问的把控、新理念的把握、新设备的使用等方面水平不一，但整体的培训内容趋于大同小异，从而使得培训的针对性不强，导致实效性较差。这种缺乏针对性的教师培训内容无法满足个体需求或处在不同发展阶段的群体需求。教师培训的内容和形式没有区分度，缺少层次递进。这实质上是因为对教师能力发展的认知还存在"盲区"。教师培训机构并不是不想设计出有针对性的培训课程，而是由于对教师能力发展规律整体缺乏科学认知而无从设计出有针对性的培训课程。

(二)培训模式缺乏新意

在很长一段时间内，我国中小学师资培训都是以一种自上而下的模式开展的，内容常年固化，缺乏新意，更多围绕理论和学科知识展开，忽视了我国地域辽阔、不同地区中小学教师所处的教育实践环境不同的情况。固化的培训内容和方式，导致培训缺乏实践性和可行性。同时这样的培训模式难以激发教师的学习兴趣，最终导致培训工作流于形式，效果事倍功半。

(三)教师培训时间安排不合理

现在的教师培训大多安排在休息日。虽然现在很多人会羡慕教师每年的寒暑假，但实际从事这一行业的人都很清楚，这两个假期是用什么换来的。师者，传道授业解惑也。这一工作肩负着培育国家下一代的重任；特别是担任班主任的教师，更是每天工作时间都在十几个小时，周末也是处于随时上岗的状态。乡村教师日常的教学工作更是繁重，甚至部分教师还有家庭农忙任务，各式各样的不结合实际的教师培训更是让他们疲于应对。人的精力都是有限的，所以把培训都安排在休息日，自然会引起教师内心的抗拒，导致教师学习的主动性大大降低，从而影响培训效果，使培训失去原本的意义。

(四)农村教师缺少接受高水平教师培训的机会，专业水平提升缓慢

《国家中长期教育改革和发展规划纲要(2010—2020年)》规定："以农村教师为重点，提高中小学教师队伍整体素质。"据估算，我国农村中小学教师接近中小学教师总数的一半(全国中小学教师约1600万名)，担负农村约1.3亿学龄儿童的教育教学工作。加强农村教师的培养培训，方能从根本上提升农村地区中小学生的能力。但实际上，农村地区的教师更多享受到的是县级及以下水平的培训，享受高水平培训的机会比较少，只是极少部分教师有资格接受高等教育培训；并且，农村地区教师接受的培训内容较多围绕常规内容展开，关于科研探索、更新更好的教育理念、更贴合实际需求的技能的培训不多。这样就会导致农村教师信息逐渐闭塞，教育理念陈旧，专业化发展缓慢，城市与农村的教师发展不协调。

（五）教师培训的地位困境

所谓地位困境，指从事教师培训的高校对教师培训在其事业发展中的定位在创收"菜篮子"与作为学术和学科发展的重要领域之间摇摆。坦率地说，尽管"国培计划"把教师培训抬到了"国"字头的高度，但是部分高校对教师培训的定位始终摇摆在"菜篮子"与"学术"之间。在这种定位状态下，教师培训不是学术驱动而是利益驱动，教师培训的学术价值被贬低甚至被忽略。有一些师范院校的领导居然认为"国培计划"冲击了本科教学，没有充分认识到与基础教育实践联系密切的教师培训对师范教育的反哺作用。

（六）教师培训的体系困境

所谓体系困境，指现在的教师培训主要由高校教师开展，培训基地主要在大城市，县级以下的教师接受培训需要考虑时间和经费，这就导致中小学教师大多是在假期接受培训，而且还只是一小部分教师能接受培训。因此，即使高校做出最大的努力，也还是难以将培训覆盖于全国1600多万名中小学教师。此外，对于中小学教师而言，相比于去高校接受理论学习，更有意义的是高校教师深入基层，结合实际进行指导。虽然也会有专家深入基层，但数量和频次还远不能满足一线中小学教师的实际需求。因缺乏基层实践经验，高校教师再努力也很难融入其中工作，于是便呈现出"高校专家下不去，基层教师上不来"的培训体系困境。

（七）难以让培训成果落地的成效困境

马克思主义哲学观强调理论要与实践相结合。所谓教育培训中的成效困境，可以夸张地用"听起来激动不已，回校后一动不动"来概括。培训的目的就是改变当下落后的、不顺应时代潮流发展的教育方式和内容，从而提升国民整体素质。目的。如果培训完后，没有任何的后续，那么教师培训的意义何在呢？产生这种现象的原因在于教师培训脱离现场教育，专家的培训理论高深，不同地区的教育环境有其独特性，理论内容不易与教育实际相结合，所以就导致接受培训的教师在获取理论认知时缺乏教育现场的体验和顿悟，所学与所用无法建立情境化的联结。

(八)缺乏严密的考核制度

当前，我国的教育行政部门为全国广大教师提供了不少培训，但管理系统仍不够完善，大部分培训并没有设置一套有效、科学、合理的考核制度。缺乏相应的约束制度，就易滋生形式主义。在培训对象层面，部分教师出现为了培训而参加培训的现象，流于形式；甚至把培训当成负担，躲避培训，造成培训资源浪费。在培训者层面，因缺乏合理的监管评价机制，会出现敷衍了事，准备的学习内容空洞、不贴合实际需求等现象，导致培训恶性循环。

三、中小学师资培训工作的内容、形式和方法

中小学教育是整个教育事业的基础，关系着各种建设人才的培养和全民族文化水平的提高。因此，温寒江先生认为，师资培训工作的主要对象是中小学教师。

(一)中小学师资培训工作的内容

对于具体的师资培训工作的内容，温寒江先生认为，主要分为思想品德方面的培训和文化业务方面的培训两大部分。

1. 思想品德方面的培训

思想品德方面的培训是师资培训工作的重要方面。社会主义国家的教师要培养全面发展的新人，因此对教师素质的要求应是全面的。具体要求有以下几个方面：接受马克思列宁主义基本理论的教育，坚定正确的政治方向；接受时事形势和党的路线、方针、政策的教育，认清形势，懂得政策，解决思想认识问题，树立振兴中华、献身教育的远大志向；接受教师职业道德的教育和培训，真正成为学生的楷模和表率。

2. 文化业务方面的培训

针对当前我国中小学教师文化业务的状况，对在职教师的培训必须分类指导，多层次进行。主要培训内容分三个层次。第一，教材教法进修内容，即以教学大纲为依据，以所教的教材为基本内容，组织教师进修。其中具体内容包含明确总的教学目标、年级具体要求、教材编写意图以及教材重难点，并适当学习一些常用的、

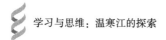

基本的教学方法等。第二，各级文化进修内容，包括中师、大专、本科三级，具体内容根据对象而定，对象不同则内容各异。第三，教师培训内容应该不断推陈出新，主要包括新的专业知识和专业理论、新的教育理论、教学方法和中小学教材教法研究等。此外，还有针对骨干教师的培训。

(二)中小学师资培训工作的形式

对于中小学师资培训工作的形式，温寒江先生主要从面授、函授、广播电视教学、教学研究、岗位自学和自学考试、讲师团六个部分进行了概括和论述。

1. 面授

面授是以班级授课制的课堂教学为基本组织形式，教师的教与学生的学相结合的教学活动。主要的教学方法有：讲授、启发、讨论、研究、自学等。面授可以充分发挥教师的主导作用，使得学习效果较为显著。学生除了受教师启发、指导外，还能够在群体之间相互交流、共同提高。面授是脱产进修的主要形式，能够在基础知识、基本理论和基本技能方面保证较好的教学效果。值得注意的是，为保证最优化的学习效果，面授需要遵循一定的原则，如教书育人原则、教为主导与学为主体相结合的原则、学用结合原则、反馈原则等。

2. 函授

中华人民共和国成立初期，国家就重视通过函授的途径培训教育工作者。如今，函授日趋稳定化和正规化。函授是成人教育的重要组成部分，是培训中小学在职教师经济又有效的形式。相比全日制普通教育，函授有自己的教学形式和方法，主要包含自学、面授辅导、作业、辅导答疑、考试与考查几个环节。函授与全日制普通教育一样，都遵循发挥教师主导作用的原则。此外，函授更注重自学，主张学习与工作相互促进。函授培训方式投资少、效益大；学习方式和学习时间虽有统一的保证要求，但在实施过程中相对自由。值得注意的是，函授同时具备在职、业余、分散的特点，因此需要不断加强组织管理，健全管理制度。

3. 广播电视教学

广播电视教学是使用现代科学技术进行远距离教学的方式，在我国社会主义教育事业发展中，特别是在中小学师资培训工作中占有重要的地位。广播电视教学作为师资培训的一种形式，与其他教学形式一样，有着完整的教学过程，包括收听收看、自学辅导、作业实验、考试答辩四个基本环节。但其作为单独的培训形式，又有着一定的独特性，如其学员具有分散性，培训手段具有先进性，符合成人教育的特点等。广播电视教学能够广泛地、大规模地培训中小学在职教师，有着独特的优势，能够解决因地域教育发展不平衡、面授和函授无法全面保证培训质量的问题。

4. 教学研究

教学研究主要通过开展对教材教法和教学实践的学习和研究，培训教师的实际教学能力。教学研究的途径和方法很多，主要有教学调查、教学教法研究、教学指导、教学改革实验等。教学研究在师资培训中具有独特作用，是其他任何形式不能代替的。

5. 岗位自学和自学考试

岗位自学是教师最常用、最普遍的进修形式之一。它对教师提高专业水平和业务能力，做好教育教学工作，从而成为合格的人民教师有着重要的意义。作为一名教师，在岗位教学中应该不断提高政治素质，不断扩展基础知识和专业知识，不断学习教育的新理论和新经验。唯有如此，教师才会促进教育、教学水平逐步提高，并使自学能力不断地发展。

自学考试是国家为社会自学者举行的学历考试，是教育改革中出现的个人自学、社会助学和国家考试相结合的一种新的教育形式。它突破了面授、函授以及广播电视教学等形式由于培训机构、师资设备等问题不能满足所有进修教师的愿望的限制，突破了进修教师受年龄、学历、身体等限制不能考入高一级学校的门槛的限制，突破了教师有进修需要却不能离开工作岗位去学习的环境条件的限制，为教师进修开辟了新途径。

6. 讲师团

讲师团是新生事物，带有探索性与开拓性。讲师团的主要任务是培训中小学教师，支援地方的基础教育事业。

师资培训工作的形式多元，途径多样，只是为了给有需要的教师提供帮助，最大限度地发挥教师的作用，从而提升教学质量。

(三)中小学师资培训工作的方法

在走向新时代的过程中，回顾与反思教师培训发展中存在的困境并思考突破困境的出路，是教师培训为新时代"蓄势"的关键。所谓困境，并非教师培训中存在的一般性问题，而是制约教师培训高质量发展的关键难题。困境不破，势不可蓄，力不可发。因此，认真探究和研讨教师培训的规律，进一步提升整体的培训质量，确保培训的实效性是非常有必要的。

1. 加强对教师培训的统筹规划，为中小学教师队伍专业化建设提供基础保障

（1）制订中长期教师培训规划，科学统筹各级培训项目

教育行政部门应做好中小学教师培训的中长期规划，确定培养目标，按照各级培训逐层分解；结合中小学教育教学活动的实际情况，综合考虑教师培训和工作之间的关系，统筹教师培训项目，控制总量，科学谋划；立足于促进教师、校长教育教学理念进一步更新，实现教师、校长向专家型教育工作者迈进的目标。

（2）协调各级各类教师培训主体，科学设置培训项目

教师培训的受训主体是教师。要想让受训者有所收获，有关部门首先应当在设置培训项目前，从以人为本的角度出发展开教师培训需求调查，倾听教师的心声；然后专家团队根据征集上来的"群意愿"，了解当地当下教师团队最急迫的培训需求；最后以需求、问题为导向，选择精通此方向的专业人员，设置层级递进、系统化的培训课程。这样，教者得心应手，学者兴趣较高，培训效果会更好。

（3）加强教育培训资源统筹，完善国家、省、市、县（区）、校五级培训体系

加强对教育培训资源的统筹，将各级教师进修学校、教师培训中心、教研室、教育信息化中心以及师范院校等部门进行整合，建立一个系统化的教师培训基地；加强市级、县级培训基地建设，大力加快落实远程网络培训的步伐，扩大教师培训受益面，切实增强培训效果。

（4）加强教师培训经费统筹，为提升中小学教师队伍专业化水平提供经济保障

教师专业化建设的核心是通过培训提升教师的师德与能力水平。因此，各级政府首先要加大对教师培训经费的统筹力度，将教师培训经费列入同级财政预算，确保经费足额落实到位；其次要加强培训经费管理，建立严格的监督机制，防止腐败滋生，做到专款专用。

2. 了解教师需求，开展合理有效的培训工作

我们根据调查得知，90%的教师希望得到以下两个方面的定期培训。

（1）专业对口培训

教师培训内容应当切实贴近教师的专业发展需求，可以从专业的最新发展动态和方向出发，帮助教师了解本专业的新教法、新技能、新思路，从而帮助教师更好地顺应时代发展和满足学生的学习需求，使教和学的过程更多元化。在培训中增加互动环节，教师可以就本专业教学的实际情况提出困惑，进行经验交流，分析讨论，在深入思考的基础上找到对解决实际问题有建设性、启发性的方案，让培训不再流于形式，从而到达培训的目的。培训内容还应当加入项目研究、论文撰写、校本课程研发等方面的指导，引导教师向创新型、研究型教师的方向发展。

（2）提升应用现代科学技术水平的培训

技术的每一次进步都是为了让人们的生活更便捷。教育是社稷民生的重中之重。在信息飞速发展的当代，我们更是应该把信息技术与教育相结合。然而事实上，特别是县级及以下地区的教师对于信息技术的掌握能力不足，迫切需要这方面的培训。例如，如何制作PPT；如何利用网络进行录课、制作微课；如何把网络资料和课程完美联结；如何利用网络技术，让烦琐的日常教学工作有条理且简化；如何借助网络资源使教学过程有趣且多元化，给学生的学习生活增添更多色彩，激发学生的内在学习动力；如何更好地借助信息技术建立良好的家校关系，从而为更高效地开展教学工作奠定基础。

3. 革新教师培训内容，创新培训模式，满足教师专业成长实际需求

（1）建立分层分级培训制度

提高教育培训的公平性和普遍性，应当设置系统化的遴选机制，实行分层分级培训。例如，可根据职称、学科、教学年限等进行评选，然后按照县（区）级培训—市级培训—省级培训—国家级培训层级递进的方式展开，还应当对培训内容进行系统的分层准备。例如，初级培训可安排针对青年班主任的入岗培训，中级培训可安排针对骨干班主任的专题培训，高级培训可安排针对优秀班主任的研修指导培训。这样可让基层学校在安排培训时，有公平的尺度可依，从而降低以往教师培训不公所带来的负面影响。

（2）革新培训内容，采取灵活多样的培训方式

各级各类培训部门在制定培训内容时，应当根据我国中小学教师发展的普遍要求，切实结合当地的教育独特性，制定出能够真正满足教师需求的培训方案，坚决

杜绝形式主义。培训方式可灵活多样，如案例与讲授相结合、小组讨论、活动展示、经验分享、头脑风暴等，从而激发广大教师的内在学习动力。

（3）积极创建名师引领的培训模式

建立教师成长梯队，形成教师专业成长氛围。通过多种形式的教师培训，健全促进优秀教师脱颖而出的人才培养机制。注重名师队伍建设，形成引领智库。通过培训研讨、挂职跟岗、在岗研修、出国深造等方式，为卓越教师成长奠定基础，培养一批市级骨干教师、一批在省内知名的教师、一批以省级名师和特级教师为代表的在全国有影响的教师与校长，让名师队伍引领全体教师的专业成长。

4. 加强农村教师培训，有效提高农村中小学教师队伍专业化水平

中国教育现代化建设的重点在农村，难点也在农村。解决农村教育问题的关键是农村教师。当前我国教育资源城乡差别较大，其中教师专业成长机会方面的差异是导致城乡教育水平落差较大的原因之一。因此，相关部门应采取措施，大力加强农村中小学教师的培训力度。首先在科学规划教师培训项目、划拨培训经费时，应该重点向农村倾斜，设立农村教师培训专项资金，提高县级教师培训机构的办学水平；其次应深入调研农村教师专业发展的实际，针对农村教师专业化水平普遍不高、培训机会较少、基础较为薄弱等现实情况，根据不同学历、教龄、职称的教师合理设置培训项目，制定不同培训内容，满足不同层次教师的专业发展要求；最后应完善农村教师培训评价体系，增加对培训效果、培训过程和培训主体的评价，积极促进农村教师培训体系的完善，使之真正为提升农村教师队伍专业化水平服务。

5. 构建评价机制，增强教育培训对教师专业化水平的促进作用

完善的教师培训评价机制是保障教师培训科学高效的有效途径。广大教师只有知道自己应当做什么、培训目标是什么后，才能清楚前进的方向，有的放矢地前行。教师培训考评管理体系的制定可以参考国外先进的教育理念，取其精粹，融合我国的特色加以调整。建立系统合理的管理考评机制，既对培训机构有约束作用，又对广大教师有约束作用，这样培训效果才能增强。

对于教师层面的考评，要摒弃形式主义，采用多元方式，让考评具有全面的效果，如可以采用理论考核、技能测试和实践操作等方式。对一线教师的考评要侧重对其教学能力及班级管理能力的评价，通过组织教学技能测试和优质课评选等活动推出一批教学能手、优质课获得者及学科带头人。

四、中小学师资培训的重要原则

我国师资培训工作具有多层次、多规格和多形式的特点，所面临的培训任务具有艰巨性、长期性和紧迫性的特点。温寒江先生总结了师资培训工作的四项原则。

(一)因地制宜，分类提高

面对我国幅员辽阔，人口和民族众多，经济、文化、教育发展不平衡的国情，中小学师资培训工作必须结合实际需要，因地、因校、因人制宜，对不同地区、不同学校的教师提出不同要求，既要面向全体教师，又要区分不同层次、不同规格，分期、分批进行培训。

(二)面向中小学，密切联系实际

面向中小学，要基于"面向现代化，面向世界，面向未来"的指导思想，从中小学的教育实际出发，重视教师的教育思想改革；要密切联系中小学的教学改革实际，注重培养教师的教学技能；要搞好课外活动，积极开展教学研究；要密切联系当代社会生产、社会生活和科学技术发展的实际，优化教师的知识结构。

(三)当前需要与长远需要相结合

一方面，中小学师资培训工作要立足于当下，通过培训使绝大多数教师能胜任教学工作。另一方面，中小学师资培训工作要放眼未来，既要着眼于培训在教学方面存在一定困难的教师，又要注重对全体教师的培训，特别是中青年教师。

(四)坚持标准，保证质量

中小学教师的素质决定基础教育的水平，影响整个教育事业的发展。因此，中小学师资培训工作必须坚持标准，保证质量。坚持标准，即坚持中小学师资培养目标；保证质量，即建立特色的教学管理制度，加强目标管理，重视教学和质量管理。

教师培训，从根本上来说，是用"贯穿一生的教育"来代替"管用一生的教育"。因此，无论培训的内容还是手段，都不能仅考虑教师近期的需要，单纯解决教师如何任教的问题，而是要从长远的需要出发，使教师树立先进的教育观念，掌握科学的学习方法，培养高尚的职业道德，做一名师德高尚、业务精通的新时代教师。但是，这种近期和长远的矛盾是不容易被调和的。受各级考试和教师评价指标的影响，更受学校评价的影响，培训机构、教师本人甚至教育行政部门都不得不考虑近期利益，开设的对教师长远利益有用的课程往往不受重视。因此，各级教师培训机构在考虑教师培训时，要精心设计，尽力在近期利益和长远利益之间找到平衡点。

面对教育改革的新要求，面对教师专业发展现代化的要求，教师必须不断提高教学和科研的能力。新时期的教师培训为教师更新知识、提高素质、增强教学创新能力提供了有力保障，也是加强人才队伍建设、适应科技进步、顺应时代发展的重要途径。有人说教师培训的目的是提高教师队伍整体素质，适应基础教育改革发展和全面推进素质教育的需要。这并不是最终目的。在不能准确预测未来工作变化的情况下，如何使教育与未来的工作相适应，这才是终身教育所要解决的问题，也应该是教师培训需要解决的问题。总之，教师培训工作是一项全局性、战略性的系统工程，是保证教师永远蓬勃向上、不断进取的最佳方式。

第二节　如何培养一名合格的教师

🌳 节前导读

教师继承和传递着人类丰富的科学文化遗产，肩负着提高民族素质、促进经济发展和社会进步的光荣使命。《中共中央关于教育体制改革的决定》指出："建立一支有足够数量的、合格而稳定的教师队伍，是实行义务教育、提高基础教育水平的根本大计。"温寒江先生紧紧抓住我国教育事业发展全局中亟待解决的师资培训这个重大又迫切的课题，以马克思列宁主义为指导，以合格教师的素质为主题，在收集广泛的调查研究结果、可靠的数据资料和许多优秀教师的教育教学经验的基础上，经过深入分析研讨，对如何培养一名合格教师进行了细致的概述。温寒江先生关于如何培养一名合格教师的教育思想，为广大中小学教师的师资培训工作提供了可借鉴的理论和实际支撑，具有较强的可操作性。

一、教师的根本任务

教师的根本任务就是遵照党的教育方针，促进人的全面发展。温寒江先生从以下四个方面论述了教师的根本任务。

(一)传授知识，训练技能，促进发展

知识是人类在长期实践中积累起来的带有共性的、规律性的东西，自然科学、社会科学以及文学艺术等基础知识的掌握对于学生的发展是必需的。学生要想获得和掌握知识，必须具备一定的技能，发展自己的能力；除此之外，非智力因素方面的发展也不可被忽视。这一系列的发展都需要在日常的学习和活动中实现。

(二)进行思想政治教育，培养道德品质

德育是素质教育的重要组成部分。对学生进行思想政治教育，培养学生的道德品质，是教师的天职。教师有责任和义务帮助学生坚定正确的政治方向，树立正确的世界观、人生观和价值观，培养良好的道德品质。

(三)进行体育，关心学生身心健康成长

中小学阶段是青少年长身体的重要时期。教师要注重体育，以保证学生的身心得到全面、和谐发展。体育能够全面锻炼学生的身体，促进学生身心共同发展，培养学生经常锻炼的好习惯与合理安排时间的规划能力。

(四)进行美育和劳动教育

美育主要培养学生对自然美、社会美与艺术美的鉴赏力以及对劳动美、生活美的观察力，使学生能够在生活和实践中创造美。劳动教育对于促进青少年身心的全

面发展具有重大作用，能够帮助学生在参加劳动的过程中培养艰苦奋斗的作风和尊重劳动的品质。

二、教师的基本素质

教师素质是影响教师发展的重要因素。当前，提高我国教师队伍素质的推进工作中依旧存在许多问题。

(一)中小学教师素质现状分析

根据专家的调查分析，目前我国中小学教师素质大体存在以下几个问题。第一，专业精神不强。许多教师仅将教师这一职业看作一种谋生手段，并未意识到它的深层意义和内涵。第二，教育理念不明确。部分教师对教育的目的和本质都不是很清楚，知识面过窄，不能适应当前教育的需求，教育教学理论知识尚未夯实。第三，教育实践能力和教育技能不足，无法内化和应用教学实践知识。教师认为其获得的新教育理论较多，但又认为理论对自己教学的指导作用甚微。矛盾的两者集于教学工作，必定造成教师理论与实践的脱节及教师专业知识的失衡。

(二)教师素质结构

努力全面提高教师的素质是提高教学质量的必要前提。对教师素质结构和内涵的研究是一个不断发展、完善的过程。研究者关注的角度不同，采用的方法不同，得出的结论也不尽相同。已有的关于中小学教师素质结构的研究有以下两种观点：一是要素说，认为中小学教师素质结构由一系列要素组成；二是系统说，认为中小学教师素质结构是一个复杂的互相制约的系统。温寒江先生在其许多著作和访谈中多次提到，教师素质的含义教育丰富，主要包括思想政治素质、科学文化素质、教育教学技能素质以及心理素质。

第一，教师的思想政治素质。教师的思想政治素质决定着教师工作的方向，是教师的精神支柱和工作动力，是做好教书育人的基本条件。其基本内容包含：坚定正确的政治方向，坚持四项基本原则；热爱社会主义祖国；具有科学的世界观；热爱教育事业，热爱学生；热爱学校，关心集体，团结协作，遵纪守法；等等。在提高思想政治素质方面，教师应认真学习马克思列宁主义、毛泽东思想和时事政策；认真学习教育理论，在教学实践中锻炼自己，树立科学的教育观；学习一些名人传记和文艺作品，加强个人思想道德修养，培养为教育事业献身的精神；向英雄模范、先进人物学习，向群众学习，向学生学习，不断地完善自己。

第二，教师的科学文化素质。教师的科学文化素质对于提高教学质量有着重要的意义和作用。教师提高科学文化素质，要掌握深厚的学科专业知识和广博的科学文化知识，还要掌握必备的教育科学和心理科学知识。努力提高科学文化素质，教师必须做到以下几点：要勤奋自学，养成刻苦学习的良好习惯；要积极参加教学研究和教育科研活动，不断总结经验；要坚持参加进修学习。"学然后知不足，教然后知困"，教师必须要有学而不厌的进取精神。

第三，教师的教育教学技能素质。对于教师的教育教学技能包含哪些内容以及具体要求是什么，目前国内尚无比较全面系统的论述，必须随时代发展从实际出发具体论述。

第四，教师的心理素质。教师对学生的影响是多方面的。教师要教育好学生，除了需要具备上述的教师素质外，还需要有百折不挠的意志和灵活多变的教育机智。教师良好的心理素质是教育教学工作取得成功的重要因素。

（三）教师的教学技能

国内外学者对教学技能的概念并没有统一界定，我们可以通过正确认识教学技能的特点来揭示教学技能的实质。第一，教学技能以知识和经验为载体；第二，教学技能具有一定的目的性；第三，教学技能具有后天习得性；第四，教学技能具有实践性；第五，教学技能具有可操作性。关于教师的教学技能，温寒江先生认为主要包含以下几个方面。

1. 钻研教材

钻研教材是做好教学工作的重要基本功。与人们平时阅读书籍不同，钻研教材不仅需要教师深入掌握教材，而且需要教师研究如何使学生通过掌握教材认识客观世界，促进身心发展。

钻研教材，要学习教学大纲。教学大纲是依据教材和学生身心发展制定的，因此教师学习教学大纲有着十分重要的意义。教学大纲一般由说明和本文两部分组成。教师在学习的过程中除了要全面领会它的精神和各项要求外，还要抓住重点，即教学目的、学科教学原则和基本要求。

钻研教材，要确定教学目的。教学目的不是随意制定的，而是根据党和国家新一代的目标、方针和学生身心发展的实际提出来的。教学目的包括使学生获得扎实的基础知识和基本技能；促进身心发展，即能力、情感、意志、性格和体力的发展；培养理想、思想道德、辩证唯物主义世界观和审美观三个维度。这三个维度不是彼此孤立的，而是相互联系、相互促进的有机整体。教师在研究和确定教学目的时，要全面、具体；在落实教学目的的过程中，要有计划、分层次。

钻研教材，要掌握知识结构。由于教材内容不同，教师个人读书方法不同，因此钻研教材的方法也不同。但是，钻研教材都应聚焦教材的科学性、思想性、系统性和重点。科学性主要体现在熟悉教材后逐章逐节深入研究；思想性主要体现在注意根据学科特点，以知识为体系，传授知识及训练技能；系统性要依据科学知识的逻辑性和学生认识活动的有序性确定，要求学生通过各种方法把新知识和头脑中已有的知识联系起来，从而达到理解教材的目的；重点即重要的、关键的知识，在教材结构和知识结构中起到了优化作用，学生能够通过对重点内容的学习和掌握完成知识的迁移。

钻研教材，要学会组织和运用教材。组织和运用教材的目的是将一定的教学内容、一定的教学组织形式和具体的教学方法进行统一；将教材个性化，使之切合学生实际，适合具体的教学条件。在组织和运用教材的过程中，教师要根据教学目的，对课程的结构、类型以及教学方法进行结合、分析、再加工。

2. 教学的反馈——了解学生与检查教学效果

了解学生与检查教学效果是教学工作的重要组成部分，有了这一步才能使教学工作有效开展。在教学过程中，教师通过将长期的、复杂的目标拆分为具体的、可实现的小目标，并在反馈中制定和调整目标，了解学生对教学内容的掌握程度。

运用传统的教学反馈方法，如观察法、教学效果检查以及调查研究等，能够在教学中起到及时诊断与补救的作用，在与学生的双边互动中起到帮助学生强化自信心和进取心的作用，在对教学效果的检查和评价中起到调节的作用。

3. 运用教学方法

教学方法的运用是教学技能的集中体现，能够激发和调动学生学习的积极性。

在教学过程中，虽然教学目的、教材内容是一定的，但教学方法有很大的灵活性和创造性。教师对一定的教学内容进行加工，采用恰当的教学方法，使课程内容形象、生动，情感丰富，具有启发性和探索性，从而充分调动学生的学习愿望，不仅解决了认识过程中的问题，也解决了学习的内部动力问题。

教学方法种类繁多，如讲授法、谈话法、演示法、自学法、讨论法、发现法、练习法、复习法、实验法和实习作业法。学生在教师的指导下，可以根据实际的学习条件进行个体或小组的输入性或体验性学习。多样的教学方法，在激发学生的求知兴趣方面起到了重要的作用。

教学方法多种多样。在一定教学条件下，选择最优的教学方法使得教学获得最好的效果，需要教师具备不断优化教学方法的能力，通过学习、观摩、比较、改革等方式选择最好的教学方法。例如，当下教师在教学过程中运用现代化的教学手段，本质上就是对教学方法的一种优化。

4. 教师的教学语言

教学语言是教学信息的载体，是教师完成教学任务运用的最主要的工具。教学语言运用在教学过程中，具有一定的教育性和针对性；教学语言受限于课堂环境和课程性质，具有简明性和启发性。教师运用教学语言的能力是决定教学质量的重要因素。教学语言的运用是一种艺术，包含丰富的外延，其中口头语言、书面语言以及神态语言等都能够帮助教师在课堂上很好地完成教学任务。

准确、清晰的教学语言是完成教育教学任务的重要保证，形象生动的、有条理的、具有启发性的教学语言是发展学生智力、培养学生能力的重要条件。

此外，板书、批语以及神态也是教学语言的重要组成部分。其中，板书是教师课堂口语的重要辅助工具，板书的设计和使用是教师语言表达的基本功。批语在用文字进行批阅时较为常见，应坚持以表扬为主，注意语言简明规范，书写工整端正，要达到交流思想、沟通感情的效果。神态可以传递丰富的信息。"身教重于言传"，教师在课堂上的肢体动作、在学生中的走动方式，都能够对课堂内容起到辅助作用，或激励学生学习，或启发学生思考，或帮助学生强化记忆。

5. 教师的教育能力

教育能力是指按照一定的教育目的对学生的德、智、体、美、劳诸方面施加影响的能力。在班级教育工作中，教师常采用说理的方法、陶冶的方法、锻炼的方法来实现教育目的。教师要能够组织和管理班集体，指导班级开展各种活动，懂得运用教育合力。

(四)提高中小学教师教学技能的途径

1. 创设良好的外部环境

(1)健全培训制度

合理的制度是培训工作顺利开展的保障。教育行政管理部门应当建立总体规划、目标管理、培训评价和培训激励等方面的制度。教师培训者要依据教育行政管理部门的相关政策和要求，结合本地区、本校的实际情况和教师的实际需要，制订出培训的总体规划，建立一套完整的教学技能培训制度，以满足不同教龄、不同学科教师的培训需求，提高教师参与培训的积极性；实施教学技能培训的目标管理制度，以明确教育行政管理部门、学校和教师各自的任务；建立教学技能培训的评价制度，依据本校教师的培训情况，制定出切实可行的评价方案。用优秀教师的人格魅力、专业精神和成长足迹来激励全体教师提升专业技能，也是教师教学技能培训工作的一种重要途径。

(2)加强培训组织

为了使教师培训工作能够顺利开展，对培训的组织管理就显得尤为重要。首先，学校应该明确教学技能培训的目标，这将为制订培训方案和教师个人发展规划提供重要依据，以增强培训方案的针对性和实效性，从而把教师参与培训、提升专业素质的内在积极性充分调动起来。其次，学校要制定相应的规章制度，以保证培训工作的有效性。教师的培训应以教师从事的教学活动为主要内容，以课堂教学的实际问题为切入点，将教师作为参与者和合作伙伴，唤醒教师的专业意识，使教师在面对培训时思考要培训什么、需要做什么、有什么具体要求等，成为具有主观能动性、自觉性、创造性的教育工作者，形成不断改进自身教育观念与行为的意识。

(3)精选培训内容

教学技能培训要根据学校实际和教师工作及教师个人专业发展的需要来确定培训内容和培训形式，注重针对教师工作中的各种问题，着力于满足学校和教师的不同需要；要从一定的理论出发，直面具体的学校实践，在理论与实践的结合中探寻学校和教师发展的方向及理论重建的途径；运用适合不同学校校情的形式（主要有微格教学、微格教研、专题培训、专家指导、行动学习、案例教学、合作学习、师徒结对、课题研究等），灵活安排培训时间和地点，将学校各种资源运用于教师的教育教学过程之中，从而实现培训的基层化、经常化与长期化，体现终身学习的思想。培训内容直接指向学校和教师在教育实践中需要解决的问题，与学校的教育教学工作紧密联系，使教师把学到的知识与实践紧密结合，避免理论与实践的脱节。

2. 构建教师教学技能提升平台

教学技能的形成离不开实践，教学技能平台建设旨在为教师提高教学技能创造条件，提供实践场所和机会。在新课程背景下，教师教学技能提高的空间进一步拓宽。为保障教师专业发展，学校需要借助高校资源，为教师搭建更广的学习和交流平台。

（1）构建教师教学技能提升的合作平台

学校利用高校资源优势，构建教师教学技能提升的合作平台。高校教师可以站在理论的高度，在教育教学及科研方面对中小学教师进行指导，帮助中小学教师丰富实践性知识，促进其实践能力和专业素质的提升。中小学教师通过对自己教育教学行为的反思及同高校教师的交流沟通，学习新的教育理论及研究方法，促进教育教学质量的提高及专业素质的提升，逐渐成长为研究型、反思型教师。学校可与高校建立合作制度，每月组织一次学科专家深入课堂，参与听课和评课，开展面对面体验式指导。学校教研组先集体备课，明确教学技能训练点；专家和其他学科教师参与听课、教学效果检测；主讲教师说课后，专家与学校教研组讨论，反馈教学技能的应用效果，提出改进意见，确定下一次达到的标准等内容。这种教学技能的指导方式改变了专家单纯评判的传统做法，使评价更具有针对性。

（2）构建教师教学技能提升的交流平台

教学研讨。教师交流是教师表达个人对日常教育实践的思考的过程。教研活动是教师教学技能的交流平台。教师教学技能提升需要借助教师群体的教学智慧，建立全员参与的常规性教学研讨机制。所谓全员参与，就是根据"用其所长"的原则，调动学校所有人参与到教学研讨中，促进教学研讨有效开展。学校管理者要参与交流，从管理角度出发，制定配套的教师交流方案，使教师交流制度化、规范化、固态化和自觉化；以交流者的身份与教师进行平等对话，共同探讨教师教学技能提升的方式、方法和途径；举办全员参与的教学技能研修班，对教师的教学技能、教育理论与教研能力等进行系统培训；举行教学研讨会、讲课比赛等活动，搭建全员参与的教师交流平台。

案例示范。教师教学技能的示范作用是不容忽视的，尤其是教学名师和优秀教师的示范课。为了让榜样的作用得到充分发挥，需要建立教学案例示范的常态化机制，开设教学名师课堂，定期举行名师公开课，使名师成为教师学习的一种"教材"。学校要公开名师授课时间表，使教师有选择性地聆听名师授课。只有这样，才能充分发挥教学名师在教育教学中的榜样、示范、引领和辐射作用，从而促进青年教师成长，推进课堂教学改革，提高课堂教学质量。学校还要充分利用网络优势，开展网络常态同步课堂教学活动，将优秀教师的日常课堂教学实录上传到学校网站上，让其他教师观摩和学习优秀教师的教学设计、多媒体使用、课堂提问、实验、讨论、合作学习等多种技能。

师徒结对。实施师徒结对的青年教师成长机制是一种行之有效的方式。为充分发挥优秀教师在培养青年教师方面的积极作用，帮助青年教师尽快适应学校的教学、科研工作，加快青年教师在思想政治和业务能力上的成长，提高青年教师的教学质量，学校要选拔德才兼备、教学和科研能力强的教师担任"师父"，充分发挥他们的示范和传、帮、带作用，实施"双计划"制。优秀教师既要做好对青年教师的指导计划，又要帮助青年教师科学制订教学、科研等方面的发展计划，对每位青年教师进行专门化、有针对性的指导，帮助青年教师尽快改正自身的教学缺点，不断提高青年教师的思想素质、教学水平和科研能力。

（3）构建多元的教学技能培训模式

课题研究驱动模式。这种模式是指把教师教学技能中出现的问题转化为课题，通过课题研究驱动教师教学技能的提升。

反思实践模式。教学反思是指教师对自己的教学行为、教学观念和理论、教学效果、教学能力、教学风格等的思考和总结，将教学过程中的感受、体会进行内化和升华的过程。教师自身的实践—反思活动是教师发展的根本动力。教师具有反思意识是教师真正改变教学行为的前提，对于教师自身的专业成长有极为重要的意义。在以培养反思型教师为目标的培训中，首要的教学策略应当是结合全部培训活动，把时代和社会对教师的期待转化为骨干教师内在的自我发展需求。

视频训练模式。视频训练在国外教师教育中运用得比较多，在理论和实践上都比较成熟。观看和反思教学录像能使教师加深对教学过程的认识，提高运用某种教学方法的意识，修正或避免不正确的教学行为。近年来录像教学受到了我国学者的极大关注。国内学者借助微格教学的形式，将教学视频运用于教师的教学技能培训中。微格教学将复杂的教学活动细分为许多易于掌握的单一教学技能，是师范生和在职教师教学技能培训的有效方式。教学技能视频训练依据微格教学的原理，它的训练过程和微格教学的训练过程类似。

（五）教师的教育技术能力培养

如今，人们已经普遍认为教育技术能力是教师必备能力之一，学科活动中教育技术的应用已经成为一种必要的教学手段。2004 年 12 月，《中小学教师教育技术能力标准(试行)》正式执行。这份文件的出台为我国中小学教师教育技术能力培训、教师专业能力发展提供了可靠的依据，为中小学教师及工作人员规定了职业发展的新标准。《中小学教师教育技术能力标准(试行)》指出，中小学教师教育技术能力主要由意识与态度、知识与技能、应用与创新、社会责任四部分组成。

1. 利用技术手段使得培训各阶段紧密联系

教师教育技术能力培训的各阶段利用技术手段可以实现紧密衔接、资源共享以及实时交流。

(1)制作教师培训网站，提升教师参与培训的积极性

教育技术能力的培训工作首先是使师范生及在职教师意识到教育技术的重要性，培养强烈的应用意识，将教育技术能力很好地应用到日常教学工作中，提升自身素质。利用网页形式将培训通知、公告、培训项目等很多细节展现给教师，让教师事先对学习内容有一定的了解，并且提供额外的学习资料以供教师在业余时间加以补充，如各种软件的使用教程、计算机的相关使用和管理教程、多媒体教室的应用等内容，既能够提升教师的教育技术能力，又能增强教师的兴趣，满足教师深入追求知识和技能的需求，从而使培训工作达到事半功倍的效果。培训网站包含各个培训机构和学校的入口，教师可以通过这些渠道获取所需信息。

(2)成立教师社区，实现资源共享

教师教育技术能力的培训目标应定位于使师范生和在职教师掌握教育技术课程的基本内容，包括教育技术的基本概念、相关理论基础、理论的研究内容及研究方

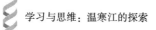

法等知识。教师社区是教师专业发展的平台，可以在个性化主页中展示个人学习及教学成绩，分享教学资源；在论坛区或群组讨论中组织教师交流教学及培训心得，对培训模式发起投票，及时反馈意见和建议，以促进培训工作的顺利开展。

（3）搭建网络教学平台，提升技能水平

教育技能培训工作应力图使教师掌握教学设计与开发的技能，掌握合理地评价教学资源、开发和使用课件等技能。网络教学平台既能够提升学生与教师学习和参与的积极性，又能够对学习成绩进行评判和记录。这一平台应有丰富全面的教学资源库和教学课件，有为学生与教师提供正确的学习和使用方法的网络课堂，有动手操作等理论结合实践的强化环节，还有考试或提交作品来检测学习者的使用效果的环节。使用网络平台可以对教师教育技术能力的提升起到很大的作用。

2. 新教师入职教育与培训

入职教育是教师专业发展与成长的重要阶段，关系着教师从师范生到合格教师的角色转变能否成功，不仅决定着他们将成为何种教师，而且影响着教师的持久性发展和教学态度。学校一定要做好培训工作，发展新教师的专业能力，帮助其规划职业生涯。

有经验的教师与新教师组合在一起：有经验的教师通过精心设计课堂活动进行示范，给予新教师辅导；新教师在学习和锻炼中提升自身的课堂驾驭能力。此外，新教师的教学工作应该有专业导师或有经验的教师定期观察、指导以及考核。新老教师组成研讨学习小组，进行学习、讨论、反馈等活动，有助于新教师迅速成长。

3. 为学习者提供电子档案等终身性服务

教师教育一体化是着眼于教师终身发展的。已有国家逐步将教师的职前培训、入职教育、在职培训三个过程联系起来，取得了较好的效果。一名教师从入职阶段到成熟阶段要经历几年的时间。这期间教育方式一直不断变革，教学方法和技能随时可能更新，这就要求教师所具备的专业知识技能也要一点点补充和提高。这种自我提高和自我完善的过程使得教师养成终身学习的意识，使得教育技能培养在教师发展的每个阶段都能持续发挥作用。针对在校师范生的成长情况和在职教师的发展状态，我们可以从职前培养阶段开始为其建立职业技能档案，利用教育技术手段为每一名教师建立电子档案，记录教师从师范生培养阶段起的自身专业发展水平及各个阶段所接受的教育培训，记录教师在工作过程中作为一名研究者和课程建设者所做出的创造性成绩，储存教师的个人信息并实现广泛空间内的资源共享和同伴交流。这一方法使得师范生能够终身性地记录自身能力的发展状况，记录在校阶段的学习及入职后的教学工作和培训过程，将自我完善与他人评价相结合。

4. 培养培训过程形成"闭合回路"

教师教育技术能力培训应发展成为一个闭合的、可控制的循环系统。根据当前教师教育技能的培训目标，在确定培训内容后应根据个体差异性选择适当的培训方法，设计培养方案，进而将培训工作贯穿于职前培养、入职教育、在职培训整个过程，并且随时对当前阶段的培训效果进行评价和反馈，以便适时修正培养方案。

5. 重视教育技术与学科课程的整合

教育技术是一种教学工具，能够提供独特的信息化教学环境。在以此为载体的教学活动中，教师既要能够总结传统的教学经验，又要能够发扬创新精神。教育技术要想与学科相互整合，就应该以丰富各学科的知识内容体系为前提。整合的结果必然会引起教学资源和教学模式的变化，这种变化将会极大地增强教学效果。因此，教师教育技能培养和培训必须使教师能够适应整合后的新的教学需求；能够及时适应角色的转变，由传统知识的传授者过渡为教学活动的设计者、课堂活动的参与者和组织者。培训应该使得教师有能力将现代教育技术作为一种途径，以此展示学科教学活动的教学观念和教学设计，并且随着科技的进步和多媒体的发展不断探索，使得自身教育技能和综合素养不断提高。

第三节　课外活动与教学体制改革

🌳 节前导读

从 20 世纪 80 年代中期开始，温寒江先生逐渐注意到在世界形势急剧发展变化的背景下改革我国教学体制的必要性和重要性。在主持教育部"七五"重点课题"课外活动与教学体制改革的研究"期间，他与北京市、江苏省、湖南省、山西省 12 所开展课外活动较早且有明显成绩的学校负责人一起，基于这些学校开展课外活动的丰富经验，大胆探索了传统班级授课制和学校课外活动的一系列问题，并运用历史唯物主义的观点与系统论的思想和方法，对这些经验进行了理论提升和概括，得到了明确的结论，即课外活动对于课堂教学，不是一般的改革，而是结构性的改革，是对传统教学体制的改革；在结论中明确提出了"建立以课堂为基础，课内外结合的新的教学体制"这一独到见解。

一、教学体制改革的难题

教学，尤其是课堂教学，一直是我国中小学教育活动的基本构成部分。近年来，随着课程改革的开展，不少学校打破了必修课"一统天下"的局面，增设了选修课和活动课，丰富了课堂教学的内容和形式。但必修课的课堂教学中，大多还保留着传统的教学方式。

有些学者认为，提倡素质教育就是增加选修课和活动课。由此，人们往往会提出这样的问题：实施素质教育降低了升学率怎么办？似乎素质教育就是只发展学生的特长，多让学生活动，不追求基础学科的教育质量。在这种思想的指导下，课堂教学的改革不会有本质意义上的进展，也不可能产生真正的作用。在此背景下，集中探讨课堂教学改革问题，具有推进和深化学校内部教育改革的全局性意义。

课堂教学作为教学方式在我国已有近百年的历史，20世纪上半叶主要受赫尔巴特（Herbart）学说的影响；20世纪50年代后至"文化大革命"前，以苏联教育家凯洛夫（Kaiipob）的教学理论为指导（在教学形式和理论方面实质上与西方传统教学论是一致的），在实践中形成了较稳定的传统模式。"文化大革命"结束后，课堂教学主要采用的依然是凯洛夫的教学理论。20世纪80年代以来，随着教学改革的开展，课堂教学有了不少新的组织形式，开始注重学生的主动投入。但大多数的课堂教学以及教师的教学观在深层次上并没有发生实质性的变化。这一传统之所以具有超常的稳定性，除了是因为它主要以教师为中心，从教师的教出发，易被教师接受外，还是因为它视知识的传授和技能的训练为主要任务，并提供了较明确的可操作程序，教师只要有教材和教学参考书就能授课，理论也因此得以广泛传播，逐渐扎根于千百万教师的教学观念和行为之中。总之，已有教学理论传统之久、深入实践主根之深、形式硬壳之坚、传习的可接受性之强，都使今日教学改革面临着强劲的"对手"。教学改革要改变的不只是传统的教学理论，还要改变千百万教师的教学观念，改变他们习以为常的教学行为。这几乎等于要改变教师习惯了的生活方式，其艰巨性不言而喻。

"攻坚战"之艰巨性还来自课堂教学综合研究的不足。温寒江先生认为，当时已有丰富的教学论著作，但大多只是从某一侧面或层次切入的。传统教学论从教的角度探讨问题，实用主义教学论从学生立场出发。① 教育心理学注重对心理过程的分析，社会学的眼光集中于对师生互动、课堂生活、人际关系等的描述，学科教学法偏重于结合学科内容的教学原则与方法进行设计。国外学派林立的教学模式研究各自强调一个侧面，或认知，或策略，或行为控制，或情感、人际关系、人格发展，这一切都有助于我们认识课堂教学。但我们依然缺乏对课堂教学作为一个整体的、师生交互作用的动态过程的研究，缺乏对课堂教学的理性认识。

教学体制改革面临的任务不只是改变实践，还需要在对已有理论进行批判性反思的基础上，通过对课堂教学的深入研究，通过整合与创造，形成既能揭示课堂教学实质，又能指导课堂教学改革实践的新理论，这同样是一项艰巨的任务。可以说，在理论上我们已走近"百川汇合"的"入海口"，但还没有见到浩瀚无边的"大海"。

二、课堂教学改革的思路

当前，我国基础教育在教学方面面临教学内容改革、考试评价制度改革和教学模式改革。这三项改革互相联系，互相依存。在全面实施素质教育的过程中，受考试评价制度制约的教学模式应如何变革，是教育界应该认真思考的一个重要问题。

(一)传统教学模式的弊端

我国传统的教学模式存在以下六个方面的弊端。

1. 重负低效

传统教学模式中"加时之风""题海之术""灌输之道"盛行，结果教师累、学生苦、家长难，教学成本(代价)高、效率低。教学走进了"低效率—重负担—低效

---

① 付嘉豪：《基于生本理念的高中历史高效课堂的构建》，载《〈教师教学能力发展研究〉总课题组科研成果集》第十五卷，2018。

率"的怪圈。

2. 物式灌注①

知识本位的物式目标成了教学的唯一目标，全盘讲授的物式灌注成了教学的唯一方法，量化评分的物式评价成了评价的唯一手段，整齐有序的物式管理成了组织教学的价值标准。这种物式灌注的教学使学生自主学习的时间被挪用，自主思维的空间被挤占。

3. 教师主宰

到 20 世纪 90 年代，教学模式逐渐由"三中心"演化为"五中心"，即教学活动以教师为中心，教学过程以课堂为中心，课堂教学以讲解为中心，教师讲解以教材为中心，教学价值以应试为中心。"五中心"导致师生之间形成了一种单向传输的关系，致使学生自学能力、生活自理能力、思维能力缺乏。

4. 主体缺失

传统的教学过分强调教学的社会价值，忽视其促进个人发展的价值。教学活动被看作为社会生产人才"标准件"的流水线，按照固定的模式，经过反复打磨，最后把千差万别的学生塑造成一个个"标准件"。学生没有真正被看作学习的主体。

5. 知能脱节

传统教学为实现较高的智育目标，一直比较强调学生对知识最终形态的掌握。反映在教学方法上是重接受、轻探究，重用脑、轻实践，重记忆、轻应用，重结果、轻过程。这使得知识只能以孤立的形态而不是以相互联系的形态为学生所接受。

6. 发展畸形

传统教学中单纯重智能发展的人才培养模式只训练了学生的应试能力，忽视了对学生终身发展所必需的非智力因素(如人格因素)的培养。

(二)课堂教学的新思路

教学质量是学校发展的根本，抓好课堂教学是教学质量提升的关键。课堂教学

---

① 辜胜阻：《变革传统教学模式的实践探索》，载《教育研究》，2003(8)。

作为教育改革的核心和关键，直接关乎人才培养的质量。针对以上所述弊端，课堂教学可沿如下思路进行改革。

1. 提高课堂效率

教学效率可以从两个方面加以考察：一是课堂教学中完成一定的教学任务，所用的课时越少，课堂教学效率就越高；二是在一定的课时内，教学内容越多，学生的收获越大，课堂教学效率就越高。有学者认为，课堂教学实际教学时间是有效教学时间、无效教学时间和负效教学时间的总和。实际教学时间是教师和学生投入课堂教学的时间总量；有效教学时间是学生在课堂教学中取得直接学习收获所消耗的时间；负效教学时间又称无效教学时间，指在课堂教学中消耗的与完成教学任务无关的时间，甚至发生负向作用的时间。值得强调的是，所谓有效教学时间、无效教学时间和负效教学时间都只是相对概念，只有在教育者充分了解学生的身心规律、调动学生学习的积极性和主动性后，有效教学时间才能增加。

心理学研究表明，人在长时间练习之后会发生"高原现象"，即当练习达到一定的时间后，练习效果不再随练习时间增加而进一步增强的现象。在过长时间的练习后，练习者的兴趣降低，影响积极性或创新精神的发挥。在传统的教学中，教育者的学习要求与学生的学习需要并不总是相匹配的，简单灌输式的教学极易使学生心理疲劳，感到学习负担沉重。"高原现象"发生的规律提示教育者，教学模式的变革应从摒弃时间的绝对增量等同于有效教学时间增量的教学指导思想做起，把自主学习时间还给学生；尽量减少甚至消除负效教学时间，增加有效教学时间；合理分配时间，不能随意延长学生的课业时间，不能剥夺学生的自由发展和体育活动时间，不能人为地挤占学生的自主学习时间，不能掠夺学生生理所需要的时间；要精心设计作业，控制作业总量，实行弹性作业制度，按"必做"和"选做"提出不同要求，禁止布置惩罚性作业，改变传统的单一性作业方式，增强作业的趣味性和多样性，激发学生的兴趣，让学生喜欢做作业。为了增效减负，教师要注意合理搭配教学内容，做到"六减六增"：减不必要的机械记忆的负担，增创造性思维的空间；减硬性统一的课业负担，增弹性作业；减学生的心理负担，增学生的生活能力培养；减"接受性"负担，增"探究性"活动；减苦学负担，增乐学情感；减被动负担，增主动发展。

2. 充分增强学生的自主性

"善歌者使人继其声，善教者使人继其志。"我们在研究制约教学效率的外在因素时，要特别重视教师的教学方法和教学艺术，这是提高教师教学效率的重要因素。诺贝尔奖获得者丁肇中教授曾敦促教师："不要教死知识，要授之以方法，打开学生的思路，培养他们的自学能力。"①自学能力的培养是实现"教是为了不教"的必由之路。教师要最大限度地减少讲授时间，最大限度地满足学生自主发展的需要，发挥学生自主探究的能动性，尽可能做到让学生主动发展，在合作中增知，在探究中创新。教师要根据教学内容的不同和学生认知基础的差异采取不同的教学方式。在教学中，教师要改进教学方法与教学艺术，减少时空占领，浓缩教学内容，把更多的时间放在重难点上，实施精讲的方式，通过教学使学生由"讲三得一"转变到"讲一得三"，真正使学生获得系统有序、结构合理的知识，以利于他们融会贯通、触类旁通、举一反三。

3. 课堂管理

课堂管理过程中存在诸多问题，如教师没有掌握合理的课堂管理方法，对学生的管理不到位。解决课堂管理过程中存在的问题至关重要。

课堂管理是一门艺术。教师应该掌握管理技巧，明白管理是课堂教学的重点。教师不仅要有丰富的知识，还要学会在教学管理过程中张弛有度，知道适当放手，充分发挥学生的主体作用，充当学生学习过程中的指导者。

不合理的课堂管理方法包括教师的关注重点更多的是学习成绩好的学生，对学习成绩差的学生抱有放任不管的态度；经验不足的新教师对学生的要求比较低，只要求学生遵守课堂纪律就可以了。自我控制能力比较差、没有养成良好学习习惯的学生，在高年级会表现出对学习厌倦的情绪。课堂管理过程中，许多教师由于不能够对教学的时间进行合理掌控，不能合理分配时间，不能合理针对教学内容进行有计划的设置，教学经验不足，抓不住教学的重点，因此很容易出现本末倒置的现象。在小学教学过程中，教师为了维持良好的学习纪律，往往容易忽略教学的意义所在，导致课堂教学模式呆板，没有活性，从而使得小学课堂教学质量和效率大打折扣。

---

① 彭苇：《教育技术与网络教学资源整合》，245 页，北京，光明日报出版社，2017。

三、课外活动与课堂教学

开展课外活动在我国已经有半个多世纪的历史，并取得了很明显的成效。温寒江先生认为，大多数人在谈教育改革时，重点都是抓改革教材和教法，忽视了课外活动的作用。其实课外活动是对传统教学体制的重大改革，解决了传统教育理论的难题，即"人的主体性"。因此，抓住班级教学和课外活动，就抓住了教学系统中主要的东西。

（一）课外活动的定义

苏联教育家凯洛夫在《教育学》一书中对课外活动做出如下定义："在课外活动和校外活动这个一般概念里，包括不同方面的学生课余文化活动；组织这些活动，达到对新生一代进行共产主义教育的目的，对实现社会主义社会所要求的普通教育和综合技术教育，对人的全面发展以及为学生从事实际活动做准备，都具有极其重要的意义。""所谓课外活动，就是指学校在必修的教学内容和教学大纲要求之外举办的形形色色的具有教育性质的作业和教育措施。"从凯洛夫的定义可以看出：第一，课外活动包括不同方面的课余文化活动；第二，课外活动是教学计划和教学大纲规定的必修教学内容之外的活动；第三，课外活动具有教育性，对促进人的全面发展具有极其重要的意义。但是，在相当长的时期里，有不少人对课外活动这一概念的认识是模糊不清的。他们要么将课外活动视作课堂教学的单纯延伸，把课内没有完成的教学任务放到课外去加班完成；要么将课外活动当作可有可无的"玩"。

另外，温寒江先生还对课外活动的基本内容进行了大致的划分，主要包括科技活动，学科活动，农业技术活动，文学艺术活动，体育活动，课外阅读活动，社会实践活动，利用假期由学校单独组织或由科学技术协会办公室、少年宫及有关单位联合组织举办的各学科夏令营或冬令营(实地考察、调查研究、举办竞赛、学术报告)八个方面。

课外活动是整个教育过程的重要组成部分，是一种利用课余时间对学生进行教育的形式。我国古代就有类似于课内课外两种教育形式的记载。例如，《礼记·学记》中说："大学之教也，时教必有正业，退息必有居学。"近现代资产阶级学校也很重视课外活动。《九年义务教育全日制小学、初级中学课程计划(试行)》强调：

"学校在教育、教学工作中，要充分发挥学科和活动的整体功能，对学生进行德育、智育、体育、美育和劳动教育，为学生的全面发展打好基础。"随着近年来教育改革的发展，教育工作者针对课外活动开展了有益的讨论和研究，提出了"第二课堂""第二渠道"等概念，并正在达成共识。

（二）课外活动的特点

温寒江先生提出，课外活动的开展要根据发展需要，为学生的职业定向打下基础，因此应体现职业性。此外，课外活动的各项内容应该体现科学性、实践性、趣味性和多样性。由课外活动的概念可以看出，课外活动的外延非常广泛，形式极其多样。课外活动的内容有的与课堂教学有着紧密的联系，直接为巩固、扩展课堂教学效果服务，成为课堂教学的延伸和补充；但更多的内容与课堂教学只有间接的联系，其着眼点侧重于发展学生的兴趣、爱好与特长，侧重于培养学生的独立思考能力、独立工作能力以及对自然环境和社会环境的适应能力。现代意义上的课外活动已经不是单纯的时间和空间范围内的概念，而是整个学校教育的有机组成部分；不仅具有与课堂教学同等重要的意义，而且在教育目标、教育内容、组织原则和形式方法等方面都有自己的鲜明特点。把握课外活动的特点，有助于教师驾驭课外活动规律，卓有成效地组织指导课外活动，充分发挥课外活动的重要功能。课外活动的特点如下。

1. 自愿性和选择性

从活动的性质来说，学生参加课外活动具有自愿性和选择性。课外活动是在课堂教学计划之外，学生自由选择、自愿参加的一种活动。课外活动强调学生可以按照自己的兴趣、爱好和特长自愿选择，可以根据自己的条件、能力和状态选择、控制、调节在活动中的运动量。这就能够充分地照顾到每个学生的兴趣和爱好，有利于发展学生的特殊才能。

2. 伸缩性和多面性

从活动的内容来说，课外活动具有较大的伸缩性和多面性。由于课外活动的内容不受教学计划和教学大纲的限制，因此，它的范围可宽可窄，次数可多可少，程度可深可浅，适用对象的层次可高可低：一切都根据参加人员的兴趣、爱好和接受水平来确定。各地区各学校都可以根据各自的情况和条件，根据学生的愿望开展各种活动。例如，城市小学可以充分利用各种博物馆、纪念馆、动物园、植物园等场所开展丰富多彩的课外活动；农村小学可以充分利用自然环境开展活动，如不少农村小学利用当地条件办起了"小基地"，即小果园、小菜园、小花园等，不仅丰富了学生的课余生活，而且提高了他们的基本技能。

3. 灵活性和多样性

从活动的形式来说，课外活动具有较大的灵活性和多样性。课外活动不像课堂教学那样受时空等条件的制约。活动的时间可长可短；活动的规模可大可小；参加活动的人数可多可少；活动的地点可以在教室里也可以在教室外，可以在校内也可以在校外。课外活动的形式是指课外活动的组织形式，一般根据活动的目的和内容而定，不存在预先规定的模式。温寒江先生将课外活动的基本形式分为小组活动、个别活动和群众性活动三种。

4. 独立性和自主性

从活动的方法来说，课外活动要能体现学生的独立性和自主性。课外活动是在教师指导下学生独立自主地进行的活动，强调学生自己动脑、自己计划、自己动手、自己检查、自己总结，突出学生的独立性和自主性。教师或辅导员只处于指导或辅导的地位，只做必要的指导。学生成为课外活动的主体，是活动的主人，必然表现出更强的积极性和主动性。在课外活动中，一切由教师包办、把学生置于被动地位的做法是不可取的。温寒江先生曾对我国中小学目前常用的课外活动方法进行了概括总结，主要有：自学法、观察法、讨论法、研究法、实验法、制作法、竞赛法、参观法、练习作业法、实习作业法。每一种方法都有自己的特点和特定的要求；在运用过程中，一种方法又是同其他一些方法互相联系、互相配合的。

5. 开放性和实践性

从活动的过程来说，课外活动具有较大的开放性和实践性。学生在课堂教学中固然也要进行听、说、读、写的实践，但他们的积极性和主动性只能在一定程度上发挥出来。在课外活动这一广阔的天地里，学生有充分的时间进行听、说、读、写的实践，积极动脑、动口、动手，又有充分的机会得到同学、老师和长辈的帮助与指导，处于学习和发展的最佳环境。温寒江先生认为，课外活动应该做到理论与实践相结合，学与用相结合，教师的辅导作用与学生的积极性、主动性、创造性相结合。

6. 轻松性和娱乐性

从活动的考核方式来说，课外活动具有轻松性和娱乐性。课外活动不采取严格的考试制度，一般采用汇报演出、娱乐竞赛、成果展览、经验交流、墙报板报、小型报刊、写小论文、举行讨论会和报告会等形式对活动的成果进行考核。例如，某校科技小组举行了"五小"竞赛活动，即小发明、小制作、小论文、小改革、小建议，这中间涌现出了一批有推广价值的作品。

7. 竞争性和激励性

从活动的评估方式来说，课外活动具有较强的竞争性和激励性。学生在课外活动中取得的成果，直接得到价值评估，接受实践的检验。学生孜孜以求的不再是试卷上的分数，而是所做的演讲能否感染别人，所办的手抄报能否吸引读者，即成果能否得到他人的认可。许多课外活动甚至直接采取竞赛的形式进行，充满了竞争气息。学生在课外活动中获得的成功的愉悦源于其创造性的劳动，因而课外活动更有实际价值，更能激发学生学习的自觉性、主动性和积极性。

8. 针对性和层次性

从活动的教育意义来说，课外活动更具针对性和层次性。由于课外活动不受教学计划、教材和教学进度的限制，因此教师能随时根据学生的动态提出课题、设计方案，将思想教育、道德品质教育、人生观教育渗透到课外活动的整个过程。

（三）课外活动的实施原则

温寒江先生认为，课外活动需要遵循一定的原则。这些原则是开展课外活动的依据。课外活动需遵循的原则如下。

1. 自愿性和自主性原则

自愿性和自主性原则是学生根据自己的兴趣、爱好和需要，自愿地选择要参加的活动和要读的书，自主地进行学习和活动。学生是课外活动的主体，是学习的主人。坚持自愿性和自主性原则，可以充分调动学生的积极性和主动性，充分激发学生独立思考和钻研创造的精神。指导者在组织课外活动时，应该充分发挥课外活动这一优势，组织各种内容、各种层次、各种形式的课外活动，由学生自愿选择参加，切不可强迫学生参加他们不愿参加的活动。如果学生不自愿，那么他们就不可能有参加活动的积极性和主动性，课外活动的教育效果也就体现不出来。

2. 面向全体和因材施教原则

青少年存在个体差异，不同的学生有不同的兴趣、爱好和特长。课外活动要根据学生的个性差异，面对全体学生，注重因材施教。在课外活动中，教师不能只注意培养少数"尖子生"，应面向全体，创造丰富多彩的活动内容，运用多种多样的活动方式，不断更新教育观念，善于发现学生的爱好和特长。

3. 实践性原则

课外活动是在教师的指导下，学生独立实践的过程。学生在活动中通过动脑、动手亲自获得知识。通过实践活动，学生可以把理论和实践结合起来，培养自己综合运用知识的能力。课外实践活动中的参观、访问、社会调查等可以使学生开阔眼界，了解社会，提高思想认识水平，增强社会责任感。

4. 科学性和教育性原则

科学性指课外活动的内容是科学的，指导思想正确，健康向上。活动的形式、方法也是科学的，符合青少年身心发展的特点和规律。教育性指活动要富有教育意义，寓教育于活动之中。科学性和教育性原则要求课外活动要有明确的方向与教育目的，给予学生正确的思想政治教育。

5. 因地因时制宜原则

开展课外活动不能千篇一律，必须从实际出发。我国幅员辽阔，各地区自然条件、经济文化水平不同。因此各学校要根据本地区的特点和条件，结合当地经济和文化的发展需要，因地因时开展活动。

6. 形式和方法多样性原则

开展课外活动要按照活动的目的、内容的特点，采用不同的活动形式和方法，不可千篇一律。形式和方法的多样性与内容的丰富多彩是统一的，是课外活动的一个重要特色。课外活动是一个系统，活动的目的、过程、内容、形式和方法构成一个有机整体。在开展课外活动的时候，指导者要注意各项原则的联系，注意整体性。

7. 结合学校的教育教学需要原则

课外活动是为学校开展思想政治工作、提高教学质量、促进学生全面发展服务的。因此，开展课外活动必须要结合学校的教育教学需要进行；也就是说，课外活动计划的安排、内容的考虑必须结合学校的教育教学需要。指导者应注意三个问题：第一，课外活动的分量和难度要适中，防止负担过重，占用学生过多课余时间，影响学生的身心发展；第二，课外活动的日程要安排得当，不能挤占正常的课堂教学时间；第三，正确处理课外活动与课堂教学的关系，不能因开展课外活动而

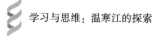

降低对课堂教学的要求，要保证全面完成教学任务，保证教学质量。

8. 根据指导者的特长组织课外活动原则

指导者的特长可分为专业特长和个人特长两部分。从专业特长来看，每个指导者均有自己的专业特长，发挥专业特长开展课外活动可以收到较好的活动效果；从个人特长来看，充分发挥个人特长更有利于发挥指导者的指导作用。在根据自己的特长开展课外活动时，指导者应注意以下几个问题：第一，要注意是否有用武之地，开展活动要从班级的实际出发，不能为发挥特长而发挥特长；第二，注意课外活动的科学性和思想性，禁止开展思想不健康或违反科学的课外活动；第三，注意自己的特长是否符合学生的承受能力和水平，过高过难的技能技巧会适得其反，不利于课外活动的开展；第四，应与其他科任教师互相配合，取长补短。

四、课外活动与教学体制改革

传统教学容易忽视探究性学习。学生往往被禁锢于死板的课堂教学中，被动地进行接受性学习。要改变这一现状，必须加强学生的探究性学习。重视探究性学习就是要改变"容器式"的物式灌输，把学生的头脑看作一个充满激情的"火炬"。基于此，温寒江先生对新教学体制进行了研究和探索，认为课外活动是探究性学习的重要组成部分，提出了以课堂为基础、课内外相结合的教学体制改革。

（一）课外活动的开展思路

在促进学生整体发展方面，课外活动具有三个非常突出的优势：一是培养兴趣；二是培养能力；三是培养思想品德，如创造精神，克服困难的毅力，集体主义精神，团结友爱、艰苦奋斗、遵守纪律等良好品质。在促进学生个性发展方面，课外活动有利于培养学生的独立意识，提高他们的适应能力；有利于因材施教，发展特长，培养学生的个性；有利于培养学生的探求意识，提高他们的创造力；有利于学生身心健康，使他们的个性得到全面和谐的发展。

在分析了兴趣发展的规律和特点、兴趣对学生学习和成长的影响之后，温寒江先生阐述了课外活动在促进学生兴趣广泛发展方面的特殊作用，认为课外活动是发展、稳定学生兴趣的广阔天地。

课外活动为能力的培养提供了一个好阵地。从活动内容来说，课外活动可以不受教学大纲、教材的限制，选择创造性的课题；从活动方式来说，课外活动采用了在活动中学习的教学模式，即发现的方法和探究的方法，这两种方法在传统的课堂教学中是难以普遍实施的。

课外活动在良好的思想品德和审美观的培养方面有着不可替代的作用。任何一种道德品质都包含道德观念、道德情感、道德意志和道德行为这四个主要要素，它们是相互联系又相互制约的。以课堂教学为基础，广泛开展课外活动，课内外相结合，有利于保障德育中知、情、意、行的统一。学生在课外阅读、课外文学艺术鉴赏等活动中，潜移默化地提高了审美意识与审美能力。德育与美育的相互渗透、相互补充在课外活动中得到了很好的体现。

温寒江先生通过对学科课程与课外活动进行比较分析，指出了学科课程的优点及不足。课外活动内容丰富多彩、注重通过实践获得直接经验、需要综合运用多种学科知识与能力等特点，正好可以弥补学科课程的不足。因此，学科课程与活动课程的结合是对学科课程的优化。

要开展课外活动，学校必须转变教育观念，创造开展课外活动的条件，努力改善学生活动的环境。为此，温寒江先生提议，要加强对课外活动的领导，培养合格的课外活动教师，保证活动时间和经费，充分利用教学设备和场地，积极利用社会条件，将开展课外活动落到实处。

（二）课外活动与课堂教学

在课堂教学的改革中，温寒江先生认为，对教学内容进行改革是教学改革的中心环节，应坚持教育与生产劳动相结合，理论联系实际，以适应教育现代化。对教学方法进行改革是开展较为广泛的教学改革，启发式教学目前依然是许多教师常用的教学方法。教师通过启发指导学生活动，充分强调学生的主体地位。不少学校对考试进行了改革，除了对基础知识和基本技能进行考查外，还注重对分析问题、解决问题以及灵活运用知识的能力进行考查。

温寒江先生充分肯定了课外活动在教学体制改革中的重要作用，认为开展课外活动具有重大的意义，与学生的身心发展、生产劳动和社会实践活动都息息相关。因此，教师应该树立整体发展的教学思想，通过课外活动培养学生的独立意识，提高其适应能力；通过课外活动因材施教，发展学生的特长，帮助学生形成个性中的独特性，培养学生的探求意识，提高学生的创造力，使学生的个性得到全面和谐的发展。

课外活动融入教学过程需要教师对学生进行启发诱导，以学生独立自主学习和合作讨论为前提，以现行教材为基本探究内容，以学生周围世界和生活实际为参照对象，为学生提供自由表达、质疑、探究、讨论的机会，让学生将自己所学的知识应用于解决实际问题的过程中。温寒江先生认为，课外活动是培养学生稳定兴趣的"温床"，是培养学生探索和创造能力的好形式，为学生思想品德和审美观的培养创造了有利的条件。因此，课外活动如何融入日常教学过程是值得教育者深入探讨的事情。

（三）课外活动与教学体制改革

温寒江先生的课外活动教育思想在理论上有所创新，对深化教育改革、建立有中国特色的新教学体制具有重要意义。

第一，有利于充分发挥教育对开发人的智力、提高民族素质、培育专门人才的直接社会功能。课内教学与课外活动相结合，有利于开发人的智力，有利于因材施教和发展学生的个性。

第二，使教育更好地适应日新月异、突飞猛进的新技术革命需要。利用课外活动开设一些内容新颖的科技选修课或者讲座，可以弥补课堂教学内容相对滞后的缺陷，更好地将所学知识与社会实践相结合。

第三，有利于全社会各行各业都参与培养社会主义建设者和接班人的工作。课外活动让学生进行广泛的社会调查，接触社会上各行各业的劳动者，在观察、思考和讨论中明辨是非，提高思想觉悟。因此课外活动是进行思想教育的一种好形式，也是全社会参与教育的一种好形式。大力提高教育质量和办学效益，不仅应抓紧课堂教学改革，而且要在总结经验的基础上积极开展课外活动，大胆探索开展课外活动的途径。

温寒江先生在总结开展课外活动的经验的基础上提出应该加强领导，积极创造开展课外活动的条件，重视教育观念的更新，建立课外活动的领导和组织机构，加强制度建设并抓好过程管理；采取各种措施，加强在职教师培训，开展工作交流与研究，通过改革师范教育来培养合格的课外活动教师；保证活动时间、经费，充分利用教学设备和场地。总之，调动各方因素，为课外活动创造可利用的社会条件。

第四节　对教学论的新探索

 **节前导读**

　　面对"教育要面向现代化，面向世界，面向未来"的要求，又深感现行的教育教学体制及其理论越来越不能满足教育事业发展和教学改革的要求，温寒江先生产生了应该对传统的教育教学思想加以改造的强烈愿望。他认为，需要运用辩证唯物论、现代心理学、思维科学和系统论思想，对传统教学理论进行重大而深入的改革。在对新教学论的探索中，温寒江先生既继承了传统教育中对社会主义现代化建设有益的东西，又吸收了当代教学理论的新成就，在提炼和总结我国教学改革丰富实践经验的基础上建立了新的教学理论体系。

一、教学过程的本质

（一）教学过程中的主要矛盾以及解决途径

　　温寒江先生认为，教学是师生的共同活动，是由教师的教和学生的学构成的双边活动。教学过程是一个复杂的认识过程，教与学分别是教学活动的外因与内因，教师与学生是教与学的人格化体现。学习过程是从"未知"到"相对已知"，从"不完善"到"相对完善"，从"不确定"到"相对确定"的过程。在这一过程中，教师将语言作为载体，将参与教学活动的知识进行转换和重组，从而让学生理解学习内容。这一过程总体来说是认知内化的过程。所以，教学过程的主要矛盾是已知与未知的矛盾。这一矛盾需要通过学生的认知内化得到解决。

（二）教学过程的特征

1. 问题是整个教学过程的出发点和归宿

学生因为未知而提出问题，对问题产生困惑并产生解决问题的愿望，这是教学进行的前提。科学哲学家波普尔（Popper）曾经说过："正是问题激发我们去学习、去发展知识、去实践、去观察。"①波普尔认为，创造性思维活动是从各种问题开始的，科学探索的逻辑起点应该是问题。波普尔提出的科学进化的公式就是以问题作为科学认识活动的起点和终点的。

一般来说，提出一个问题往往比解决一个问题更重要。提出新的问题，从新的视角去审视司空见惯的问题，需要有对问题的感知力和创造性的想象力。在非创造性教学活动中，学生通常面临着许多需要认识或解决的问题，需要完成大量的练习、实验及其他作业。但是，学生在完成作业的过程中所解决的并非都是真正具有创造性的问题，他们解决问题的方式主要体现出常规性、复现性而不是探索性。正如英国思维教学专家爱德华·德·波诺（Edward de Bono）指出的："学校课本上的问题通常是封闭型的，也就是说，都有一个确定的已知答案。而且给出了所有必需的信息。实际生活中的问题却往往是开放型的，没有确定的解答，还缺少很多有关的信息。"②在这种背景下，学生解决问题的过程更多地体现为再现已知的知识和技能。这种解决问题的方式可以实现知识量的累积和一般技能的熟练化，但较少有助于学生综合素质的提高。

2. 创造性与逻辑性

创造性体现在教师的创造性教授与学生的创造性学习两个方面。

从教师来说，教师在设计教学情境、教授教学内容、选择教学手段和运用教学方法等方面都要尽量新奇、独特。从学生来说，创造性主要表现为学生的创造性想象力非常丰富，提出问题与解决问题的思路和方式是新颖的。创造是一种在观念上突破常规，提出新观点、新原理并获得前所未有的成果的过程。

---

① 仲彩云：《运用"问题驱动"教学方法实现高中数学高效课堂》，载《青少年日记（教育教学研究）》，2018（3）。

② ［英］爱德华·德·波诺：《首要能力：追求卓越的思考技能》，汪凯、王以译，59页，北京，企业管理出版社，2004。

在创造性之外，教学也需要具有逻辑性。逻辑性往往通过线性的排列方式和聚合式的思考体现出来。思路沿着同一方向前进，以追求获得唯一的标准答案。逻辑性思维过程是一个有限的过程，只要前提正确，并且遵守严格的逻辑规则，便可以得出正确的结论。这种求同式思维是一种规范型思维，以分析性的态度关注观念的恰当程度、判断的准确程度、推理的严密程度。它从一开始就要求排除歧义性，以唯一可行的方法追求期望中的答案。

创造性与逻辑性缺一不可。在教学过程中，逻辑性思维是追求准确的，创造性思维是追求无限的。创造性为教学增加了选择、突破以及重新建构认识的机会。因此，创造性思维是一种力争运用多元的解决方案或方法，追求结果的丰富性的发展性思维。在教学过程中，师生双方的求异性思维大大拓展了思维活动的领域。这一教学过程允许思维活动的自由跳跃，能够培养和训练学生敏锐的洞察力、迅捷的判断力，使学生对问题做出创造性的解答。

3. 学生的自主性

学生的自主性是指在教师精心设计的氛围或情境中，在教师的启发引导下，学生独立地去发现问题，抓住问题的实质，从不同的视角，遵循不同的思维方式，努力探求多种求解问题的方式方法。它最终表现为学生独立自主地、创造性地解决问题。在教学过程中，教师要充分发挥学生主体的能动作用，强调学生独立地解决问题，避免问题总是由教师依据教科书的安排展现在学生面前。教师或教科书中向学生展示的往往是对刚学过的原理、原则、公式或法则等的机械套用或反复强化。如果这样，学生对问题的求解过程总是表现为求同的单向思维过程。所谓标准答案通常是唯一的、固定的，学生失去了进行独立选择和探索的机会。教学过程不能只注重知识和原理的灌输，只在学生知识的储存和再现方面下功夫，这样会形成以教师、教材为中心的片面的应试教育，忽视学生主体作用的发挥。教师在教学过程中应该保障学生的主体地位，使学生在学习过程中意识到自己的主体责任和主体力量，从而形成自觉、强烈的创新意向和动机，最大限度地开发自身的创造潜能。学生一旦成为认识过程的主体，就不再被动地去接受教师传授的知识和技能。哲学认识论、心理学等学科的研究已充分证明，学生的认识过程不是反映或再现的过程，而是选择、建构、创造的过程。

（三）教学中的师生关系

长期以来，人们简单地把教学过程看作一种认知过程，或者说一种特殊的认识活动，忽视了情感活动。建立在这种教学过程本质观基础上的教学原则、教学方法、教学评价，都只重视知识的传授，重视学生认知因素的发展，忽视师生之间的情感交流。教学过程只有认知信息回路，缺乏情感信息回路。这种唯理性的教学过程本质观忽视了教学活动的主体是富有情感的、活生生的学生。学生对知识的掌握是借助于情感媒介这个动力因素来实现的。"因为思维和情感几乎总是彼此伴随，所以，忽视我们适宜的感情教育是对我们最巨大潜能的一种阻碍……或许，人本主义教育的主要特点是重新认识情感在教育中的重要性。"①关于师生关系，温寒江先生表达了以下三个观点。

第一，交往是教师和学生发展的基础与前提。教师与学生总是处于一定的交往和互动关系中的，没有交往和互动，教育活动便不可能发生。因此，师生交往本身就是教育活动的一种表现形式，"它不仅仅是教育发生的背景，它本身就是有意义的教育活动，具有教育性"。正是在对话的交互关系中，"教师和学生双方都在自由地思考、想象和创造，双方并没有固定和僵硬的学习模式和交流模式。只有不断发问、言说和回答，并没有预定的真理或意见，经验在交互关系中传递到另一方，在对话的回答中，真理、经验、知识、思想、价值、意义、情感、态度等都显现在对话中，显现在学生面前，学生（直观地）理解了，所以，对话是展示意义和把握意义的过程，学生就在这种对话的参与中获得了教育"。②

第二，真实、接受、理解的师生关系是对"主体—客体"师生关系模式的超越。在以往的师生关系理论中，无论是教师主导说、学生主体说，还是师生双主体说，都是从二元对立的思维模式来分析师生关系的，割裂了师生之间的真实关系，导致师生关系中主体与客体的分离和对立。在二元对立的师生关系模式里，教师是知识的传授者，学生是知识的接受者，他们之间的关系被演绎成知识的授受关系。这种关系中虽然也存在一定的人际交往，但"作为精神整体人的自觉的理解和沟通不存

① 车文博《人本主义心理学元理论》，175 页，北京，首都师范大学出版社，2010。
② 金生鈜：《理解与教育——走向哲学解释学的教育哲学导论》，133 页，北京，教育科学出版社，1997。

在，师生关系因而失去了'教育意义'，只是作为教学必要的条件而存在"①。当教师和学生都是这种关系的创造者、都是具有独立人格的主体时，他们才能坦诚相见，平等对话，相互理解和尊重，无条件地喜欢或接受对方表露出来的真情实意。教师以完整的人格、整体性的精神参与到学生精神世界的建构之中，教育的力量才能真正地作用到学生精神的整体发展之中。

第三，教师要重视情感在教学过程中的价值。情感是获取知识的动力，能促进学生认知的发展。正如赞可夫所说："教学法一旦触及学生的情绪和意志领域，触及学生的精神需要，这种教学法就能发挥高度有效的作用。"②情感能使学生体验到生命的价值。学生自由参与，自由表达，意识到自己力量的存在，积极参与教学活动，使主动性、创造性得到了极大发挥。情感的动力性质确保了学生主体作用的实现，课堂教学因情感的滋润而焕发活力。

二、知识、技能与能力的关系

(一)学习知识是前提

从知识和能力的发展来说，知识是能力发展的基础，能力是知识发展的前提条件。没有知识的积累，学生对能力的掌握只能是简单地模仿或是"照葫芦画瓢"，这无异于过去的"学徒制"。具有相应的文化、专业理论知识，再经过一定的训练与实践，学生在能力的形成和巩固的过程中才能通过联想与综合实现举一反三、触类旁通，实现快捷、高效地解决问题的效果。知识的学习与掌握为学生能力的发展奠定了坚实的基础。

(二)训练技能是重点

技能是指人们运用有关知识，顺利地完成某项任务的一种机体活动方式或智力活动方式。技能分为动作技能和智力技能。

---

① 金生鈜：《理解与教育——走向哲学解释学的教育哲学导论》，127页，北京，教育科学出版社，1997。
② 李会芳：《"情境教学法"初探》，载《小作家选刊(教学交流)》，2011(6)。

动作技能是外部动作占主导地位的技能，以肌肉、肢体动作和动觉分析器官的协调运动为特点的。例如，学生在体育课上学习对呼吸与身体的操纵和调整，在手工课上学习对艺术材料进行加工等，都是动作技能。

智力技能是以抽象思维活动为主导的解决实际问题的技能，是在持续认识过程中形成的，如感知、想象和思维等，以思维为主要成分。掌握正确的思维方法是智力技能的主要特征。智力技能是在生产实践活动中积累起来的一种调节智力活动和经验的综合能力，智力技能与动作技能同样是在大量的、反复的练习中得以形成和巩固的。

动作技能与智力技能是密切联系、不可分割的。动作技能本身就包含智力技能的成分。例如，技术行业从业人员对工件的熟练操作主要是通过手、臂、眼的配合来完成的。但如何满足具体的技术要求，受到主观意识的支配，也就是有智力活动参与。同样，智力技能也受到动作技能的制约，很多智力技能往往是通过动作技能表现出来的。

(三)培养能力是目的

培养和发展学生的能力是教学的最终目的。不论是学习知识，还是训练技能，都是围绕培养学生参与社会活动、从事经济建设的能力这一目的进行的。在社会实践中，单一的能力是难以发挥作用的，任何一种活动的开展都需要多种能力的有机结合。所以教师在教学过程中必须注重对学生综合能力的培养。学生能力的最佳结构应包含以下几个基本要素。

1. 自学能力

学生在校学习理论知识的时间有限，培养学生运用正确的学习方法独立进行学习的能力是必要的。各学科教师在教学中要注意培养学生熟练使用工具书的能力、阅读参考书和科技资料的能力等。自学能力的形成为学生进一步发展打下了良好的基础。

2. 表达能力

表达能力指用各种方式表现自己思想感情和意图的能力，包括语言表达能力、文字表达能力、图像表达能力等。

3. 创新能力

创新能力包括发现问题和提出问题的能力、创造性地分析问题和解决问题的能力、探索新知识的能力等。创新能力是现代青年奋发向上、开拓进取的前提条件。

4. 独立工作能力

独立工作能力是运用所学的理论知识和掌握的操作技能独立完成实际工作的能力，包括计划能力、组织能力、自我评价和自我监督能力等。这些能力是学生在校学习和走向社会所必需的。

不论是在理论课教学中还是在生产实习教学中，教师都应遵循学习知识、训练技能为培养和发展能力服务的原则，引导学生自觉地把学习的知识、掌握的技能转化为实际能力。把学生培养成具有一定的文化专业知识和娴熟的操作技能、能够适应社会发展、具备参与经济建设能力的技术人才，是对教学的要求。

(四)准确把握三者的关系

按照现代教学理论，教学是教师和学生共同进行的双边活动，其任务是使学生接受系统的科学基础知识和基本技能，在此基础上发展学生的智力和体力，进而培养学生的各种能力。要想较好地完成教学任务，教师需要做很多工作，首先应该准确把握知识、技能、智力、能力以及动力这几个概念的区别与联系，并且尽可能地掌握和运用学习规律进行教学。

1. 知识与技能相辅相成、互相促进

知识是人们对客观事物的特征、属性以及联系探索的结果，是人类经验、思想、智慧赖以存在的形式。技能是指主体运用知识经验，通过练习和训练，形成的稳固的、复杂的动作系统。动作系统达到自动化程度，是技能形成的标准。技巧是技能的高度发展阶段，比一般技能更精确、更敏捷、更完善。技能的形成以掌握知识为基础，不掌握相应的知识就不可能形成某种技能，但掌握了知识并不等于形成了技能；反过来，已经形成的技能又是掌握新知识的基础。所以知识与技能是相辅相成、互相促进的，共同推动学习水平的提高。

2. 技能与能力有着密切联系

首先，技能的形成是以一定的能力为前提的。技能形成的过程体现了能力发展的水平和个体差异。顺利完成某个动作系统，不仅需要一定的能力，而且需要相应的技能。能力的作用表现为具有一定的能力就易于掌握相应的技能，能对技能进行调节。一个人掌握技能的速度有赖于能力的发展。其次，技能的掌握有助于能力的形成和发展。要形成和提高某种能力，必须掌握与之相应的基本技能。只有在实际使用技能的过程中，能力才能更顺利地形成和提高。学生学习的各种知识不能直接转化为能力，只有把知识运用到实践活动中，经过技能形成这个环节，才可能成为某种能力。所以技能是知识转化为能力的桥梁。智力的高低不仅和知识多少有关，而且与技能高低有关。技能对智力活动起调节作用。技能一旦形成，就可促进有关问题的解决，可缩短解决问题的时间和进程。但是技能并不等于能力，技能是就动作方式而言的，能力是就个性而言的。一个人具备某种技能，并不一定具备相应的能力。要把技能发展成能力，还需要进行更高层次的反复训练。

知识、技能、能力既互相联系又互相区别。教学活动不仅要传授基础知识，而且要使学生形成一系列基本技能。培养学生的各种基本技能，对于学生智力的发展以及独立从事工作、分析和解决各种问题具有重大作用。因为掌握技能是从事创造性活动的重要条件，一个人只有掌握了熟练的技能，才有可能发挥创造性。例如，在写作文时，只有具备了书写、表达、遣词造句、谋篇布局等基本技能，才能把精力集中在题材的选择和加工、主题的提炼上，从而写出好文章来。总之，要培养能力、发展智力，仅仅传授知识还不够，必须把基础知识的教学和基本技能的训练同时重视起来。

三、学生形象思维能力培养的问题

(一)形象思维的定义

形象思维这个概念最先是由别林斯基(Belinsky)于 19 世纪 30 年代正式确立的。他认为形象思维就是"寓于形象的思维"，即"用形象来思考"。继别林斯基之后，普列汉诺夫(Plekhanov)、高尔基(Gorky)、法捷耶夫(Fadeyev)等人也对形象思维做过较为系统的论述。这些论述有一些共同的局限性：把形象思维等同于艺术思维，对"形象"的理解比较模糊，对形象思维的过程缺乏完整、系统的论述等。爱因斯坦(Einstein)于 1921 年在一篇名为《几何学与经验》的学术报告中明确提出形象思维。在心理学研究中，心理学家奥苏贝尔(Ausubel)于 20 世纪 60 年代初提出了形象思维是有效学习新知识的先行组织者。先行组织者是指在学习新知识前呈现的学生易懂的引导性材料。它是新旧知识联系的桥梁,在抽象水平上和包容水平上要高于新知识。后来,梅耶(Meyer)等人的研究表明,将具体形象化的模型作为先行组织者,即具体模型组织者,更有助于为新知识的学习提供必要的准备知识。这是由于具体模型形象、直观,易于通过类比的方式促进学生对新知识的理解。这里的"模型"不仅包括实物模型,而且包括图画、符号模型等。美国心理学家斯佩里(Sperry)对裂脑人的实验研究揭示了大脑两半球功能的不对称性和右半球的许多高级功能,获得了1981年诺贝尔生理学或医学奖。

温寒江先生初步定义了形象思维:形象思维又称直感思维,是指以具体的形象或图像为思维内容的思维形态,是人的一种本能思维,人天生就会用形象思维考虑问题。抽象思维以一般的属性表现个别的事物,形象思维通过独具个性的特殊形象来表现事物的本质。形象观念作为形象思维的逻辑起点,其内涵就是蕴含在具体形象中的某类事物的本质。形象思维是反映和认识世界的重要思维形式,是培养人、教育人的有力工具。在科学研究中,科学家除了使用抽象思维以外,也经常使用形象思维。发展心理学认为,形象思维的初级形态是具体形象思维,这是个体思维发展所必须经历的阶段。形象思维以形象或表象为思维的重要材料,借助鲜明生动的语言,是一种带有强烈情绪色彩的特殊的思维活动。形象思维具备思维的各种特点,主要心理成分有联想、表象、想象和情感,与创新的关系非常密切。

(二)培养形象思维能力的意义

目前,经济迅速发展。世界各国纷纷以终身教育思想为指导,把教育视作21世纪的关键,大力发展教育,加快学习化社会的建设。由于青少年是社会各项事业的建设者和接班人,具有多样性,因此社会对教育提出的要求多样而复杂。

例如,在我国的数学教学中,逐步培养学生的抽象思维能力、逻辑推理能力、空间想象能力、数形结合能力和自学能力是重要的教学目标,其中空间想象能力、数形结合能力是通过发展形象思维来培养的,所以培养学生的形象思维能力是重中之重。尤其是在当今社会,计算机强大的图形功能使得形象思维在学生的学习和生活中起到了越来越大的作用;但在传统的各类教学测验中,教师关注的是学生对知识点的掌握及运算和逻辑推理方面的能力,较少涉及对学生形象思维能力的考查,这是违背教学大纲要求的。

目前数学中形象思维能力培养状况不容乐观。其一，多数学生认为数学与形象思维之间没有紧密关系，有 60.81% 的学生认为数学只与抽象思维有紧密联系。其二，目前数学教学中形象思维教学方式也较少被应用，调查中只有 31.08% 的学生选择了教师会利用形象的图示来教学。从世界发达国家神经科学发展态势看，形象思维能力的培养普遍受到重视。我国相关专家也认为应该把神经科学列为国家基础研究重点项目。科学研究发现，人的左脑主管逻辑思维，右脑主管形象思维。教育的一个功能是开发人的脑力潜能，使这种潜能成为帮助人们生活、学习、工作的能力。毋庸置疑，形象思维的发展有利于转变传统的教育思想，培养高素质的人才。形象思维能力的培养与利用，可以提高学生的学习能力。由于右脑形象信息的容量比左脑大得多，因此培养学生的形象思维能力有利于信息量的扩大，能够让学生掌握更多的知识。形象思维能力的培养与利用也可以促进学生创造思维的发展。当代科学家对脑功能的研究表明，创造活动需要抽象思维和形象思维协同进行，形象思维在其中起着重要作用。

四、对新教学体制的创新探索

温寒江先生引用国内一批先进学校和优秀教师的改革经验与先进做法，论证了新的教学体制的正确性。

(一)明确了教师的主导地位与学生的主体地位

温寒江先生运用马克思主义哲学思想和辩证唯物主义思想明确了教师的主导地位与学生的主体地位。他认为，教学过程就是学生在教师的指导下，由不知到知、由知之不多到知之较多、由浅到深地认识客观世界的过程。在教育教学的各种活动中，教材、教师掌握的有关知识、教法以及教师使用的教学手段对于学生的学习来说都是外因，学生是认识活动的主体。要使教学顺利地进行，外因必须通过内因起作用。教师与学生在教学过程中的地位和作用及其相互关系，是近百年来传统派和现代派长期争论的一个重要问题。温寒江先生在对近百年来各教育流派的观点进行分析批判的基础上，提出教师的主导作用就是使教师的知识、教材、教法、教学手段等这些对于学生来说都是外在的东西，转化为学生内在的东西，转化为学生的知

识、技能、能力、情感、意志、思想品德等。从教学过程的本质来说，学生是认识
的主体。学生的主体作用主要表现在主动性、积极性和独立性上。在教学过程中，
教师的主导作用和学生的主体作用是有机联系、紧密结合的。因此，既不能只强调
教师的主导作用而忽视学生的主体作用，也不能只重视学生的主体作用而忽视教师
的主导作用。"师生之间的工作关系和人际关系是密切联系着的，没有良好的师生
之间的人际关系，也就难以建立良好的工作关系。"①

(二)明确了教学与学生整体发展的关系

温寒江先生引入现代心理学理论的新的研究成果，对传统教学论进行了补充和
完善。他进一步阐述了教学与学生整体发展的关系，认为教学不能只传授知识和技
能，也不能停留在发展智力、培养能力上，而应该促进学生身心的全面发展，即整
体发展。具体来说，整体发展包括以下几个方面。第一，包括心理发展和能力发
展：心理发展注重发展学生的情感、意志、性格等；能力发展既要发展抽象思维，
又要发展形象思维。第二，心理诸素质之间以及心理素质和身体素质之间是相互联
系、相互促进的。教学过程要从整体发展出发，以取得最佳效果为目标。第三，教
学必须建立在那些尚未成熟或正在成熟的机能上，由此产生的潜在水平和现有水平
的矛盾是推动教学前进和学生身心发展的动力。

(三)提出了在教学中发展学生形象思维的理论

温寒江先生吸收思维科学的最新研究成果，丰富了教学与发展的理论。钱学森关
于形象思维在人的发展中的意义有这样一段论述："形象思维应该是我们当前研究思
维科学的一项最重要的任务。因为它这么广泛，涉及人类很大一部分知识，很大一部
分精神财富。"②温寒江先生认为，钱学森关于形象思维的理论为我们研究智力指出了
一个新的、广阔的领域，如提出了形象思维的问题。传统教育理论中，只讲发展抽象
思维是不全面的，一些心理学教材中关于形象思维向抽象思维转化的提法实质上是把
抽象思维当作思维的唯一形式。钱学森的论述是对传统教学论的一个突破。

①　温寒江：《现代教育引论》，57~58 页，天津，天津教育出版社，1988。
②　钱学森：《关于思维科学》，137 页，上海，上海人民出版社，1980。

(四)强调课外活动是对传统教学体制的重大改革

温寒江先生运用系统论思想，丰富和扩展了传统教学论的内容，强调课外活动是对传统教学体制的重大改革。传统教学论中，对开展课外活动存在着不同的认识，甚至有些错误的看法。有的人只是把课外活动当作一种教学的组织形式，认为它是课堂教学的延伸或补充。温寒江先生根据大量的学校实验成果提出课外活动是对传统教学体制的重大改革，要培养"四有"人才，教学改革必须既抓课内又抓课外。课堂教学是基础，是教学的主要阵地；课外活动是教学的有机组成部分。教师要通过改革把课堂教学和课外活动有机地结合起来，把集体教学和因材施教结合起来，形成以课堂教学为基础、课内外结合的新教学体制。

 ## 本章小结

➤中小学师资培训自中华人民共和国成立以来经历多个阶段的发展，在曲折中前进。解决许多教育改革的问题，须以几项重要原则为基础，主要内容包括思想品德、文化业务两方面。

➤培养合格的教师，要以根本任务为出发点，注重基本素质的提高。教师素质是教师发展必不可少的因素。

➤教师的教育教学技能包括钻研教材、通过了解学生与进行教学效果检查完成教学反馈、运用多种教学方法、教学语言准确清晰以及教育能力多元。要通过创设良好的外部环境、构建教学技能提升平台、提供终身性服务、整合教育技术与学科课程等多种方式提高中小学教师的教学技能。

➤课外活动与课堂教学相辅相成，为凸显人的主体性推进教学体制改革。

➤教学过程中存在许多教学理论，目的是培养学生的问题解决能力，提高学生的创造性与逻辑性，保持学生的自主性。

➤知识、技能与能力联系密切，互相促进。

➤形象思维指以具体的形象或图像为思维内容的思维形态。

➤课程教学改革要吸取传统教学模式的经验教训，确定新思路。对新教学体制的创新探索始终在路上，永不停歇。

✂%章后链接

➤《论教师的素质》是由温寒江先生主持的北京市哲学社会科学"七五"规划项目"中小学教师素质与能力问题研究"的最终科研成果。《论教师的素质》一书具有以下鲜明的特点。第一，项目的提出和研究工作的开展紧紧抓住了我国教育事业发展全局中亟待解决的关于师资培养和培训的重大而迫切的课题。第二，研究成果的获得来自大量的实证性调研中取得的第一手资料，其学术观点的表述是建立在教育教学实践基础上的，因而是一部理论密切联系实际并能指导实际的学术著作。第三，提出了一系列新颖的、有创意的学术观点。在大量调查研究的基础上，书中推荐和介绍了许多优秀教师的教育教学经验，具有较强的可操作性。该书由于来自实践，又能指导实践，因此受到了广大教育工作者的重视和欢迎。

——参见北京市哲学社会科学规划办公室王迎春同志对温寒江先生课题结项成果的总结

➤《现代教学论引论》从教学体制入手，从理论上对新教学体制进行了比较深入的探索，体现了一定的创新精神。该书根据近年来我国教育理论研究和教学改革实验中的丰富实践经验，提出了整体发展的思想。在教学过程的本质问题上，该书既把教学看作学生身心发展的过程，又把教学看作一种特殊的认识过程。在知识、技能与能力的关系问题上，该书也有所突破。该书同时提出了要重视学生形象思维能力的培养问题，把课外活动作为教学中的一项重大改革，把课堂教学和课外活动有机地结合起来。

——参见《一本有创见的现代教学论新著——读〈现代教学引论〉》（连瑞庆），《山东教育科研》1989 年第 2 期。

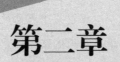

第二章
初耕：提出形象思维的理论框架

本章概述

　　温寒江先生在"八五"期间，完成了北京市哲学社会科学规划办重点课题"开发右脑，发展形象思维的教学实验与研究"。在研究该课题的过程中，温寒江先生依据斯佩里的裂脑人实验和认知心理学关于表象的研究，以发展形象思维为突破口，持续探索，通过发展形象思维科学构建现代教育的价值观念。本章主要从形象思维的科学依据，形象思维的特点与方法，发展形象思维的重要意义，形象思维的材料、产生与表达，形象思维与教学过程五个方面阐述温寒江先生提出的形象思维的理论框架。

1996 年温寒江先生在课题年会上针对形象思维理论的
教学问题与教师们研讨

第一节 形象思维的科学依据

🌳 节前导读

温寒江先生对形象思维的研究源于当时中小学课堂教学普遍存在枯燥乏味、抽象难懂、死记硬背、高分低能的现象以及教育不能适应社会发展的形势和国家对人才培养的要求的问题。1965 年，《毛主席给陈毅同志谈诗的一封信》发表后，在毛泽东肯定形象思维的鼓舞下，文艺界开展了中华人民共和国成立以来第三次关于形象思维的大讨论。关于形象思维在文艺中的作用，文艺界取得了比较一致的认识。我国科学家钱学森也大力提倡形象思维，并建议把形象思维作为思维科学研究的突破口，这让温寒江先生认识到了研究形象思维的价值。美国神经心理学家斯佩里对裂脑人大脑两半球功能的不对称性和右半球的许多高级功能的实验研究成果获得了1981 年诺贝尔生理学或医学奖，这让温寒江先生找到了发展形象思维的科学依据，也坚定了形象思维研究的方向。

一、形象思维的历史回顾

从人类思维发展的历史看，形象思维的产生和发展先于抽象思维，甚至在没有语言之前就有了形象思维。原始人的岩画，半坡遗址画有人面、鱼、鹿等的彩陶，就记录着人类早期的形象思维。抽象思维是在人类有了文字以后才发展起来的。也许是由于形象思维具有非语言性，形象思维的研究远远落后于抽象思维。

(一)形象思维的产生和发展

考古学有证据表明，200 万年前的猿人脑容量约为 700 毫升，100 万年前的直立人脑容量约为 1000 毫升，50 万年前增加到 1200 毫升。语言的产生一般被认为是在 10 万年前。新西兰心理学家科尔巴利斯(Corballis)在他的《从手到口：

语言的起源》一书中提出，人类用语言交流的时间在 5 万年前。上述数据说明，在人类使用语言之前，脑容量已经大大增加了。根据生物学"用得多的器官进化快"的原理，脑容量明显增加，说明人类从猿人开始就用脑来思维了。那么，思维是怎样产生的？

当猿人打造一块粗糙的石刀时，他脑中先有一个简单的形象（表象）；当他用石块打击野兽时，头脑中对距离有一个粗略的预测。这样的活动一次一次地进行下去，一代一代地传下去。于是石刀一代比一代造得精巧，头脑中的表象也一点一点地变得精细起来。用石块打击野兽，一代比一代做得好，头脑中对距离的预测也慢慢地准确起来。就这样，在上万年以至几十万年的劳动过程中，思维产生了，并且慢慢地发展了。

在恶劣的自然环境和生活环境中，猿人过着群体生活。他们逐渐意识到只有协作才能生存下去，从而产生了交流的需要。用什么来交流？当猿人直立起来以后，双手得到了自由。猿人用双手劳动时，慢慢地学会用双手、身体动作、表情进行交流，于是产生了手势语言。猿人用手势表示意思时，首先会进行思维（表象活动），产生一些想法。由于环境变化等原因，合作的需求越来越多，思维随之发展了。

在漫长的历史进程中，人们从事的劳动和制造的工具越来越多样化和精细化，人们对交流的需求也随之多样化，手势语言不够用了，于是开始伴有一些天然的、没有训练的声音。经过很长时期，人的口腔发声器官缓慢地进化，能发出清晰的音节，音调也能抑扬顿挫了。随后一个很长时期内，人们赋予了各个音节或组合的音节一定的意义，语言就产生了。所以，语言不是在特定时间产生的，而是在人类长期发展的过程中，先是伴随着手势语言而后代替手势语言形成的。

语言的产生是人类交往的一次大变革。随着语言的产生，思维（形象思维）发展速度加快了。人的脑容量也随着思维的发展而增加，现代人的脑容量平均为1450 毫升。脑容量增长的同时，大脑皮层褶皱面积也不断增大，现代人为 1700 平方厘米至 2200 平方厘米。

人的个体发育和人类种系发展有很大的相似性。个体从胚胎到两岁这段时间内，完成了人类 100 多万年的生命进化过程，只是我们还不能清晰地看到这个演变过程。在婴幼儿时期，形象思维的产生先于语言，有许多具体事例可以证明这个观点。婴幼儿对事物，包括对语言的理解处于感性认识阶段。成人在跟婴幼儿进行语言交流的过程中，可以通过增加婴幼儿的感性认识，如触摸、咀嚼、观看等直观的方式，帮助婴幼儿在语言与事物之间建立联系。①

（二）对形象思维重要性的研究共识

文艺领域、当代自然科学和心理学领域都对形象思维进行了研究。

1. 文艺领域对形象思维的研究

文艺领域对形象思维的研究，在古代就有了。我国古代文艺理论批评家刘勰是最早用形象思维研究文学创作理论的人，在《文心雕龙》中的《神思》《比兴》《物色》等篇中比较深入系统地论述了文艺创作中的形象思维。他在《神思》中提出"神用象通""神与物游"，这里"神"即神思，意思是说：思维与事物的表象相通，思维与事物的形象一起遨游。文中叙述了神思的特点："寂然凝虑，思接千载；悄焉动容，视通万里……眉睫之前，卷舒风云之色。"（只要静寂地凝神沉思，思绪便可以连接上千年之远的事物；稍稍地动容改颜，视线便能够通达于万里之外的情景……在你的眉毛眼睫之前，能够舒展开风云变幻的景色）文中多处论述用神思创作的方法，如"研阅以穷照，驯致以绎辞。然后使元解之宰，寻声律而定墨；独照之匠，窥意象而运斤"（要研究阅历各种情况，务必追根到底，透彻明了，要逐渐地顺着作文的构思，寻求使用恰当美好的言辞。然后才能使具有透彻见解的心灵能够像木工划定墨线一样，寻求写作的技巧规律来落笔行文；使具有独到看法的作家，能够像石匠自如的挥斧一样，看准酝酿好的形象去写作刻画）。②

从以上引文我们不难看出，虽然古人所称的神思与今人的形象思维表述不同，但其实质基本是一致的。刘勰以后，唐代的释皎然和宋代的朱熹也有这方面的论述。

西方的古代文论也非常重视想象。亚里士多德（Aristotle）说："想象不同于感觉和判断。想象蕴蓄着感觉，而判断里又蕴蓄着想象。显然，想象和判断是不同的思想方式。"③德国哲学家黑格尔（Hegel）说："艺术美实际上是用一种显然和抽象思

---

① 杨恩华：《0-3岁婴幼儿语言能力的发展及其影响因素》，载《科技信息》，2011（12）。
② ［梁］刘勰：《文心雕龙全译》，龙必锟译注，327页，贵阳，贵州人民出版社，1992。
③ 卢明森：《思维奥秘探索：思维学引导》，243页，北京，北京农业大学出版社，1994。

维相对立的方式来表现。"①1838 年，俄国哲学家、文艺批评家别林斯基在《伊凡·瓦年科夫讲述的〈俄罗斯童话〉》中说："诗歌不是什么别的东西，而是寓于形象的思维。"他最早把形象与思维两个概念联系起来进行研究。② 俄国十月革命后，形象思维在文艺领域的研究继续发展，高尔基、法捷耶夫等人都有论述。

在 20 世纪 30 年代，形象思维这个概念已从苏联传入我国。从 20 世纪 50 年代到 70 年代末，我国美学界和文艺理论界开展了三次大规模的关于形象思维的讨论。1978 年，《诗刊》一月号发表了《毛主席给陈毅同志谈诗的一封信》。毛泽东在信中对形象思维进行了肯定。在毛泽东肯定形象思维的鼓舞下，一些学者开展了第三次大讨论，发表了一批有价值的文章，如王方名和张帆的《从人类思维实际看形象思维》，朱光潜的《形象思维在文艺中的作用和思想性》。在这次讨论以后，形象思维在文艺中的作用得到了认可。

2. 当代自然科学和心理学领域对形象思维的研究

近百年来，人们对形象思维的研究突破了文学艺术领域，已经扩展到自然科学、心理学、思维科学等领域。在自然科学方面，不少科学家在谈到科学研究、创造性思维时，常提及想象、直觉、类比等思维方法，这些都是形象思维方法。1921 年，爱因斯坦在一篇名为《几何学与经验》的学术报告中，明确提出形象思维："我今天唯一的目的是要指出，人的形象思维对于非欧几里得几何决不注定是无能为力的。"③1945 年，法国数学家阿达马(Adama)给全美国的数学家分别寄去了问卷，要求他们回答在自己的创造工作中使用的是什么类型的思维。他对结果的扼要叙述为："实际上，他们中的所有人……不仅仅避免使用心中的词语，而且也避免在心中使用代数符号或其他的精确符号……在我所收到的那些数学家的回复中，大多数人的心理画面，都经常是视觉型的，但这些心理的画面也可能是其他的类型，例如动觉型的。""量子理论之父普朗克曾在他的自传中写道：富于创造性的科学家必须具有……一种对于新观念的鲜明的直觉想象力，他不是依靠推论，而是依靠艺术家

---

① 黑格尔：《美学》第一卷，14 页，北京，人民文学出版社，1979。
② 卢明森：《思维奥秘探索：思维学引导》，246 页，北京，北京农业大学出版社，1994。
③ 《爱因斯坦文集》第一卷，许良英、李宝桓、赵中立等编译，230 页，北京，商务印书馆，2017。

的创造性的想象而产生出来的。"①在心理学方面，20世纪前半世纪，由于行为主义心理学在西方占统治地位，因此对思维的研究受到忽视。但也有对思维进行深入研究的，如鲁道夫·阿恩海姆（Rudolf Arnheim）、布鲁纳等人。鲁道夫·阿恩海姆在《视觉思维》中，从审美心理的角度深入阐述了视觉与思维的问题。他说："至少从道理上说，没有哪一种思维活动，我们不能从知觉活动中找到，因此，所谓视知觉，也就是视觉思维。"②"现有的知觉同过去的经验的交织，而这恰恰是一切真正思维活动的典型特征。"③这是对思维概念的重大突破，说明思维不仅有间接性特征，也有直接性（知觉）特征。我国心理学家沈政在他的《认知神经科学导论》中，对形象思维和抽象思维做了科学的阐述："外部世界和知识在人们头脑中的表征，大体采取两种形式：表象表征和命题表征。命题表征常常以语言、概念等较抽象方式实现；表象表征则以心理表象的形象化描述方式实现。""再对表象和概念进行操作，完成高层次的理性认识。因此，表象与形象思维，概念与逻辑思维，以及借助表象和概念而实现的推理过程，都是思维认知理论的研究课题。"④在思维科学方面，1984年，我国科学家钱学森明确提出形象思维是人类思维的基本方式之一。他说："按我们习惯的称呼，把一个人的思维分三种，抽象（逻辑）思维、形象（直感）思维和灵感（顿悟）思维。"⑤"我建议把形象（直感）思维作为思维科学的突破口。因为它一旦搞清楚之后，就把前科学的那一部分、别人很难学到的那些科学以前的知识，即精神财富，都可以挖掘出来。这将把我们的智力开发大大地向前推进一步。……人们在交往中，很多是用形象思维，而不是用抽象思维的。"⑥

二、研究形象思维的科学依据

斯佩里关于裂脑人的一系列实验研究和对人脑两半球功能的揭示，推进了人们

---

① 转引自温寒江、陈爱苾：《学习学》上卷，48页，北京，教育科学出版社，2016。
② ［美］鲁道春·阿恩海姆：《视觉思维》，滕守尧译，19页，成都，四川人民出版社，2019。
③ ［美］鲁道夫·阿恩海姆：《视觉思维——审美直觉心理学》，滕守尧译，113页，成都，四川人民出版社，1998。
④ 沈政、林庶芝：《认知神经科学导论》，40页，呼和浩特，内蒙古教育出版社，1995。
⑤ 钱学森：《关于思维科学》，129页，上海，上海人民出版社，1986。
⑥ 同上书，141页。

对大脑机能的认识，为深入研究形象思维提供了十分重要的科学依据。

人体所有行动和思想的最高统治者是大脑。自从 16 世纪笛卡儿（Descartes）提出"心是一个，大脑为何是两个"这一问题以来，世界各国专家对大脑的研究始终没有停止。人脑左右两半球各自的功能到底有何不同？斯佩里和他的两个学生在这方面做出了突出贡献。

1962 年，在洛杉矶的一家医院里，一位 48 岁的老兵患了严重的癫痫抽搐。癫痫抽搐是由脑瘤、脑损伤等原因引起的，使人难以承受，甚至丧失知觉昏厥过去。所有的治疗方法都用过了，在无计可施的情况下，医生约瑟夫·博根（Joseph Bogen）和沃格尔（Vogel）进行了大胆的手术尝试，即切断大脑两半球的联系。由于癫痫抽搐正是通过这种连接反应扩散到整个大脑的，因此在医生切断了这位老兵的胼胝体后，剧烈的抽搐消失了。他们用这种方法又在数十个久治不愈的病人身上进行了同样的治疗，结果不仅减轻了抽搐症状，有的人甚至完全被治愈了。

多年来从事裂脑动物研究的斯佩里遇到了许多裂脑人，这对他的研究来说是个千载难逢的好机会。他和他的学生开始对裂脑人进行了一系列的观察研究，设计了许多巧妙的实验。

从大脑两半球延伸出来的神经系统在视神经处交叉，然后与相反方向的神经相互连接，所以右眼看到的东西传导至左脑，左眼看到的东西传导至右脑。不过，在一般情况下，由于由沟通左右脑的胼胝体起着传递信息的作用，因此左右眼看到的东西并无差别。一旦切断胼胝体，断绝了左右脑之间的联系，右眼看到的就只能传导至左脑，左眼看到的就只能传导至右脑。斯佩里想到了这一点，对裂脑人进行了如下实验。在患者前面立一道屏障，将左右眼分隔开来，分别将不同的物体和图画出示于左右眼的视野内，然后提问。例如，在裂脑人左眼视野中出示一个橘子，问他"这是什么"。由于左眼得到的信息输入右脑，右脑立即判断出那是一个橘子。但是由于没有信息输入左脑，因此左脑不知道看到了橘子。在右眼视野范围内出示一些简单的图形和画片让裂脑人画出，他们差不多都无法照原样画出来。这是因为判断图形的是右脑，而传入左脑的信息输送不到右脑，所以裂脑人陷入了全然无知的境地。

实验研究发现了人脑左右半球具有相对独立的意识活动。他们发现，大脑每一半球都有其独立的意识思想链和自己的记忆。更重要的是，他们发现大脑两半球基本上是以不同的方式进行思维的，左脑倾向于用语词进行思维，右脑则倾向于以感觉形象直接思维。"大脑两半球具有一种合作关系，即左脑负责语言的和逻辑的思维，而右脑则做一些难以转换成词语的工作。通过表象代替语言来思维。"①具体地说，左脑主管抽象思维，具有语言、分析、连续和计算的能力，同抽象思维、象征性关系和对细节的逻辑分析有关；右脑主管形象思维，与知觉和空间判断有关，具有音乐、图像、整体和几何—空间鉴别的能力，对复杂关系的处理远胜于左半脑。

应该指出的是这种功能的划分并不是绝对的，因为有些实验表明右脑也存在一些语言中枢，左脑也存在一些视觉—空间能力控制中枢，所以只能说大脑两半球在不同功能上各有优势，也就是说，更擅长某些方面。在少数人身上，大脑两半球的功能还可能是对换的，即语言中枢、分析性思维由右脑控制，整体性、形象性思维由左脑控制。据统计，左利手者中有 15% 的人是这样的。

斯佩里关于裂脑人实验的一系列研究应该说是划时代的，使人们对大脑机能的认识大大前进了一步。实验对人脑两半球功能的揭示为我们科学地构建现代教育的价值观念，改变过去仅重视语言和抽象思维而忽视形象思维的状况，提出"开发右脑，发展形象思维"的教学实验研究提供了十分重要的科学依据。

三、形象思维的一般概念及普遍存在性

（一）形象思维的一般概念

形象思维是以表象为材料，在加工改造（分解、组合、类比、联想、想象）表象的过程中进行的思维。表象有视觉表象、听觉表象、味觉表象、嗅觉表象和运动表象等。其中视觉表象较多，提供关于外部世界中各种事物和事件的丰富信息。因此，形象思维主要说的是视觉表象思维。

形象思维具有概括性，根据形象材料概括出事物的典型性，反映事物的基本特征和本质。形象思维具有间接性。人们根据表象材料进行形象思维时，已超出了感性认识的界限，认识到并把握住了知觉中没有直接提供的种种事物。形象思维的间

---

① ［美］托马斯・R. 布莱克斯利：《右脑的奥秘与人的创造力》，董奇、杨滨译，6 页，北京，国际文化出版公司，1988。

接性还表现在劳动过程(包括创造性劳动)开始前。通过形象思维，人们能够想象出劳动的结果。形象思维通过想象对需要解决的问题进行超前反应。形象思维具有形象性、直观性。人们常把形象思维和感性认识混为一谈，其实两者是认识过程的不同阶段。感性认识是由感官直接感受到的对事物的现象、事物的外部联系以及事物的各个部分的认识，是人们认识的初级形式。感官的直接感受性是感性认识的特征。形象思维同抽象思维一样，是认识的高级形式——理性认识。

(二)形象思维的普遍存在性

1. 儿童的形象思维

儿童的思维主要是形象思维。儿童在会说话之前，就有简单的形象思维了。他们在交往、游戏、观察中，运用视觉、听觉、触觉等感觉器官感知周围世界，积累了表象，发展了形象思维。儿童的表象越丰富，形象思维水平越高，其语言越能得到发展。语言的发展又能促进其思维能力和交往能力的发展。

儿童头脑中的世界五彩缤纷。儿童喜欢用图画来描述世界。他们富于想象，根据自己对生活的粗浅理解，对头脑中积累的表象进行随意改造。这种改造既有某些合理性，又不受合理性的约束，充满天真和童趣。儿童的主导活动是游戏。在游戏中，儿童充满了想象，想象中的表象系列就是儿童游戏的程序。

2. 在文学艺术、科学领域的形象思维

在文学艺术领域，艺术家用想象来说话，通过形象来揭示生活的本质。文艺作品中的形象包括人物、景物、场面、环境和一切有形之物，每个人物、每个自然景物、每种场面和环境都各具一种形象。艺术家运用这些形象来展示思维，通过具体生动的形象构成的一幅幅画面来反映现实生活。音乐家通过音乐的艺术形象，唤起人们对音乐意境的联想和想象。

除了人文科学外，历史、地理等学科也需要广泛地运用形象思维，如叙述历史人物、事件经过、战斗场面，讲解山川地貌、气候变化、信风方向、行星的运行、月亮的盈亏、地球的昼夜变化等，无不需要借助形象思维。

不少人认为在科学技术领域只需要抽象思维，形象思维是派不上用场的。其实不然，科学技术活动同样离不开形象思维。比如，建筑师在设计一栋楼房时，楼房的外形、内部空间的安排以及内部装饰物的形象，已经在他的头脑中存在了。人看不见电子、原子，而可以想象它们。1903 年，物理学家汤姆生（Thomson）提出了"面包夹葡萄干"的原子模型。他认为正电荷散布在整个原子中，就像葡萄干散布在整个面包中一样。科学的观察是一种有计划、有目的的深入观察，抓住了事物的本质特征和规律，主要是形象思维活动。任何联系实际的科学研究都离不开观察，也就是离不开形象思维。许多科学技术的发明创造都是通过模仿、模拟生物或自然现象而实现的。数学是研究现实世界的空间形式和数量关系的科学，形与数常常交织在一起。无论是直观的欧几里得空间还是抽象的拓扑空间，都离不开形象思维。要掌握各种图形的关系，都要用到形象思维。

3. 在体育活动、生产和生活中的形象思维

在体育活动、生产和生活中，人们也会广泛运用到形象思维。人们的肢体活动或体育活动，总有一个目标。例如，你向前方的一个目标径直走去，或接一个对方发过来的球，或从书架上取下一本需要的书，这时你就要根据视觉反馈的指导，接近目标。这个反馈就是根据表象在知觉中进行的一种整合，也就是通过形象思维实现的。不过这时思维活动是隐性的，人们没有意识到思维活动。例如，发电站的工人只凭机组运转的声音就知道运转是否正常，这主要是通过将现场情况（声音、形状等）与头脑中贮存的大量形象记忆做对照、比较而加以辨别的；下棋的时候，老棋手能超前看好几步，他的脑子里有许多棋式，有的老棋手能同自己下棋。通常我们认人、认字，用的也是形象思维。一个多年不见的朋友，虽然他的模样有些变化，胖了或瘦了，但你还是能一眼认出他来。认字也是这样，有的字写得很潦草，很不规范，但还是能被识别。

以上说明从儿童到成人，从文学艺术、科学技术到日常生活，形象思维是普遍存在的。应该指出的是，在大多数情况下，形象思维和抽象思维是相互渗透、相辅相成的。

四、形象思维的类型多样

人们用自己的感官感知周围世界，获得各种各样的信息。这些信息按表象产生的通道不同，形成多种表象，有视觉的、听觉的、触觉的、味觉的、嗅觉的等。大脑对不同表象进行加工，产生不同的形象思维，如视觉思维、听觉思维、触觉思维

等。实验心理学家赤瑞特拉(Treicher)通过大量的实验证实：人类获取的信息83%来自视觉，11%来自听觉，3.5%来自嗅觉，1.5%来自触觉，1%来自味觉。这是对一般人来说的。对专业人员来说，由于专业不同，其获得的信息类型各不相同。视觉思维的普遍性前面已经谈到了，下面再谈一谈其他思维。

(一)听觉思维

1. 音乐

音乐思维是以音乐的运动形式进行的形象思维。它以独特的听觉思维的方式，运用旋律、节奏、音色、和声等基本要素，表达作者对美的情感体验。通常能用语言表达的情感，如崇高、优美、庄严、激昂、英勇、害怕、喜悦、热烈、诙谐、悲伤……音乐都可以表达；还有许多不能用语言表达的感情，音乐也可以表达。

2. 自然声音

一些专业人员可以根据特殊的声音进行思维。约200年前，一位奥地利医生受叩击木制酒桶然后根据声音估计桶中酒量多少的启发，用叩击来判定病人胸腔内的积水量。由此，这位奥地利医生发明了"叩诊"的方法。[1] 在生产实践和日常生活中，人们也常用听觉思维。例如，火车进站后，工人用锤子在车轮上、弹簧上叮叮当当地敲打，只要听听声音，就可以知道车轮、弹簧有没有问题。这不是靠逻辑推理，而是通过将现场情况(声音)与头脑中储存的形象记忆(听觉表象)做比较加以辨别的。

(二)触觉思维和动觉思维

触觉能思维吗？实践和实验告诉我们：能。体育运动、舞蹈以及微雕等多种技能的形成主要依靠触觉、动觉。

体育技能形成过程中不仅有视觉的参与，还有触觉、动觉的参与。运动员的技术训练开始是依据头脑中的示范动作表象来进行的，这时主要用视觉思维。在练习进行中，肢体的肌肉、骨骼、关节产生动觉感(表象)。经过多次练习，运动员找

---

① 彭漪涟：《逻辑学基础教程》，288~289 页，上海，华东师范大学出版社，1999。

到正确动作的肢体感觉以后，便可以根据这种动觉感纠正练习中多余或错误的动作，使技术达到完善的地步。

还有中医的切诊、音乐的弦乐演奏、盲人用触摸识别盲文等，都主要运用触觉思维。

(三)味觉思维和嗅觉思维

通常我们在饮茶、喝酒、吃饭时，对味道的感觉多停留在感性认识上。品茶师、品酒师、美食家、名厨师、香水设计师充分运用了他们的味觉思维和嗅觉思维。例如，品酒师只要滴酒沾唇，即能品出酒的牌子、产地、年份以及所含的微量成分。

第二节　形象思维的特点与方法

 节前导读

温寒江先生在分析形象思维的理论框架的基础上总结了形象思维的特点与方法。形象思维的特点主要包括形象性、可感性、整体性、概括性、跳跃性、直觉性、非语言性。形象思维的方法主要包括移动与转动、分解与组合、类比与概括、联想、想象。

一、形象思维的特点

(一)形象性

形象性是形象思维的一个重要特点。人们进行形象思维时，是依靠形象材料、典型(表象)来思维的。脑中不断涌现出形象(表象)，思维一刻也离不开形象，整个思维过程是形象性的。可以说形象涵盖着世界上的一切，表象的丰富性为形象思维提供了一定的基础。

（二）可感性

人在认识活动中，通过感官的作用，把从客体获得的种种信息同头脑中已有的相关信息结合起来，进行思维加工，实现对事物的认识。这时，思维是感觉与记忆的综合。思维中既有感觉的成分，也有记忆的成分。可见，可感性是形象思维的一个重要特征。可感性也称直感性。需要指出的是，这里说的可感性不是感性认识中的感觉，而是感觉与记忆不断整合所得到的对事物本质的认识以及所具有的体验和感觉。形象思维具有多种类型。形象思维的可感性多种多样，各具特点。

1. 节奏感

节奏感主要见于声音，是人们对声音的时间、强弱周期性变化的一种主观感觉。人的生理活动存在节奏。节奏是音乐、体操、舞蹈的重要因素。许多体育运动有很强的节奏，节奏感是运动员掌握运动技术所必备的。

2. 运动感和触觉感

人们在运动时，肌肉、骨骼、关节产生一种特殊的感觉。这种特殊的感觉是多种感觉(视觉、动觉、触觉、平衡觉等)的综合，可以分为时间感和空间感。时间感包括节奏感和速度感；空间感是指运动员在运动过程中对自身身体姿势、状态，认识对象的形状、距离、方位等空间特性的感觉。这些特殊感觉是运动员经过长时间的练习而获得的，运动员凭借这些感觉能够准确又熟练地运用运动技能。

3. 美感

人们在欣赏自然风光、鉴赏文艺作品时，会受各种事物触动，产生一种情绪体验——美感。美感不是一种孤立的情绪体验，而是由多种体验交织而成的整体感受，是一种特殊的认知活动和心理现象。更准确地说，美感是指能正确掌握美的规律的一种形象思维。① 美感是艺术形象思维富有情绪色彩的来源。从内心的体验来说，美感有两个特点："美感是一种愉悦的体验。""美感是一种带有好恶倾向的主观体验。"②

---

① 蔡仪：《美学原理》，121 页，长沙，湖南人民出版社，1985。

② 中国大百科全书总编辑委员会《心理学》编辑委员会、中国大百科全书出版社编辑部：《中国大百科全书·心理学》，212 页，北京，中国大百科全书出版社，1991。

(三)整体性

从健康人和脑损伤患者的调查样本中获得的证据表明，脑的右半球倾向于总体加工，左半球倾向于局部加工。人对物体的识别主要根据它的形状和结构特征。整体性是事物的一个基本特征。

形象思维由于是将一个完整的表象作为一个单位来思维的，因此具有对形象或背景已经有所改变的事物的再认能力。例如，一个三角形缺了一个角，一头猪少了尾巴，右脑(形象思维)能很好地识别，而左脑则不能把握信息不完整的事物。表象的整体性是相对的。例如，一棵大树是一个整体，一个树根或者一片树叶也是一个整体。表象的整体性的重要意义就在于这种大大小小的表象的可组性，使人类的智力活动(思维)可以从宏观到微观，深入世界的各个角落。

(四)概括性

在思维过程中，通过多次对表象的比较(类比)，去粗取精，去伪存真，可以抓住事物的基本特性或本质，这就是形象思维的概括性。思维的概括性是人们有意识的产物，如文学艺术的典型，科学技术的模型、图像。思维的概括性有许多是自动完成的。例如，我们认识一个人，经过几次接触，不用有意识地努力就把他的面部特征抓住了；听一个人讲话，听过多次就能把他说话的特点(语音、语调、声调等)掌握了。形象思维的概括性既有浅层次的，也有深层次的。对某一人或事物的特征、本质属性的概括是浅层次的，文学艺术的典型、科学技术的模型(如原子模型)、图像(如细胞图)的概括性是深层次的。

(五)跳跃性

跳跃性是形象思维的又一个特点。逻辑思维是一步一步地、有顺序地进行推理的，是线性的；形象思维没有一定的程序，是跳跃的、发散的。人们的创造活动一般是在问题情境具有不明确性的情况下进行的。创新往往是通过跳跃思维和巧妙联想发现事物间隐蔽关系的结果。

(六)直觉性

形象思维的直觉性是指对事物的识别、判断不是以规定的程序和步骤一步一步地做出的，而是瞬间做出的。由于形象记忆是将一个完整的表象作为一个单一的单位来处理的，因此它能容纳的实际信息量是惊人的。直觉思维能同时分析大量的数据，并做出判断。这就说明了为什么一个临床经验十分丰富的医生能对病症做出诊断，一个有丰富经验的指挥员能根据地形和形势下定作战决心，一个高级企业管理人员能依靠直觉做出决策。直觉不仅具有敏捷性，还具有跳跃性。它可以突破一般思维的常规，跳过某些阶段，直接识别事物或做出决定，使形象思维成为科学技术发明创造中的一个关键因素。

(七)非语言性

形象思维就像看无声电影，虽然没有语言，但我们却能理解一幕幕景象。当我们用形象的语言叙述一件事情的经过或描述一个情境时，看起来好像用语言进行思维，其实，语言只是间接地表达形象思维的结果。因为我们从小开始学习说话、识字，就把描述性语言和形象紧密地联系在一起了。面对许多熟悉的事情、情境，语言的表达已经熟练到可以脱口而出；但是，若要表达一个陌生的情境，人们头脑中会先有画面、情境，而后用语言表达出来，这种情况是十分常见的。

二、形象思维的方法

(一)移动与转动

任何事物都处在运动变化之中，运动是事物固有的属性。移动和转动是事物运动的基本形式——机械运动和物理运动的形式。你要喝水，取来杯子，打开盖，就可以喝到水了；你要打开房门，取出钥匙，把它插进锁孔，经过旋转，门便打开了。这些活动既有物体的移动，又有物体的转动。对于这些简单的操作性活动，人们在幼年时期就学会了。思维活动达到熟练以后就成为隐性思维了。通常人们的各种操作活动多是移动和转动的不同组合。自然界中许多物体同时具有这两种运动形式。20 世纪 70 年代初，谢帕德(Shepard)及其同事的心理旋转实验，是一项很有价值的研究，是对移动、转动的有力的证明。人是怎样识别客体的呢？认知神经心理学家大卫·罗森汉(David Rosenhan)的表象匹配理论认为，人们识别某客体时，当输入的稳定的属性并未完全涉及该客体时，就有必要激活一种已储存的、形状最佳匹配的模型，这种模型储存于个体的视觉记忆之中。该模型被激活后，大脑就按输入的序列产生该客体的一种表象。人们把所产生的表象与输入的表象进行比较，这时所产生的表象按大小和方向进行调整，使之与输入的表象尽可能地匹配。如果匹配良好，那么客体就能得以再认。这个理论表明，产生表象的能力是我们再认客体的基础。①

(二)分解与组合

在识别的任务中，形状与结构的分解起着首要作用。分解(分离)与组合(整合)表象成为认识事物、揭示事物内在联系和规律的一种基本思维方法。幼儿在幼儿园里就学会了简单的表象的分解与组合。化学运动是物质运动的基本形态之一，表象的分解与组合在化学运动的层次上表现为分解与化合的过程。化学反应的过程是物质的分解与化合的过程，反映在思维上是分解与组合。图形的分解与组合是几何学、制图学等学科的基本思维方法。地理学中对地图的分解与组合，是培养学生读图能力常用的方法。表象的分解与组合在文学艺术的构思中有着重要意义，也是科学技术中一种基本的思维方法。

(三)类比与概括

自然界、人类社会中的万事万物在其形态、运动方式、功能等方面，存在大量相似之处。类比就是根据事物间的相似性，运用形象思维比较其同异，抓住事物的特征和本质属性的思维方法。类比是一种较为常用的方法。我们要认识某一事物，就要把它同其他事物做比较，对头脑中积累的表象进行多角度、多方面的比较。一方面，找出它们的共同点，指向某一类模式；另一方面，找出它们的不同点。前者我们称之为类化，后者我们称之为个别化。人们就是在丰富的表象积累的基础上，

---

① [美]加扎尼加：《认知神经科学》，沈政等译，728 页，上海，上海教育出版社，1998。

通过类化和个别化并结合其他思维方法，从简单到复杂，从浅层次到深层次，一步步地认识事物的。

类比的思维活动有的是自觉的，有的是不自觉的。例如，让学生掌握几何图形的性质是自觉的认识活动，认识人、抓住其特征往往是不自觉的认识活动。人们对某一事物有丰富的表象积累时，在一种变化了的情境中，能及时识别它，运用的就是表象类比的方法。在许多情况下，人们常常自觉或不自觉地运用类比的方法。

类比的方法是和概括的方法相互联系着的。大千世界形形色色，纷繁复杂。人们用类比的方法和概括的方法，并结合其他思维方法，不断地将事物分类，在同一类中再加以区别或再分类。如果没有这种能力，人们将无从认识世界。

由于事物具有相似性，因此类比的方法又可以派生出一系列思维方法，如研究方法中的典型调查、"解剖麻雀"等，科学研究中的模型方法、模拟方法等。

(四)联想

一切事物和现象都是普遍联系着的。联想是事物的普遍联系在人脑中的一种方法上的反映。联想的具体方法有很多，一般分为接近联想、类似联想、对比联想、自由联想。这些方法有些是抽象思维的联想，有些是形象思维的联想，有些是两种思维相结合的联想。下面讨论以形象思维为主的联想。

1. 接近联想

日常生活中我们经常运用接近联想。我们常常由甲事物(表象)想到乙事物、丙事物。比如，见到一个朋友，我们容易想到他的妻子、孩子或有关他的事；见到一个字，我们容易想到形象相近的字或想到一首诗。表象积累越多，联想就越丰富；联想越丰富，思维就越敏捷。

2. 类似联想

类似联想是由对一个事物的感受引发和该事物在性质上或形象上相似的事物的一种联想。这种联想的思维方法和类比的方法都起源于客观事物或现象的相似性。但类似联想和类比的思维方式的特点不同，类似联想是发散的，类比是聚合的，也可以说类似联想是类比的进一步展开。

3. 对比联想

对比联想是由一事物(表象)想到相反事物的联想，是一种逆向思维方法。例如，由炎热的夏天想到寒冷的冬天，由动想到静。

4. 自由联想

怎样使思维的联想更加开阔、更加多样化？人们常借助于自由联想来实现。自由联想是联想者不受任何外界因素的限制，完全自由地按照自己的思维方式、思维习惯、思维经验进行随意联想，从中找到解决问题的方法。自由联想的实质是思维的自由探索，把思维"触角"伸向各个可能的方面，以找到尽量多的答案。头脑风暴法、发散思维法都是自由联想的体现。

从以上几种联想的思维方法中我们可以看到，作为一种思维方法，联想有许多特点，如灵活性、发散性、跳跃性等。在客观世界纷繁复杂的种种联系中，联想的这些特点有利于我们寻找、发现、揭示事物之间的规律性联系。但是我们也必须看到，联想的方法有它的不足和缺陷，即它具有直觉性和随意性，其结果不都是正确可靠的，必须把它和多种方法尤其是逻辑思维结合起来才能保证思维的正确性。例如，对于运用头脑风暴法产生的种种结果，必须根据问题的需要和逻辑的方法逐一加以判定。

（五）想象

想象是人们在头脑中把原有表象加工改造成新的表象的思维方法。人们在日常生活、学习和工作中，经常运用想象的方法来认识问题和解决问题。想象主要分再造想象和创造想象。

1. 再造想象

再造想象是人们在阅读文艺作品或欣赏艺术作品时，根据语言的描述或图形、图像在头脑中产生它们的表象。这些未感知过的事物的表象是读者以头脑中原有表象为材料，根据作者的描写进行加工改造形成的新表象。例如，人们在阅读文艺作品或听别人讲故事时，头脑中会浮现一个个生动的情境和画面。空间想象也是一种再造想象。例如，根据地图上的方向、位置、高低、距离、走势产生一种空间感，能根据平面图形想象它的立体形象或把空间事物想象为平面图形。书本知识是前人科学认识的成果，学习是把前人认识的成果变为己有的过程，所以学习是再认识的过程。再造想象就是再认识的过程。

2. 创造想象

创造想象是不依现成的语言描述或图像而独立地创造出新表象的思维过程。想象的过程往往综合分解、组合、类比、联想等多种思维方法。例如，解一道几何题，就要运用类比或联想，在头脑中将已有图形重新组合成新的图形，找到解题的途径；作家构思一个典型人物，需要从众多同一类人物中，运用类比、分解的方法找出他们的共同特征，再把这些特征综合在一个人身上。分解、组合的方法是灵活的、多样的，联想的方法是发散的、跳跃的。因此，想象能使人跳过某些思维阶段，得出最终的结果。这是想象具有创造性的缘由。如今人类已有了丰富的知识和经验，创造想象仍然是科学技术、文学艺术和其他创造性活动中不可缺少的重要方面。

第三节　发展形象思维的重要意义

🌳 节前导读

右脑功能的开发、形象思维的发展，对改变传统教育思想、提高教育质量起着十分重要的作用。发展形象思维是进行智力早期开发的基础，是培养创造思维的重要前提，是丰富道德情感、完善人格的重要基础，可以培养左右脑并用的新一代。

一、发展形象思维是进行智力早期开发的基础

脑科学研究表明：学龄前儿童脑的结构、神经系统发展迅速。3 岁儿童大脑的质量达 1011 克，到 7 岁时达 1280 克，已接近成人的脑重量。神经纤维继续增长，髓鞘化基本完成，整个大脑皮层达到相当成熟的程度。在 5~6 岁时，脑的结构就基本成熟，但未达到成人水平。①

---

① 朱智贤：《儿童心理学》，142 页，北京，人民教育出版社，1980。

脑神经的发展为智力早期开发提供了生理基础。开发幼儿的学习潜力，进行早期教育，一直是国内外许多从事教育和心理研究的学者不断研究、探索的课题。这些研究中虽然取得了不少成果，但在实践时却有不少困难。例如，幼儿教育工作中"过多地灌输知识和训练技能，忽视幼儿的主动性"的问题。我们认为问题在于指导思想上存在"左脑优势"的传统观念。传统心理学认为人的思维没有语言是不可能存在的，要想发展智力就要走"语言—思维（抽象思维）"的路子。学龄前儿童虽然也能掌握一些低级的概念，进行简单的计算，但需要直观形象不断地强化和支持，否则就会有很大的困难。

左右脑功能的研究使我们认识到，首先大力发展形象思维才是真正开发学龄前儿童学习潜力的途径。形象思维是先于语言而存在的。儿童在交往活动、游戏、观察中，运用视觉、听觉、触觉等感觉器官感知外部世界，积累了视觉、听觉、触觉的表象，发展了形象思维。儿童的语言是在交往活动和游戏中以表象为基础发展起来的。儿童的表象越丰富，其语言越能得到发展；相反，表象不丰富，形象思维不足，必然影响语言的发展。语言的发展又能促进思维能力和交往能力的发展。

因此，我们认为儿童的早期教育应该遵循"形象思维—语言—抽象思维"的路子，应大力发展儿童的形象思维，并在此基础上丰富儿童的语言、词汇，逐渐发展抽象思维。这样才切合儿童智力和心理发展的特点，才能充分开发其智力潜能。形象思维的充分发展不仅是儿童智力发展的基础，而且是成人智力发展的重要基础。

二、发展形象思维是培养创造思维的重要前提

对于文学、音乐、绘画、舞蹈方面的创造活动，形象思维起着决定作用。绝大多数的创造性工作都需要形象思维以及它和逻辑思维有机结合。我们说形象思维在创造过程中具有决定作用，是指创造性的突破是直觉的产物，但它必须经过语言的描述和逻辑的检验才有价值。关于这一点，我们研究一下创造的过程就清楚了。美国学者华莱士（Wallace）谈道：创造过程分为 4 个阶段，即准备阶段、酝酿阶段、明朗阶段和验证阶段。准备阶段包括收集有关信息并缩小问题，直至能"看得见"

障碍；酝酿阶段是大脑无意识地对问题进行思考的阶段，但此阶段通常不应有解决问题的压力；明朗阶段可能会自然到来，或者是意识努力的结果，这是靠直觉和顿悟产生解决问题的可行性办法的阶段；最后，在验证阶段，直觉的解决办法受到逻辑的检验，然后再组织安排到问题解决之中。① 显然中间的两个阶段主要靠形象思维。

量子论之父马克斯·普朗克（Max Planck）在其自传中指出：创造性的科学家必须具备"对新观点的一种活跃的直觉想象力，这些新观点不是演绎得出的，而是通过艺术家一般的创造性想象而得出的"②。

非语言产生的种种观念，要用逻辑思维去验证。创造过程的四个阶段表明，创造力是形象思维和逻辑思维协同作用的结果。创造思维是思维的最高形式，是人类智慧的结晶。一切物质文明和精神文明，无不是创造性思维的成果。对脑功能的研究表明：创造活动是通过形象思维和逻辑思维协同进行来完成的，其中形象思维起着关键作用。因此开发右脑功能，发展形象思维的重要性就更加突出了。

三、发展形象思维是丰富道德情感、完善人格的重要基础

道德情感的产生有三种形式。第一种是在实践活动中由对某种情境的感知所产生的直觉的情绪体验，这是由于人的情绪体验是以高兴、欢乐、热爱、悲哀、愤怒、恐惧等形式表现出来的。第二种是运用形象思维（联想、想象）唤起具体的道德形象从而产生的情绪体验。人们在听故事、看影视、阅读文艺作品或欣赏音乐美术作品时，虽然没有直接接触这些艺术作品中的情境，但生动的语言、鲜明的画面、优美的旋律能引起人们的形象思维，使人们进行丰富的联想和想象，情感就伴随形象而产生了。这种道德形象所产生的情感常常使人终生难忘，是使人产生类似道德行为的巨大动力。第三种是意识到道德理论、道德要求后产生的情绪体验。这种以道德要求为中介产生的情绪体验也是以丰富的情感积淀为基础的。没有以实践

---

① [美]托马斯·R. 布莱克斯利：《右脑的奥秘与人的创造力》，董奇、杨滨译，41~42 页，北京，国际文化出版公司，1988。

② 同上书，39 页。

为基础产生的情感积累，没有情感与道德认知的交融，道德认识是不能激起情感体验的。根据三种道德情感产生的形式，我们可以看出丰富的道德情感是与丰富的形象思维的发展相联系并以之为基础的。情感的积累和知识的积累不同。知识的积累由浅入深，由少到多，形成一定的结构，能用语言、符号来表达；情感是一点一滴积累、丰富的，像春雨一般，润物细无声，有时很难用语言来表述。知识的运用是一步一步进行的；情感却能使长期积累的感情在顷刻间涌现出来，产生巨大的力量。对于情感的这些特点，我们要十分重视。所以对学生的情感教育，应点点滴滴、日积月累地进行，以不断丰富学生的道德情感，从多角度发展学生的审美情趣和道德情操。

四、发展形象思维可以培养左右脑并用的新一代

分析了创造过程的特点，了解了左右脑的功能以后，我们就容易理解古今中外许多出类拔萃的奇才大都是善于左右脑并用的人了。意大利画家达·芬奇（Davinci）既是艺术大师，又是工程师、科学巨匠；德国诗人歌德（Goethe）曾发表诗体论文《植物的演变》；科学泰斗爱因斯坦擅长演奏小提琴；我国科学家钱学森酷爱艺术。他们既具有极其丰富的想象力（形象思维），又善于巧妙运用左右脑。

普通心理学所论述的思维只是抽象思维，儿童心理学认为儿童时期的思维从以具体形象思维为主要形式向以抽象思维为主要形式过渡。儿童初步发展起来的形象思维，在这种理论的影响下被"过渡"掉了，不利于儿童智力的发展。

20 世纪 90 年代以来，人类高度重视对脑的研究，左右脑功能的研究已获得突破性进展，教育必须努力跟上时代步伐。深入开发右脑的功能，重视发展形象思维，必将引起教育上一次深刻的改革。我们相信，随着右脑功能的开发、形象思维的发展和道德情感的丰富，我们必将造就全面发展的新一代。

第四节　形象思维的材料、产生与表达

 节前导读

　　形象思维以表象为材料，对表象概念、特征和种类的了解有助于我们深刻理解形象思维。温寒江先生在《我的教育科研三十年》中，总结了"八五"期间对形象思维基本理论的研究，共概括为八个问题，其中第六个问题是"形象思维的产生——观察与直觉"。① 中央教育科学研究所连瑞庆教授在《教育实验的前提是思想创新——论温寒江的"两种思维"理论》中对温寒江先生关于"形象思维的理论建构"提出了"形象思维产生于观察与直觉"的看法。② 关于形象思维的表达问题，温寒江先生主要归纳了语言文字表达、图像表达和艺术(具象)表达三种方式。

一、形象思维的材料

(一)表象的概念

　　表象又叫心象；当强调事物形象在心理活动中的再现时，又叫再现表象或表征。20 世纪 80 年代以前，心理学家对表象下的定义为：表象是在物体并没有呈现的情况下，头脑中出现的该物体的形象。③ 20 世纪 90 年代以后，由于认知神经科学的诞生，人们对表象的研究又深入了一步，将表象定义为形成"头脑中的图像"这种相对特殊的活动，也指积极回忆或操纵空间表征这种更一般的非言语思维过

---

① 温寒江：《我的教育科研三十年》，载《北京教育学院学报(社会科学版)》，2009(1)。
② 连瑞庆：《教育实验的前提是思想创新——论温寒江的"两种思维"理论》，载《教育研究》2011(8)。
③ 中国大百科全书总编辑委员会《心理学》编辑委员会、中国大百科全书出版社编辑部：《中国大百科全书·心理学》，21 页，北京，中国大百科全书出版社，1991。

程。① 这一定义表明，表象和我们平时所熟悉的感知觉既有联系又有不同。

感知觉是物体呈现在人们眼前时，人们通过眼、耳、鼻、舌、身的协同活动产生对外界事物不同属性的感觉，人脑又将这些来自不同感觉通道的刺激转化为整体形象的过程。表象是物体不在眼前呈现时，人在头脑中提取并出现了这个物体的形象，而且可以对该形象在大脑中进行操纵，是非言语的思维过程。例如，我们可以在头脑中回忆一个红苹果，还可以在头脑中进行旋转红苹果、把红苹果切开等系列非言语的思维活动。表象只是反映事物的大体轮廓和一些主要特征，与直接感知所转化的形象相比较，显得模糊和暗淡。从表象定义的前后发展变化看，前者着重从静态的角度来研究表象，后者着重从动态的角度来研究表象，后者更注重表象的活动性、可操作性和非言语的思维过程。

(二)表象的特征

1. 客观性与主观性

组织学生去郊游后，教师经常让学生根据当时的情景，写出郊游感想。学生从头脑中提取的景象与客观的景象大体相同。这些事物的形象及其最初的模型是学生过去感知的，因而它不是主观产生的，这就是表象的客观性。学生记忆中的形象和具体形象带来的情感感受带有个性的特点，不是客观的，所以表象又是主观的。

2. 形象性

表象一定是形象的。无论是视觉表象、听觉表象，还是触觉表象，都是在头脑中出现的具体事物生动可感的形象，就像是看到、听到或尝到某个具体事物一样。比如，教师给学生放带有大海波涛声的音乐，学生马上可以根据涛声联想出大海的景象。教师在课堂上给学生呈现一幅生动的图画，学生观察后，回忆时会在脑海中浮现这幅图画的清晰画面。

3. 模拟性

表象类似于它所表现的客观世界的事物，是真实事物的类似物和模拟形态，具有整体性，是形象思维加工的基础。表象在头脑中作为客观事物的表征，与言语代码有明显的区别。词标志着客观事物，但与客观事物并不类似。"猫"这个词代表

---

① ［美］加扎尼加：《认知神经科学》，沈政等译，646 页，上海，上海教育出版社，1898。

着客观存在的一种小动物，但单词"猫"和实际的"猫"之间没有任何类似的地方。表象则不一样，头脑中出现的"猫"和实际的"猫"类似。

4. 概括性

表象类似于客观世界的事物，但又不是对客观事物的刻板摹写。客观事物是以不同的具体形式存在的，而表象具有一定的概括性。世界上存在各种各样的狗，如白狗、花狗、黑狗、小狗、老狗、正在睡觉的狗、正在奔跑的狗等。我们头脑中关于狗的表象是狗的最一般的形象，因而具有概括性。齐白石先生画的虾，是对千万种虾的概括，抽象出了虾的主要特点；徐悲鸿先生画的马，是对千万种马的概括。

5. 可操作性

表象作为人脑中一种事物的表征，具有可操作性的特点，即人可以在头脑中操作或控制表象，对它进行各种认知加工，就像人通过外部动作操作客观事物一样。表象的可操作性来源于模拟性。20世纪70年代，谢帕德等人进行的心理旋转系列经典实验，不仅证明了表象的存在，而且证明了表象具有可操作性的特点。谢帕德前期做的实验是给被试呈现成对的三维客体的二维再现图形，要求被试判断两者是否相同，以证明表象的存在和可操作性。在实验成功的基础上，他和库伯(Cooper)进行了一个字母R的心理旋转实验，此实验又进一步证明了表象具有可操作性的特点。[①] 这说明表象是可以在大脑中操作的，是可以训练的。这种训练类似于对具体事物的操作，这对小学生通过表象训练提高表象操作能力、促进认知能力的提高、发展形象思维具有重要的指导意义。

6. 优势性

视觉表象是以图像的形式表现在大脑中的。谢帕德对比研究了人们对单词、语句和图片的再认性记忆。在被试依次学习一系列刺激材料之后，相隔不同的时间，他测试被试的再认效果。实验结果表明，图片好记、好学，这可能与图片容易引起生动的表象分不开。[②] 如何解释图片在记忆单词时的相对优势呢？有人认为，图片能立刻引起记忆中的表象表征，表象表征比言语表征更容易记忆。图片能产生表象，又能命名；对图片的记忆既能使用表象表征，又能使用言语表征。

---

① 彭聃龄等：《认知心理学》，203页，哈尔滨，黑龙江教育出版社，1990。
② 同上书，208页。

7. 非言语性

表象的定义指出：表象是形成"头脑中的图像"这种相对特殊的活动，也指积极回忆或操纵空间表征这种更一般的非言语思维过程。所以，表象的图画性特征和操作性特征均是非语言的。

（三）表象的种类

1. 个别表象和一般表象

个别表象反映个别事物的特征，一般表象反映许多同类事物共有的、一般的特征。例如，某人母亲的形象，这种对个别、具体事物的表象我们称之为个别表象；人类所有母亲的形象，这就不是个别表象，而是一般表象。表象总是沿着从个别到一般的方向不断发展的。一般表象总是不断地向更富有概括性的方向发展的。但是，不管表象有多强的概括性，它总是具有一定的直感性、具体性和形象性，总是对事物直观特点的反映。

2. 记忆表象和想象表象

（1）记忆表象

记忆表象是当事物不在面前时，人们在过去感知的事物的基础上，在头脑中再现出来的事物痕迹的形象。记忆表象与感知觉相比，具有暗淡性、不稳定性和片段性、概括性的特点。

（2）想象表象

想象表象是人脑在原有表象的基础上进行加工改造而形成的新形象，即对记忆表象加以重新组合后生成的新的表象。实际上，这个过程中已经有思维形成了。想象表象的种类有以下几种。

无意想象和有意想象。无意想象是没有特定目的的、不自觉的想象，这在幼儿的想象中是常见的。梦是无意想象的极端形态。有意想象是有一定目的的、自觉的想象，在人的创造性思维中起着重要作用。

再造想象和创造想象。再造想象是依据语言的描述或者图形、图像在头脑中产生自己不曾感知过的事物的形象。这些未感知过的事物的表象，是以人们头脑中原有的表象为材料，根据别人的描写进行加工改造而形成的新表象。例如，学生在阅读历史书籍时，书中那些生动的叙述就像一幅幅历史画卷展现在眼前；地理课上对世界各地的人情风貌、名胜古迹的描述，使人有身临其境的感觉。创造想象是不依据现成的描述而独立创造出新的事物的形象。创造想象是文学创作和建筑设计等创造性活动不可缺少的。例如，对于艺术家来说，重要的是要有强烈的艺术感受力和丰富的想象力。著名画家凡·高（van Gogh）具有非凡的创造想象力和独特的感受力。他曾在信中写道："当我画太阳时，我希望使人们感觉到它是以一种惊人的速度旋转着，正在发出威力巨大的光和热的浪。当我画一块麦田时，我希望人们感觉到麦粒内部的原子正朝着最后的成熟和绽开而努力。当我画一棵苹果树时，我希望人们能感觉到苹果里面的果汁正把苹果皮撑开，果核中的种子正为结出自己的果实而努力。"在学生的创造学习中以及人们创造新技术、新产品、新作品的思维活动中，创造想象起到了关键性的作用。记忆表象与想象表象的区别不是它们运用的表象材料有什么不同，而是由于人们活动的目标、需要不同，因此人们对表象加工、运用的方式也不同。在人们的活动中，有些是需要记忆表象的，有些是需要想象表象的。但总体来说，记忆表象是想象表象的基础。

3. 视觉表象、听觉表象、运动表象以及其他感觉表象

表象按照刺激的性质以及刺激作用的感觉通道的不同，可分成视觉表象、听觉表象、运动表象以及其他感觉表象。由于视觉在人类生活中起着巨大的作用，因此心理学所研究的表象常以视觉表象为主。

（1）视觉表象

视觉表象是人们在视觉活动的基础上，在头脑中形成的关于事物的形状、颜色、亮度和空间方位等的图像。在人们的表象总量中，大多数外界形象的信息通过视觉输入大脑，并被大脑组合加工，达到较高的表象层次。正是视觉表象自身的这种丰富性，使它在人们的认识活动中起着十分重要的作用，成为智力发展的基础。

（2）听觉表象

听觉表象是人们在听觉活动的基础上，在头脑中产生的各种声音表象。其中，言语听觉表象和音乐听觉表象最为突出。言语听觉表象有语音、语调、声调、重音等方面的表象，对人们分辨语音、语调等有重大作用。一个人如果不能正确分辨语言中的正确发音，就无法学习好这种语言。因此，听觉表象是人们学习和掌握语言的重要基础。音乐听觉表象有旋律、节奏、音色等方面的表象，可以帮助人们更好地掌握乐曲。音乐听觉表象在提高人们的音乐鉴赏能力和音乐创作能力方面也有重

要作用。

（3）运动表象

运动表象是肌肉动作的动觉表象与动作视觉表象的结合。这些运动表象产生时，可以引起人们相应部位的肌肉、骨骼的微弱运动，即所谓念动。运动表象可以帮助学生准确掌握各种运动、生产劳动的技能和技巧，是培养运动员、舞蹈演员的重要基础。

（4）其他感觉表象

其他感觉，如味觉、嗅觉、触觉等，也都有相应的表象，如一个好的厨师没有发达的味觉表象和嗅觉表象是不行的。

上述以感觉通道来划分的表象只具有相对意义。对于绝大多数人来说，感觉表象具有综合的性质。

二、形象思维的产生

（一）观察

1. 观察与观察力

什么叫观察，在抽象思维的范畴内是难以讲清楚的，需要从思维的两种方式和人脑左右半球的功能进一步研究。观察是一种基本的认知活动，贯穿于人们社会生活。对于认识一个事物，视觉参与约占90%的观察活动，起着最主要的作用。但视觉不是唯一的感官，听觉、味觉、嗅觉、触觉都能够感知外部世界。所以观察是人脑通过人的各个感觉器官认识客观事物的过程。同一般认识活动一样，观察也有感性认识和理性认识之分。

一般情况下，人们初次的观察或表面的观察，只看到事物的现象，获得对事物表面的、非本质的认识。这时观察只是一种感知觉，属于感性认识。日常生活中大量的观察都属于知觉范畴，如古老的"天圆地方"说就是感性认识。

当观察继续深入，即有计划、有目的、深入地观察，抓住了事物本质的特征和规律性的联系，这时观察已不是感性认识而属于理性认识了，这就是一种思维活动。科学的观察属于这一种。通常说的观察力就是这种思维能力。一般来说，观察力表现在能迅速透过现象抓住事物的本质；表现在对一些表面似乎不相同的东西，能迅速找出它们共同的特征或彼此规律性的联系；表现在从一些平凡的事物、现象中，发现别人未曾发现的特点或发现新的事物。

2. 观察的特点

观察作为思维活动，主要有以下三个特点。

第一，人们深入观察某一事物时，总是把现在的观察对象同过去多次观察获得的表象联系起来，并且不断地进行比较、补充、修改和概括。只有对已有表象进行加工改造，经过去粗取精、去伪存真、由此及彼、由表及里的改造制作，才能抓住事物的本质特征。"现有的知觉同过去的经验的交织，而这恰恰是一切真正的思维活动的典型特征。"①因此观察是一种思维活动(形象思维)。例如，"某个人留在我心中的形象，是从他的多方面和他所处多种情境中攫取出来的精华，是不断对它的原形中某些典型特征突出、放大和修改之后的产物"②。我们阅读文章时也有类似的情况。我们感知一句话或一段话时，必须联系一系列已有的知识加以分析、综合，才能达到理解的目的。如果只有感知而无过去知识的参与，也就没有思维活动。同样的道理，如果只有一次观察，没有表象的积累，没有对这些表象的加工改造，也就没有形象思维活动。由此可见，表象的积累越丰富，观察者观察得越深入，能看到的东西就越多，即所谓"外行看热闹，内行看门道(规律)"。

第二，观察时对过去表象的加工是右脑的功能，右脑与左脑的功能不同。"左脑倾向于以顺序的、一次一步的方式进行思维，而右脑则倾向于平行思维。"③正是由于这种机制，当一个人对于某项活动具有大量表象积累后，对于一个新的信息，右脑能及时做出识别与判断，这就是直觉判断或直觉思维。例如，医生对病人的诊断，地矿学家对矿物的识别，文物专家对历史文物的鉴别，运动员对球路的判断等，都是他们根据大量的表象积累做出的。

第三，由于过去表象的参与，观察能对现在感知的内容加以补充、修正。例

---

① ［美］鲁道夫·阿恩海姆：《视觉思维：审美直觉心理学》，滕守尧译，113页，成都，四川人民出版社，1998。

② 同上书，108页。

③ ［美］托马斯·R. 布莱克斯利：《右脑的奥秘与人的创造力》，董奇、杨滨译，140页，北京，国际文化出版公司，1988。

如，当我们观察一个残缺的东西，如一个残缺的文物、一个有缺损的图形、一个潦草不清的字时，我们之所以仍能识别它，是因为有关表象积累的参与可以对现在感知的文物、图形或字加以补足、修正。这一点在审美中有着十分重要的作用，也是绘画中线条表现力之所在。

　　深入的观察主要为形象思维。但应该指出的是，在许多情况下，观察又是两种思维的结合。例如，观察要有目的、有计划地进行，在观察过程中分清主次，进行分析、综合等，属于抽象思维。有时两种思维交替进行。例如，作家深入生活，有了丰富的积累之后，一方面通过提炼、集中，产生主题思想，用的是抽象思维；另一方面，从丰富的积累中，通过构思形成人物、环境的形象与典型，用的是形象思维。随着一个个形象的形成，作品的轮廓逐渐清晰起来，作者的创作意图越来越明确，于是主题思想和一系列艺术形象融汇在一起了，即两种思维融汇在一起了。科学观察也是这样。随着观察工具的不断改进，科学观察不仅重视定性观察，而且重视定量观察。我们观察一个事物时，不仅能定性地把握它的形态、构造、过程、特征，还能根据观察数据，分析它的数量关系，综合它的性质特点，建立各种定理或定律。这里两种思维已密不可分地联系在一起了。

（二）直觉

1. 直觉的概念

什么是直觉？当人们对某种事物深入地观察，获得丰富的积累（表象、经验）后，认识能产生一种飞跃（不是必然的）。人们在一种变化了的情境中再次观察时能及时做出判别，这就是直觉。直觉是一种观察能力，是一种对事物识别、判断的思维能力，是一种形象思维。

2. 直觉的特点

（1）即时性

产生直觉要有一个前提，即对所研究的事物要有丰富的表象积累。这些表象经过加工，一般抓住了事物的基本特征和本质联系。这种表象加工是右脑的功能。当一个人对某种事物积累了大量表象后，右脑能同时处理大量信息，即时做出识别与判断，这就是直觉的即时性。

（2）直感性

大量事实说明，直觉思维直接和感知（视觉的、听觉的、触觉的、动觉的等）联系着。既然和感知直接联系着，为什么说它是思维活动呢？这是因为在表象积累过程中，人们已对表象进行了加工，直觉把现在知觉和过去加工过的表象积累联系起来，从而做出判别，所以是一种思维活动。

（3）不能用语言来解释其过程

直觉以对所研究事物有丰富的表象积累和加工为基础。这种表象加工有的是有意识的，表象加工过程有语言、抽象思维的参与，表象和经验是结合在一起的；更多的是无意识的，这里所说的无意识并非指真的无意识，只是表象加工过程中没有语言参与，因此不能用语言来描述它的过程。常常出现这种情况，当学生把一道难题巧妙地解出来时，若问他是怎么想出来的，他却说："我也不清楚这个想法是怎么来的。"我们可从一个脑的实验得到说明：只将病人的左半球麻醉，然后让病人用左手触摸一个隐蔽的物体。等药物效果消失、病人说话能力恢复后，让病人命名其触摸过的物体。经过大量的探索，病人仍然不能做到。当将物体与其他几个物体展现在病人面前时，病人能立即认出它。显然右脑储存的有关该物体的非语言记忆不能被左脑言语意识采用。然而，只要一见物体，右半球就能再认它。[1] 因此，抽象思维与形象思维在判别一个事物时，其方式是不同的。抽象思维的特征是步骤明显，一次前进一步，而且思维者能向别人做适当的解释。我们通常用概念进行判断、推理就是这样的。直觉对事物的判断不是以规定的步骤、程序一步步做出的，而是瞬间做出的，而且对于为什么这样做不能用语言来解释。

三、形象思维的表达

思维活动是在头脑中进行的，是主体内在的精神活动。外界既看不见也不知道。要使自己的思维让别人知道，进行人际间的交往和思想交流，就需要把思维的过程或结果表达（传达）出来，把主体内在的东西变为外在的东西，把精神活动变

---

① ［美］托马斯·R. 布莱克斯利：《右脑的奥秘与人的创造力》，董奇、杨滨译，23 页，北京，国际文化出版公司，1988。

为物质现实。人们之间的交往、学习、交流，一刻也离不开思维的表达。

抽象思维以语言作为思维材料。虽然头脑中的思维与书面语言不尽相同，但某个概念一旦形成，表达这个概念的工具——语言，也就找到了。所以，一般说来，怎么想，就怎么说、怎么写。语言文字在大多数情况下可以用来表达形象思维。所不同的是，形象思维用表象来思维，头脑中先有形象（表象），再用语言文字表达出来。这两类思维都存在非语言文字的表达方式，如可以用符号进行抽象思维。形象思维是右脑的功能。形象思维活动是表象的运动，是对表象的加工改造，没有语言的参与。形象思维的表达比抽象思维的表达要复杂得多。人类在漫长的历史进程中创造了许多表达形象思维的方式，从古老的岩画、象形文字到今天的文学、艺术，形式丰富多样。概括说来，形象思维的表达大致可以分为下面三种方式：语言文字表达、图像表达和艺术（具象）表达。

（一）形象思维的语言文字表达

语言文字是表达形象思维的主要方式。语言文字表达主要有两种情况。一种是人们深入地观察、考察某一事物的变化过程、状态、结构、性质，掌握了它的本质特征之后，通常用语言文字以叙述、描写或说明的方式把它表达出来，这就是知识。另一种是文学，文学是语言的艺术，是形象思维表达的艺术形式。作家根据丰富的生活积累和体验，经过思考、提炼确定主题，然后通过艺术构思找到表现主题的艺术形式。这就要从丰富的生活积累（表象）中进行取舍、提炼，通过联想、想象来塑造人物、情节、场面，形成艺术的画面，然后再运用生动、鲜明、准确的语言和一定的形式、结构把这些形象画面描写出来。我们可以看出，用语言来描写艺术画面是带有间接性的。要把一个绚丽多彩、千变万化的形象世界用语言生动、形象、准确地表述出来，是件很不容易的事。

语言文字的最大特点是具有可分离性和可组织性。语言文字可以按照一定的语言规则组成无比丰富的大大小小的语言单位，使其表达能力被运用于人类认识的各个领域。因此，语言文字成为人们进行思想交流和交际的重要工具，语言（口头的、文字的）表达能力成为智力中一种基本的能力。但是，应该指出，用语言来表达形象思维是有局限性的。面对五光十色、千姿百态的形象世界，语言是贫乏的。举例来说，仅红色就有很多种，对此人们可以区别它，却难以用语言来描述。再者用语言来表述图像(表象)时，不少信息丢失了，往往造成语言描述的不确定性。对于许多几何图形、空间形体、空间观念，语言是难以表达的。例如，一条曲线、一个不规则的立体图形、一个舞姿，用语言难以表述得十分准确；人的情绪活动也是语言无法精确表达的，经常是只能意会，不能言传。

(二)形象思维的图像表达

图像已成为人们认识客观世界，进行信息交流的一种十分重要的工具。是不是所有的图像、图片都是形象思维的表达呢？当然不是。图像、图片中大量的内容没有经过形象思维的加工，只反映感性认识。那些对自然现象、社会生活经过深入细致观察，反映事物的基本特征或本质联系的图像、图片，才是人们理性认识(形象思维)的表达。例如，中国地图中蜿蜒曲折的"长江图"，就是地理学家经过了不知多少次实地勘察，积累了大量的资料，然后概括出来的。这种概括是形象的概括。

人们掌握这些图像时，是不是都运用形象思维呢？对此，需要做一点说明。我们知道，掌握知识有一个理解的过程，理解是通过思维活动认识事物的种种联系和它的本质的过程。小学生第一次学习"长江图"时，教师让他们根据小河的表象来想象长江，进行类比，指出它们的同异，进而理解"长江图"；但是对于细胞图、电子云图等就不同了，学生要真正理解这些图像，必须运用形象思维，经过联想、想象等活动，才能掌握图像所表达的微观的现象及意义。

图像的表达方式有许多特点：其一，形象性、直观性；其二，整体性，图像是整体表达思维认识的成果；其三，所含信息量多；其四，对于一个初学者来说，图像特别是带彩色的图像，容易引起学习兴趣，同时图像也比文字更易于记忆。但是图像存在一个突出的不足，就是可分离性和可组织性差。在这点上，它较之文字就逊色多了。所以图像表达往往同文字表达结合起来，才能形成连贯的、系统的知识。

综上所述，采用图文结合、图文并茂的方式来表达形象思维，既可发挥文字表达和图像表达的优点，又能弥补各自的不足，是形象思维表达的最佳方式。图文结合既可以增加学生的学习兴趣，又能使学习内容易于理解和记忆，同时还可促进左右脑协调发展。

（三）形象思维的艺术（具象）表达

所谓具象，是作家、艺术家从丰富的生活积累中，经过取舍、提炼所创造的形象。它不仅是对众多的表象进行加工、改造的结果，而且融合了作家、艺术家自己的体验和感情。① 理论和艺术是人们认识世界的基本方式。理论的方式主要使用抽象思维，艺术的方式主要使用形象思维。前者是从对大量具体事物的感性认识中，舍弃具体的、感性的东西，抽象出事物的一般属性和本质，形成概念、理论；后者以典型概括的方式，把完整的客观世界（自然、社会）按照通过典型反映一般的规律，具体地、整体地、生动地运用艺术的方式，也就是具象的方式，再现出来。

所谓具象的表达，就是运用一定的物质材料、工具，把艺术家、作家的艺术构思通过创造性的实践活动，用艺术形象（艺术品）客观地传达出来。这种方式主要有绘画、音乐、舞蹈、雕塑、工艺品、建筑等。文学是语言艺术，我们把它作为第一种表达方式。

从艺术认识到艺术表达是一个完整的认识过程。艺术构思和艺术表达是艺术创作过程中两个相互联系、不可分离的方面。有心理学家把书法、绘画和吹、拉、弹、唱等音乐活动列为动作技能，忽视了其中的智力活动，即构思。书法、绘画和音乐都是艺术活动，是艺术的构思与表达的统一，和写作的构思与表达的统一在本质上是一样的。如果没有艺术想象力或再造想象力以及一定的情感体验，要真正把字写好、画画好、把乐曲演奏好是不可能的。因此艺术学科的教学不仅要教给学生绘画、唱歌的技法、技能，还要教会学生思维（形象思维），培养他们的观察力、想象力和形象记忆力，引导他们注意观察、善于观察、丰富生活体验、热爱社会、热爱大自然，把思维的培养及情感的体验和技能、技巧的训练结合起来。

艺术表达方式的一个重要特点是它比语言文字表达或图像表达要繁难、艰苦很多。这是因为它的表达要运用物质材料和工具，如绘画中的颜料、笔、墨，音乐中的乐器，雕塑中的石料、青铜、刻刀、泥土，舞蹈中的服装、道具，等等。戏剧是各种艺术手段的综合应用，电影是利用摄影技术吸收各种艺术的表现方式。这些物

① 中国大百科全书总编辑委员会《心理学》编辑委员会、中国大百科全书出版社编辑部：《中国大百科全书·心理学》，172 页，北京，中国大百科全书出版社，1991。

质材料和表达工具掌握起来是不容易的，要用它们来完美地表达艺术构思是一件艰苦又复杂的工作，需要有相当高的技巧，不是所有人都能掌握的。

对于艺术的成果艺术品，黑格尔称之为"理念的感性显现"，认为其是艺术家构思的结晶。艺术家将情感投入其中，艺术品是具体的、形象的、可感知的和具有魅力的。因此较之科学理论成果，艺术品容易被群众接受，为群众所喜闻乐见，拥有广大的欣赏者。一个真正的艺术品，是启迪智慧、陶冶情操、鼓舞斗志的有力的精神"武器"。这是艺术表达的功能。

第五节　形象思维与教学过程

🌳 节前导读

温寒江先生指出，在教学过程中重视右脑的开发和形象思维的培养，对于促进左右脑的协调发展和思维水平的进一步提高具有重要意义。温寒江先生在探索形象思维促进教学改革的基础上，分别从感知和理解两个方面对形象思维与教学过程如何紧密结合做了梳理。在形象思维与教学过程的实践探索过程中，温寒江先生主持编制了《中小学形象思维一般发展测验》。这是一个适合考察我国中小学生形象思维发展状况的诊断工具，能对学生形象思维的发展状况进行科学的评估。

一、感知与形象思维

学习活动从感知开始，感知是思维的源泉。感知活动和知识的理解相互联系，也就是和思维相互联系。从脑功能的理论来看，只把感知和抽象思维联系起来的观点是不全面的。感知材料既是抽象思维的基础，也是形象思维的基础。由于两种思维形成过程不同，因此其感知活动的作用、特点是有区别的。从感知到抽象思维经历以下过程：一是根据教材提供丰富的、切合实际的感性材料；二是对这些材料进行比较、分析、综合、概括，形成概念；三是到了理性阶段，运用概念来思维，脱离了具体的事物。从感知到形象思维经历以下过程：一是根据教学内容提供典型的材料(不是丰富的材料)或示范动作，形成表象，如情境、图像、图表、表演等；二是对所形成的表象直接进行加工(分解、组合、类比、联想、想象)；三是到了理性阶段，形象思维过程中始终伴随着具体的形象，直观材料仍然有用。

(一)情境教学

文学艺术作品是用形象、图画来描写现实的。文艺作品中的形象包括人物、景物、场面、环境和一切有形之物。语文、音乐、美术等课程的情境教学就是根据教学内容塑造的形象来创设情境，以此来引发学生进行再造想象的。

(二)直观教学

教师采用图像、图片、图表、模型、幻灯片、影视等典型材料进行直观教学，如化学的原子结构图和电子云图、物理的物体受力图、地理的地图、历史的插图等，结合生动的描述，引发学生展开想象，从宏观到微观，从静态到动态，从二维到三维。只有直观而没有引导，为直观而直观，是达不到教学目的的。例如，学生观看电子云图，教师必须引导学生展开想象，学生只有通过想象才能理解微观世界中电子运动的规律。

(三)教师的演示、示范

实验操作、体育训练时教师的演示和示范、动作姿势的图片和图解，可在学生头脑中形成动作视觉表象。练习时，学生将自己对操练动作的知觉所产生的动作表象对照教师的示范动作表象不断加工和调整，从而逐渐形成准确完整的动作表象。

二、理解与形象思维

知识的理解是学生在教师的指导下，根据已有知识(表象)，在丰富的或典型的感性材料的基础上，通过思维活动认识事物之间的种种联系，进而认识事物的本质的过程。教学实践表明，由于忽略了形象思维在教学过程中的作用，对许多学科知识的理解过程脱离了学科思维方式的特点，使知识变得抽象、难懂，增加了学习的难度。

怎样全面地认识学生在掌握知识过程中的思维活动呢？应该根据脑科学的新成果，结合学科的思维方式进行具体研究。总体来说，知识的理解过程是两种思维交互作用的过程，其中有的学科以抽象思维为主，有的以形象思维为主，更多的是两种思维的有机结合。

（一）在进行形象思维的基础上把两种思维结合起来

在进行形象思维的基础上把两种思维结合起来，如语文、历史学科的学习。

在语文教学中，学生学习文学作品，在感知文章的语言和结构时，对文章中的场景、人物的外貌和语言、故事的梗概有了一定的了解，但这时学生还没有真正理解形象所蕴含的思想内涵和艺术境界。学生只有根据教师创设的情境，在生动的、富有感情的语言的启发下，通过再造想象，唤起记忆中的相关表象和生活经验，引起联想，使文章中的情境、人物在自己头脑中清晰起来，产生一种身临其境、耳闻目睹的感觉，才会对文章有真正的领悟。教师接着引导学生分析人物的变化、情节的发展，分析篇章结构、写作方法，并概括文章的中心思想。这种分析、概括并没有脱离课文，而是紧密结合课文的形象，把两种思维结合起来，以达到深入理解全文的目的。

历史是一门描述性学科，也是一门思辨性学科。历史事件离不开代表人物的活动，人物的活动都是具体的、形象的。历史事件的意义就寓于这些具体形象之中，历史的规律又寓于具体历史事件之中。由于，历史是过去的事，历史事实不可能再现，学生不可能直接感知，因此，教师要用文物复本、模型、图片或录音录像等典型生动的材料引导学生展开再造想象，使这些历史形象在学生头脑中一幕幕地浮现出来；然后运用抽象思维，通过分析、综合、比较与概括，阐明历史事件的意义，揭示历史的本质和规律。这样不仅给学生以真实感，提高学生的学习兴趣，而且能使学生更好地理解历史事件及其意义。因此，学习历史要运用形象思维，并且把两种思维有机结合起来。

（二）在感知的基础上把两种思维结合起来

在感知的基础上把两种思维结合起来，如地理、数学以及物理、化学、生物学科的学习。

地理是研究地理环境及人类活动与地理环境关系的一门学科。地理环境是一个空间概念，包括地理事实，现象的位置、分布、范围和地理圈层中各种物质运动。此外，地球的自转和公转，昼夜变化，四季更替，地球表面温度、气流、气候等变化也是具体的空间概念。人类活动就是在地理环境这个空间中进行的。地理教学要把地理事实、现象和空间概念结合起来，运用地理图表把地理知识和图形结合起来。地理图表记载着大量的地理事实。人们可以从地理图表中认识地理事实存在的环境条件、特征、彼此的关系以及它们的变化和形成原因。这既要形象思维的想象，又要抽象思维的分析、综合，所以地理学习需要两种思维的有机结合。

数学是研究客观世界中数量关系和空间形式的学科。客观世界中的问题和过程（不是全部）可以用代数—分析数学来表达，也可以用几何—拓扑数学来表达。对于许多问题，二者是可以相互转化的。所以，从总体来说，数学是数形结合的学科，是左右脑并用的学科，其中几何学最为突出。几何问题的解决要依靠图形，把右脑的直觉转化为左脑语言的逻辑证明。因此，几何学可以训练创造思维。但是，长期以来，人们只重视逻辑推理的训练，忽略图形的训练，使几何学成为一门难懂难学的学科。

物理、化学、生物的许多知识都是科学实验观察的结果，是关于物体（物质）的属性、结构、状态及其相互联系、相互作用的知识。这些知识既有性质、状态的叙述，又有数量的分析与论证。例如，解决一个具有情境性的问题，就需要通过再造想象把有关情境（如状态、相互作用等）想清楚，画一个草图，然后结合图形对问题进行分析、论证、解答。运用图解式的思维可以摆脱抽象思维的束缚，把握那些非语言的、变幻莫测的东西，使问题得以解决。

（三）以形象思维为主

以形象思维为主的学科有体育、音乐、美术等。体育教学中，田径、球类、体操是教学的主要内容。学生对体育技术（技能）的学习包括身体肌肉动作和这些动作在头脑中形成的表象两部分。肌肉动作的知觉形成动作动觉表象，肌肉动作的视觉形成动作视觉表象。初学时，学生观察教师的示范动作，把自己在练习中产生的动作表象与教师的示范动作表象进行对照，对自己的动作表象进行调整，这时动作

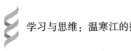

视觉表象起着主要作用。在这个过程中，学生对教师示范动作的细致观察、获得的清晰表象以及在练习中对自己的动作视觉表象进行的调整校正都是心理活动，主要为形象思维活动。随着运动的逐步熟练，动作的动觉表象在运动中的作用逐渐增强。学生通过有意识地训练，使动作视觉表象和动作动觉表象结合起来，纠正一些不标准的动作，不断完善运动表象。这时，两种表象的结合也主要是形象思维活动，使头脑中的运动表象和示范动作的表象一致起来，从而使运动达到技术（技能）训练的目的。

美术教学中，学生的绘画过程可以分为准备阶段和构思与传达阶段。准备阶段就是让学生认识生活，丰富自己头脑中的表象。教师应鼓励学生到大自然中，到社会中，多看、多听、多记，通过写生、写绘画日记等形式培养观察能力、形象记忆能力，在头脑中积累丰富的表象，并使这些表象变得准确、全面和清晰。构思和传达阶段就是学生在绘画时从自己丰富的表象中，抓住那些最能表现主要特征的东西，经过分解、组合形成新的表象，或通过联想、想象对原有表象进行加工、改造，产生新的表象；与此同时，还要考虑画面构图、表现形式和工具运用等，运用绘画技巧把表象传达出来。传达就是通过不断练习，使手的活动（运动表象）和构思（视觉表象）一致起来，使"胸中之竹"转化为"手中之竹"。所以，学生绘画的过程主要是形象思维及其表达的过程。

以上分析了一些学科知识的理解过程。我们可以发现知识理解过程中的思维活动呈现出以下四个特点。

一是抽象与具体形象结合。抽象思维活动可以通过图形以及各种形象具体化。电磁力是抽象的，通过磁力线，教学就变得形象了。数学题一般是抽象的，通过线段图、函数图像，问题就变得具体了。形式逻辑的始祖亚里士多德（Aristotle）发现了表象对思维的必要性，认为离开心理图像去思考是不可能的。

二是想象与分析结合。学生学习语文、历史等学科时，通过想象得到的形象只是以表象的形式存在于观念之中的，必须通过对文章形象描述的具体分析才能深刻领会文章的内容。学生运用图形、图表等学习数学、地理、物理、化学等学科时，要一边展开联想、想象，一边进行分析、推理，把想象和分析结合起来。

三是直觉与论证结合。学生学习时，通过数学图形、地图、物理和化学的图像，直觉猜测问题的结果，再经过推理、论证得出正确的答案、科学的结论。

四是整体把握与局部分析结合。两种思维结合使思维活动既注意局部又抓住整体，如观察地图时心中有东西南北中，分析作品时脑子里有个整体的形象（人物、场面），分析数学问题时用图形勾画出问题的整体轮廓，这就是既见树木又见森林。

三、形象思维的一般发展测验研究

（一）测验编制简介

"开发右脑，发展形象思维的教学实验与研究"是北京市哲学社会科学"八五"规划重点课题。它以脑科学最新成果为依据，通过教学改革实验，试图把形象思维与抽象思维结合起来促进青少年形象思维的发展。在发展形象思维的教学与训练中，我们亟须编制一套适合考察我国中小学生形象思维发展状况的诊断工具，以便对学生形象思维的发展状况进行科学的评估，有针对性地实施教育培养。从1992年起，在温寒江先生的主持下，课题组开始酝酿编制中小学生形象思维一般发展测验（以下简称为测验）。

这是一项全新的、探索性的工作。为了使测验成为考察中小学生形象思维一般发展的指标，编制这套测验的指导思想为：一是测验应适用于中小学生形象思维一般发展水平的评价诊断，不属于特殊能力测验；二是测验应充分反映北京市中小学生心理发展的事实，以利于北京市实际使用；三是测验的内容力求精练，便于实施测试；四是测验对象限于北京市在校中小学生。

测验编制根据上述指导思想，遵照量表编制的原则，从北京市中小学生的实际情况出发，根据课题组关于形象思维的研究成果，确定了测验的基本构成，并借鉴了已有量表中有关形象思维类型的某些题目。为了使测验能比较全面地测查形象思维的发展，我们经过反复探究，组织一线中小学骨干教师、科研工作者研讨论证，并经过小范围的预测分析，五易其稿，然后在全北京市范围内取样试测。

(二)测验的基本构成

在理论上，测验主要依据斯佩里通过裂脑人实验得出的"左脑倾向于用语词来思维，右脑倾向于用感觉形象来直接思维"的论断，确定了形象思维一般发展测验的主要研究方向是右脑的功能；依据该论断以及课题组关于思维的研究成果，即对形象思维的概念、特点等的研究，明确了形象思维是运用头脑中积累起来的表象进行的思维。形象思维和以概念作为思维"细胞"的抽象思维一样，作为人类认识客观世界的基本方式之一，具有思维一般概念的特征。它的主要活动方式是直觉与想象。形象思维过程中包含识别、直觉、分解、组合、类比、联想、想象等复杂的心理过程。① 据此，课题组确定了识别、直觉、分解、组合、类比、联想、想象以及与此相关的情感是构成中小学生形象思维一般发展的主要方面。测验的主要内容包括直觉判别、图形类比、分解组合、联想想象、直觉速度 5 个部分，共 17 个项目，178 个小题(见表 2-1)。

表 2-1　形象思维一般发展测验各项分测验一览表②

测验系列	测验项目	题数	权重分数	时限
SET A 直觉判别	A1 是什么?	5	2	5 分
	A2 有什么?	3	3	
	A3 缺什么?	7	5	
SET B 图形类比	B1 找不同	5	8	9 分
	B2 找不当	2	4	
	B3 找类同	3	6	
SET C 分解组合	C1 几何图形的分解组合	8	16	20 分
	C2 零件装配	8 个零件	8	
	C3 倒置临摹	3 个部位	7	

---

① 详见《教育研究》1993 年第 4 期、第 11 期，1994 年第 11 期；《北京教育研究》1995 年第 2 期。
② 温寒江、连瑞庆：《开发右脑——发展形象思维的理论和实践》，125 页，杭州，浙江教育出版社，1997。

续表

测验系列	测验项目	题数	权重分数	时限
SET D 联想想象	D1 识方位（1、2）	10 问	6	20 分
	D2 数立方体	10	6	
	D3 联想	4	6（有加分）	
	D4 空间判断	3	6	
	D5 空间旋转	4	6	
SET E 直觉速度	E1 译码	94	3	2 分
	E2 迷津	5	3	2 分
	E3 位置判断	4	5	15 秒×8
合计	17	178	100	60 分

测验的构成力求对形象思维一般发展各项能力因素有所评定。每一测验题目的编选都努力使其对右脑功能有较好的探测性。关于测验对形象思维一般发展诸能力因素的测量评定详见表 2-2。

表 2-2　测验对形象思维一般发展诸能力因素的测量评定①

能力分类	能力诸因素	测验构成
直觉判别	直觉观察、把握整体的图形识别能力以及凭直觉判别事物基本特征和细小差别的能力	A_1、A_2、A_3
图形类比	对图像的判别、概括、类比、推理能力	B_1、B_2、B_3
分解组合	对图形表象的记忆、把握部分与整体关系的能力	C_1、C_2、C_3
联想想象	方位直觉能力、围绕原型展开联想的能力以及理解立体和平面图形关系的能力	D_1、D_2、D_3、D_4、D_5
形象思维的灵活性、敏捷性	对图像的识别速度和灵活性以及空间形象位置判断能力	E_1、E_2、E_3

---

① 温寒江、连瑞庆：《开发右脑——发展形象思维的理论和实践》，128 页，杭州，浙江教育出版社，1997。

(三)测试结果与分析

样本选取以分层(年级)成组(自然班)取样为主，从小学一年级一直取样至高中一年级。根据中小学招生总数的分布，城区、乡镇、农村的在校人数比例约为 2∶1∶1。总体按城区 50%、乡镇和农村各 25% 控制。男女比例大约各占一半。1995 年 7 月，在北京市东城区、西城区、崇文区(现与东城区合并)、朝阳区、海淀区、石景山区、昌平区、房山区、怀柔区等地区进行了取样，总人数 1500 人，每层平均人数为 150 人。由于取样测试正值初三、高一统考时期，加之其他客观原因，取样未达到预想的分布结果，故在统计分析中舍去了这部分数据。

1. 测验编制的质量分析

为了保证测验的编制质量，我们首先对测验的难度、区分度、信度、效度进行了分析。分析结果表明，本测验有较适宜的难度，各项内容能较好地鉴别中小学生形象思维一般发展水平，有良好的信度和效度。分析表明测验是可用的。

2. 中小学生形象思维一般发展现状

统计结果显示，样本团体的测试成绩(总平均得分率)随年级升高呈现上升的趋势。这一统计结果说明学生的形象思维能力是随年龄增长而不断提高的，这与人类智力自然发展的趋向相一致。但小学阶段的发展水平略偏低，初中发展也不够均衡。

测验结果表明，中小学生形象思维一般发展在性别上差异不显著。单项统计结果表明，直觉判别差异不显著，图形类比女生略有优势，其余分解组合、联想想象和直觉速度几方面男生均有优势。

测验对课题组实验班进行了抽样测查。所抽测的实验班虽然都只有一两门课程进行教学实验，但实验老师遵循"开发右脑，发展形象思维"的实验宗旨，在教学进程中有意识地挖掘学生的右脑潜力，把抽象思维与形象思维有机结合，使教学发生了深刻变革。统计结果表明，实验班学生形象思维能力的发展明显高于对比班，达到显著水平。这一结果给我们一个很大的启发，即形象思维能力是可以通过教学培养来提高的，教师应高度重视形象思维的开发。

3. 结论

从课题研究需要出发，依据一定的理论，编制一套形象思维一般发展水平测验是具有重要意义的。经过统计分析，该测验有一定的质量保证，是可用的。但是，编制一套科学可用的测量工具，需要遵循一定的科学程序，进行大量精细的工作。形象思维一般发展测验的编制工作还需要对测验的个别题目、测查方式、测验的各项权重分数、施测的时间控制等依据初试结果和获得的反馈信息进行调整、完善，并进一步扩展实测，建立北京市常模。

根据取样测试的结果，温寒江先生了解了北京市中小学生形象思维一般发展的状况。但由于取样还不够充分，这个结果仅能作为进一步研究的基础。测验经进一步修订扩展常模后，将全面展示北京市中小学生形象思维一般发展的状况及其发展趋势，为教育教学改革提供科学依据。

本章小结

➤斯佩里关于裂脑人的一系列实验研究和对人脑两半球功能的揭示，推进了人们对大脑机能的认识，为人们深入研究形象思维提供了十分重要的科学依据。

➤形象思维是以表象为材料，通过对表象的加工改造（分解、组合、类比、联想、想象）进行的思维。表象有视觉表象、听觉表象、味觉表象、嗅觉表象和运动表象等。形象思维有视觉思维、听觉思维、触觉思维等。

➤形象思维的特点主要包括形象性、可感性、整体性、概括性、跳跃性、直觉性、非语言性七个方面。

➤形象思维的方法主要包括移动与转动、分解与组合、类比与概括、联想、想象。

➤形象思维产生于观察与直觉。

➤形象思维的表达大致可以分为下面三种方式：语言文字表达、图像表达和艺术（具象）表达。

➤从感知和理解两个方面把教学过程和形象思维紧密结合，能促进教学实践的改进。

章后链接

➢"八五"期间，温寒江先生依据斯佩里的裂脑人实验和认知心理学关于表象的研究，重点研究了形象思维的方法、产生与表达。在研究过程中，关于观察的研究是一个关键。现有理论把观察看作一种感知觉。温寒江先生的研究认为，观察是一种基本认识过程，观察有感性认识和理性认识之分。有目的的、深入的观察抓住了事物的本质，是思维的过程，主要为形象思维。探索的重点是如何通过学科教学发展形象思维，把理论研究与教学改革实验紧密地联系起来。

——参见《从全面思维研究到学习学体系构建——温寒江先生〈学习学〉的研究历程》(杨志成、董素艳)，《北京教育学院学报》2016 年第 3 期。

➢形象思维不仅存在于文学艺术领域，而且存在于人们生活的其他领域。当然，在多数情况下，形象思维与抽象思维互相渗透、相辅相成，是有机地结合在一起的。脑功能的开发、形象思维的发展以及两种思维的有机结合，是优化教学过程的关键性问题，对于提高教育质量、早出人才、出好人才起着十分重要的作用。

——参见《教育实验的前提是思想创新——论温寒江的"两种思维"理论》(连瑞庆)，《教育研究》2011 年第 8 期。

第三章
再耕：重构以创造性思维为核心的教学新模式

本章概述

　　温寒江先生在"九五"期间对广大中小学教师如何培养中小学生的创新能力的问题进行了多方面深入的探索，研究了创造性思维的基本内涵，阐述了培养中小学生创新能力的目标、原则和途径，结合培养创造性思维、创新精神和实践能力的实践经验重构了以创造性思维为核心的学科教学新模式。需要注意的是，在中小学创新教育体系中，温寒江先生再一次强调了学科课程要与活动课程相结合，在课堂教学中既要充分发挥两种课程的优势，又要克服二者的不足，从而实现促进学生德、智、体、美、劳全面发展的目的。

2005 年 5 月温寒江先生和北京市宣武区 (现西城区) 的实验教师一起讨论语文教学

第一节　培养创新能力是时代的使命

 节前导读

温寒江先生在教育研究的过程中，充分认识到了创新能力培养对人才培养的重要作用。在回顾国内外创造学研究历程的基础上，温寒江先生进一步对创造力、创造和创新进行了新研究，明确了创新即人们在认识活动中创造新颖的、有意义（有价值）的成果的活动，是能力的最高水平的表现；明确了创造力研究的两个基本观点，即创造力是人皆有之的以及创造力是可以被训练的。温寒江先生关于创造力、创造和创新的研究，顺应了时代发展的要求，为广大教师开展创新能力培养的教育教学改革、培养学生的创新精神和创造力奠定了重要的理论基础。

一、时代的使命

20世纪90年代，我国社会主义现代化建设处于关键时期。我国科学技术的发展尽管在改革开放后取得了巨大的成就，但是距离发达国家还有一定差距。随着信息时代和知识经济时代的到来，抓住历史机遇、赶上时代发展潮流的任务摆在了国人面前。建设创新型国家，必须依靠教育。培养人的创造能力是教育工作的一个重要目的。特别是培养青少年的创造精神和创新能力，是人类社会赋予教育工作者的历史使命，也是中华民族继续生存与发展、立足于世界民族之林的必然要求。我们党和国家领导人历来高度重视创新的问题。邓小平同志在1988年就高瞻远瞩地提出了"科学技术是第一生产力"的论断。他多次强调科学技术人才的培养关键在教育。在这样的历史背景下，温寒江先生带领课题组一直致力于探索中小学如何开展培养学生创新能力的教育教学改革。

二、实现教育创新的六个转变

保障我国社会主义现代化建设的顺利进行，必须培养大量有创新能力的高素质人才，走创新之路，把培养学生的创新精神和创造力放在重要位置。温寒江先生认为，培养中小学生的创新精神和创造力，不单是教学方法的问题，还涉及教育思想、教育制度、教育内容、课程结构、教材教法等一系列问题，是一个综合性、系统性的教育工程。加大教育改革的力度，实现教育的创新，要完成以下六个转变。

（一）学习目标的转变

学习目标要完成由单纯的升学教育向素质教育的转变，考试、升级、升学不再作为唯一的或主要的目标。要特别重视教育过程，使学生的综合素质得到全面提高，潜能得到充分开发。这一转变需要教师、家长和社会整体认识水平的提高，并充分体现在教育实践中。

（二）学习方式的转变

学习方式要完成由"灌输"知识式的学习向探究创新式的学习的转变。教师应改变机械讲授的方式，强调学生主体作用的发挥；不应把经验性知识直接传授给学生，而应让学生充满兴趣地主动探索获取知识；在增强兴趣的基础上，帮助学生增强社会责任意识，树立为人类社会探究创造的远大理想，养成善于思考的习惯。

（三）培养模式的转变

学习内容的课程供给要由以课程安排为标志的计划性、标准化培养模式向多样性、个性化培养模式转变。在过去计划经济体制的影响下，教育运行机制过分强调整齐划一，缺乏机动性和灵活性，不利于创造型人才的培养。各地应该根据地区、学校和学生个人的实际，增强课程与学习方式的多样性和可选择性，使学生的个性特长得到充分发展。学生在每一学科的学习过程中，都要感受到内容的丰富性、理论的深刻性、发展的无限性以及和社会生活实践的密切关系。作为学校课程的重要组成部分的活动课程，要在多样性、个性化和培养学生创造性方面发挥作用。

(四)学习场域的转变

学习场域要由封闭的学校教育向开放的社区教育转变,学生学习要与社会实际生活紧密结合。学校、家庭、社区应构成一个完整的、有机的、动态的教育网络,创造宽松的教育环境,关注学生生活和学习的方方面面,培养学生的社会实践能力。这种转变需要社区的重视和支持。学校与社区、社会各方面形成有机的整体,保证学生社会实践活动的深入开展,让学生发自内心地爱家庭、爱学校、爱社区,并自觉地为社会大家庭服务。

(五)学校教育职能的转变

从学校的定位上来讲,学校的教育职能要由单一性向协调性、综合性转变。学校不是单纯地把创新能力的培养当作智育的问题,而是强调学生综合素质的全面提高。综合素质的全面提高是创新能力发展的基础,学校要在这个基础上构建培养学生创新能力的教育教学体系。

(六)学习手段的转变

从学习手段来讲,学校要逐步实现由比较落后的教育教学手段向现代化手段转变。随着现代科学技术对人们的生活和学习方式的改变,学校应该加大投入的力度,充分利用现代化技术,更有效地提高学生的学习效率,强调信息技术、媒体网络在教育教学中的作用。

温寒江先生认为这六个转变中最重要的是教育思想的转变。他强调要以教育思想的转变来带动其他转变的发生,要以高度的热情、创新的精神和科学的头脑抓住历史的机遇,为中华民族培养千千万万的创新人才,完成时代赋予我们的使命。

三、关于创造力的研究

(一)对创造力的认识

创造力就是进行创造活动的能力。温寒江先生通过对创造力的研究,提出对创造力的认识应当包括人类自身的创造力在不断发展和对人类自身的创造力的认识两个重要方面。第一，人类自身的创造力在不断发展。劳动创造了人类，人类在社会劳动中创造了社会物质文明和精神文明，人类自身的创造力在生产劳动和其他各种社会实践活动中不断发展。第二，对人类自身的创造力的认识。人们对人类自身的创造力的认识经历了一个过程。人们在人类社会及人类文明的发展过程中逐步关注自身的创造行为，人们能真实反映客观世界的运动规律是近代科学的起点和标志。

（二）关于创造力的研究

温寒江先生认为，创造力研究从其本源来看主要来自以下两个途径：一是来自实践的或应用的研究，即来自一些有识之士对人类创造潜力发挥最为凸显的方面，主要是对科学技术，特别是技术发明领域的特殊关注和研究；二是来自心理学的研究。他对国内外学者关于创造力的研究进行了梳理和探讨。

1. 国外关于创造力的研究

（1）萌芽阶段（18 世纪以前）

早期人类迫于生存进行自发的创造性劳动，只有少数人对人类的创造行为有所思考。后来，人们对创造的理解越来越深入。例如，英国哲学家培根（Bacon）在《新工具》一书中对创造的实验方式和归纳方法进行了总结。在这一漫长的历史阶段中，人们尝试从哲学的角度来探索研究创造活动及创造能力。

（2）近代阶段（18 世纪至 20 世纪 30 年代）

此阶段的重要标志之一是人们有了自觉的辩证思维，并把它应用于创造。德国古典唯心论的代表黑格尔第一次系统地阐述了唯心的辩证法，进一步探讨了人类的创造活动，把它分为科学的与艺术的。随后，马克思主义唯物辩证法诞生了，对创造力研究起到指明方向的作用。20 世纪初期，对创造力的研究出现了两个方向：一是对创造过程的研究，二是对创造性人格特征和动机因素的研究。这一阶段研究的发展为创造力成为一个独立研究领域奠定了良好的基础。

（3）现代阶段（20 世纪 30 年代至 20 世纪 70 年代）

工业革命以来，随着科技发明不断涌现，人们对创造发明产生了更加浓厚的兴趣。这一时期人类自身的创造行为使创造力具备了成为专门的研究领域的可能，并走上了科学化道路。此后应用心理学的新分支——创造心理学诞生了，给创造力的开发研究注入了新内容，标志着完整意义上的创造学的产生。① 20 世纪 50 年代中后期，特别是 20 世纪 60 年代以后，美国的创造力研究不仅内容日益广泛、深入，而且影响远远超出美国的范围，遍及世界各大洲。首先，从理论研究情况看，美国建立了一些专门的研究机构，在理论研究与实际训练紧密结合方面收到了实验成效，一些重要的理论研讨会在美国创造力研究的发展中起了重大作用。其次，创造力研究在实用方面也有很大发展，涉及的范围日益广泛。主要表现在：一是训练课程日益增多，二是咨询公司兴起。

（4）当代阶段（20 世纪 70 年代以来）

经过 20 世纪六七十年代的发展，美国的创造力研究对许多国家产生了一定的影响。很多国家构建了具有本国特色的创造学和创造教育体系，推动了创造力研究向更成熟的阶段发展。其一，从跨国联系向进一步国际化的方向发展；其二，在理论研究不断深入并直接向转化为创造教育的实践方向发展的同时，更加强调创造学研究的科学基础（主要是心理学乃至脑神经生理学的基础）。心理学和脑科学的一些新进展也给创造学的理论研究注入了新活力，带来了一些新观念，甚至开辟出了新领域。例如，20 世纪 80 年代初，斯佩里右脑理论的提出，为过去创造力研究和开发的成果提供了科学依据。目前，认知科学与神经科学结合的认知神经科学正在崛起，其研究任务是阐明认知活动的脑机制，这必将推动创造学的发展。

2. 我国关于创造力的研究

我国是具有悠久历史的文明古国，对人类创造行为的关注可追溯到人类历史早期。20 世纪初，陶行知在创造教育方面做出了许多贡献。1943 年，他在《新华日报》上发表的《创造宣言》指出"处处是创造之地，天天是创造之时，人人是创造之人"的言论，影响深远。

自改革开放以来，我国的创造力研究按时段可划分为三个阶段：第一阶段（20 世纪 70 年代至 80 年代初），提出问题，活跃思想，引进国外研究成果；第二阶段（20 世纪 80 年代中期），宣传普及，开发培训，开展创造教育；第三阶段（20 世纪 80 年代末以来），实践探索，理论研讨，独立研究。

创造力研究的内容从大的方面包括四个部分：其一，创造技法的研究与创新；

---

① 傅世侠：《国外创造学与创造教育发展概况》，载《自然辩证法研究》，1995（7）。

其二，创造力测评的初步探索；其三，创造教育研究；其四，创造性思维及相关理论的研究。① 在推广创造技法的同时，更侧重对科学发现与技术发明的创造性思维的研究，反映了面向现代化建设的需要。首先，重视科技人员的创造力开发及培养；其次，在大、中、小学教育和成人继续教育中开展创造教育实践。

(三)关于创造力研究的两个基本观点

温寒江先生的研究认为，过去人们对创造主要存在三个误解：只有天才、伟人才能创造，只看到创造成果而忽视创造过程，创造过程似乎没有什么困难。误解的产生有历史上的原因、认识上的原因，也有现实舆论上的原因。根据人们对自身创造力的认识过程，温寒江先生得出了两个基本观点。其一，创造力人皆有之。除极少数因患有某些疾病、遗传病或精神不正常的人外，每个正常的人都具有创造的潜力。其二，创造力是可以被训练的。人的创造力是可以通过教育、训练、学习激发出来的，并且可以得到不断提高。②

四、创造力、创造与创新

(一)对创造力、创造与创新的理解

既然创造力就是进行创造活动的能力，那么什么是创造呢？近年来，"创造""创新"是被频繁使用的词语。"创造""创新"的含义日益丰富，需要加以界定。按人们的习惯用语，创造活动在不同领域的含义有所不同。科学研究是人类探索自然和社会现象并取得认识的过程，本质上属于认识的范畴。科学领域中的创造通常被称为发现。技术是人类在改造世界的过程中所采用的手段，技术领域中的创造通常被称为发明。文学艺术领域中的创造通常被称为创作。体育领域中的创造通常被称为创纪录。

温寒江先生认为，对创造的理解主要把握创造最主要的特征即可。《辞海》做出的解释是"首创前所未有的事物"。心理学的解释是"创造是提供新的、第一次创

---

① 傅世侠、罗玲玲：《科学创造方法论》，11~12 页，北京，中国经济出版社，2000。
② 庄寿强：《创造学基础》，1~2 页，34~38 页，北京，北京矿业大学出版社，1990。

造的、新颖而且有社会意义的产物的活动"①或"创造是一种行为表现，该行为表现的结果富有新奇与价值"②。由此可见，创造包含首创、新颖(新奇)、有意义(有价值)的意思，是一种活动(行为)或事物(指活动或行为的结果)。温寒江先生根据对创造特征的把握，做出了比较简单的界定，就是"创造是提供新颖的有意义(有价值)的成果的活动"。这一界定包含了以下两个要点：第一，创造必须是新颖的或首创的、独创的，凡是创造必有新的特点，意味着它是前所未有的、新颖的成果，不能是简单地重复或模仿原样；第二，创造必须是对社会有意义或有用的，可以解决现存的实际问题或理论问题。

对创新的理解大体有两种，一种是经济领域的，另一种是一般意义上的。中国社会科学院语言研究所词典编辑室编的《现代汉语词典》(第 7 版)中，有创新及创造的解释。"创新：①抛开旧的，创造新的；②指创造性，新意。""创造：想出新方法、建立新理论、做出新的成绩或东西。"这里创新与创造的含义相近。温寒江先生及其课题组所采用的是创新的一般概念，其与创造的基本含义是一致的。所谓创新能力，是指人们在认识事物的过程中提供新颖的(首创的)和有意义(有价值)的成果的能力。它是能力最高水平的表现，也是创造性思维的外在表现。

(二)关于创造的过程

温寒江先生认为创造活动可以从创造过程和创造成果两个方面来分析。通常，人们普遍更关注创造成果，但创造过程也是需要受到关注的。创造成果包含于创造过程，是创造过程的产物。大量的创造实践可以反映出一个共同特点，即创造过程是阶段性的，创造活动有规律可循，多数创造能力可以经过训练得到提高。

对创造过程的研究，大体可以分为两类：一是获得科学技术成果的创造过程，二是创造成果工业化、商品化的过程。前者实质上是创造性思维过程的发展阶段，研究较多；后者是近年来才被重视研究的。

创造过程的模式有多种，其中比较有代表性的是英国心理学家华莱士的"四阶段模式"。他提出无论哪一种创造活动，无论其规模大小，创造过程一般要经历四

---

① 曹日昌：《普通心理学》上册，179 页，北京，人民教育出版社，1980。
② 张春兴：《教育心理学》，245 页，杭州，浙江教育出版社，1998。

个阶段：准备阶段、酝酿阶段、明朗阶段和验证阶段。

1. 准备阶段——准备和提出问题阶段

一切创造都是从提出问题开始的，从本质上说就是找到现有状况与理想状况之间的差距。人们常说提出问题是解决问题的先决条件，这说明了提出问题的重要性。我们常提到要有创造意识(尤指问题意识)，就是指这一阶段。

准备阶段的第一步是对知识和经验进行积累、整理。从长远来说，过去的学习奠定了知识基础，要善于在归纳和总结经验的基础上明确问题；从当前来看，可根据具体目标，在一定的领域内对知识、经验进行分析和整理，并了解前人在该领域的成果和教训，直接为提出问题创造条件。第二步是收集必要的事实和资料，并准备技术条件。第三步是了解自己提出的问题的意义、社会价值。在准备阶段，实践者的心理状态会呈现活跃、不安或专注的特征，常常要经历自我肯定、否定、再肯定的反复过程。

2. 酝酿阶段——沉思和多方假设阶段

对所收集的资料进行思考、探索是解决问题的关键，这常常需要相当长的时间，大脑需要高强度劳动。研究者需要不断地从正反面进行各种假设，让收集的资料在头脑中反复组合、交叉、撞击，不断否定、选择，形成新的假设和创意。此外，研究者还应注意把思考范围扩大到表面看起来没有什么联系的其他领域，特别是那些不易被自己注意的领域。这样既有利于打破思维定式的束缚，又有利于利用多学科交叉的优势，在更高层次上把握问题，寻找突破口。在酝酿过程中，有时也可把问题暂时搁在一边，以便产生新思维或在潜意识层面徘徊。经验表明，在酝酿阶段，如能使大脑在长期兴奋后有意识地得到松弛，那么有利于孕育、诱发灵感。这一阶段的心理状态呈现多种思维交替，思考强度大的状况。此时，良好的意志品质起着重要作用。

3. 明朗阶段——顿悟和突破阶段

通常人们会在明朗阶段发现具体的解决方法或途径。顿悟是指经过长时间的酝酿之后，新的想法在极短暂的时间里突然出现。其中，灵感、直觉思维往往起着决定性作用。顿悟和突破是在经历了长期艰巨的、高强度的思维活动的基础上产生的。这一阶段的心理状态是高度兴奋、豁然开朗。有时自己也感到惊讶，甚至难以置信，但更多的是快乐、欣慰。虽然灵感的闪现难以被具体捉摸，但它也是受控制的一种思维活动。

4. 验证阶段——评价、完善和充分论证阶段

当突然获得突破后，必须及时记下这种思维的"火花"，并尽快地充实拓展，否则不可能有真正的突破。论证是不可缺乏的。其一是理论上验证；其二是实践上验证，包括运用、检验，常常需要反复多次才能完成。这期间的心理状态较为平静，但需要慎重、周密和有耐心，不能急功近利，以免造成不必要的失误。

华莱士指出，尽管对创造性思维过程做出了如此明确的四阶段划分，但是阶段之间并非绝对隔离。例如，即使在准备阶段，也有可能直接做某种尝试性的解决；不得其解时，便随即进入酝酿阶段。四阶段之间的顺序也并非一成不变，有时还可能有所重叠。换言之，作为经验模式，只能作为一种可资借鉴的运行方式对他人有所启发，并非是必须严格遵循的刻板公式。

（三）关于创造的环境

温寒江先生认为，创造活动是人的一种行为，也是个体与环境相互作用的结果。一个人在创造活动中展现创造才能，既有赖于主观因素，如创造性思维和创造性人格；也有赖于客观因素，如影响其发挥创造能力的各种外部因素和条件构成的外部环境或社会环境。

1. 社会环境中的大环境和小环境

社会环境中的大环境是指国家或地区宏观的社会环境，小环境是指一个部门、单位微观的社会环境。当前，我国的大环境为创造力开发提供了有利条件。但是，事物的发展是不平衡的。就每一个微观社会环境来说，小环境存在明显的差异。一般来说，与大环境相比，小环境对创造的影响更为直接、具体。温寒江先生通过研究认为，如何创造能够激发创造热情的微观环境，是创造学研究中最具现实意义的内容。首先要达成崇尚创造的社会共识；其次是树立支持创造的社会观念，形成创造光荣、创造可贵的社会风气。

2. 创造力与环境的关系

温寒江先生认为，无论社会环境提供什么条件，创造都要通过人的实践和主观努力才能实现。从这个意义上讲，把人看作环境的消极适应者的"环境决定论"是不科学的。创造者应有决心用自己的创造行为优化创造环境，造福社会，书写历

史。对于不利于创造的环境，也有一个如何看待的问题。逆境虽然不利于创造，但现实中有许多人凭着坚强的意志和不懈的努力，战胜了逆境，取得了创造成果。创造的顺境有保护、支持创造活动的作用，但人们不能一味地依赖顺境。依赖只会消磨创造的锐气、志气。辩证法告诉我们，逆境也可能激励创造者进取，顺境也可能使创造者沉醉、停滞。无数实例证明，无论是逆境还是顺境，人们都是无法回避的。人们应当采取积极的态度，为营造推动创造活动成功的社会环境而努力。

第二节　创造性思维的新视角

🌳 节前导读

　　温寒江先生通过对两种思维和创新能力的深入研究，从创造性思维的新视角对创新能力的构成进行了阐释。他认为，创造性思维视角下的创新能力培养，要注重全面发展思维，积累丰富的知识，培养创新精神和实践能力，关注个性发展。新视角下的创新能力培养为学校教育教学改革提供了新的路径，也成为教学模式创新的理论基础。

一、创新能力的关键品质

　　创新能力是个人多种心理品质和能力的复杂的、高水平的结合。温寒江先生认为，从创造能力(创新能力)的研究中，可以得出其中重要的心理品质和能力有三个方面：一是创新精神，即创新活动中在高度的劳动热情和自信心的基础上独立思考和探索的精神；二是创造性思维，即创新过程中的思维，它是创新活动的核心；三是实践能力、动手能力，一切创新都是在实践活动中展开的，只有在实践中把勤奋的劳动和高超的技术相结合，才能把创新的思想变成现实。

二、创造性思维的概念

（一）创造性思维的一般概念

通过对半个多世纪以来国内外各种关于创造性思维的定义的比较和分析，温寒江先生认为创造性思维是创造过程中的思维活动，是两种思维新颖的、灵活的、有机的结合。

（二）创造性思维的特征

温寒江先生在研究创造性思维的过程中，对创造性思维的特征进行了提炼和概括。他认为创造性思维是一种复杂的、高层次的思维活动，具有如下特征。

1. 新颖性

思维的新颖性是指思维的结果产生新作品、新理论、新方案（管理、实验）、新工艺、新方法。这些成果是过去未曾有过的，是首创的，具有实用的或理论的价值。新颖性可以表现在成果（产品）的造型、结构、功能等不同方面。从培养人才的学校来说，新颖性是指学生在解答问题、进行实验或科技制作时，不是根据教师和书本上讲的，而是通过独立思考完成的。

2. 灵活性

灵活性表现在思维的多角度和多方向、变通性、发散性、跳跃性等方面。第一，多角度和多方向。人们能从不同角度、不同方向寻找多种可能性；能迅速进行思维转换，从正向思维转向逆向思维，从一种心理运算转换到另一种性质不同的心理运算；利用语言、文字、图画等多种方式表达自己的意见；试图使毫不相关的事物相互关联。第二，变通性。人们能打破固定的思维模式，善于提出不同意见或解决办法，富有迂回变化的思路。第三，发散性。引导发散具有多种选择性或可能性，能够产生许多主意和解决问题的办法，多方面寻求事物的意义、功能。第四，跳跃性。人们善于发现问题的未知部分，能直觉到问题的结果；能够超越感觉及现实（时空）的界限；能从一事物跳到其他事物，在不同事物中把相同或相似的因素联系起来。

通过对抽象思维和形象思维的研究，温寒江先生认为抽象思维和形象思维具有以下特征。抽象思维具有广泛的灵活性，人们对抽象思维的规律已有充分的研究。抽象思维还具有发散性、变通性和跳跃性。例如，德国数学家高斯在 6 岁时，不用通常的递加的办法就能迅速算出 $1+2+3+4+\cdots\cdots+99+100=5050$，就是典型的例子。温寒江先生认为在创新过程中，形象思维最具灵活性。他用直觉、联想、想象对此进行了说明。从直觉来看，大自然的奥秘有的隐藏很深，事物间的关系有的盘根错节，创造性的突破通常是发现隐蔽关系的结果。直觉有利于揭开创造过程中隐蔽的部分，因为直觉思维没有严格的步骤和规定，可以"跳过"思维的某些阶段。这种直觉来自对这类问题长期观察、研究的积累。丰富的表象积累彼此会互相影响，重新组合。在长期思索中，正是这种重新组合，在某些事物的诱发、启发下，令思考者豁然开朗，把问题解决了。从联想来看，联想一般分为间接联想、类比联想、对比联想、自由联想等，是创造性思维中重要的思维方法。世界上各种事物都是按网状结构、以多维的(平面的、立体的)方式呈现在人们面前的。它们之间的联系是多样的和复杂的。如果仅仅用逻辑推理的方法、线性的方法去研究这些联系，那是远远不够的。联想为我们提供了发现多维事物的种种联系的十分重要的方法。科技活动中常常用模仿的方法进行创新，文学艺术用比喻的方法进行创作。模仿、比喻就是类比的联想，不断激发人们的想象力和创造力。从想象来看，想象是形象思维各种方法(分解、组合、类比、联想)的综合运用；是通过对表象的改造，在已有表象的基础上创造新的形象。它是具有创造性的一种思维方法，是科学技术、文学艺术、设计、体育及任何创造性活动的必要条件。人们在创新活动中应善于不断地把自己的想法、见解或设计用形象化的方法(如绘图、动手制作)重新组合成不同的形式，从中创造新颖的组合方式。

(三)创造性思维概念的特点

温寒江先生基于国内外认知神经科学的发展和自身对形象思维的研究，从一个新的角度，也就是思维基本分类的角度对创造性思维进行了研究，使创造性思维有了一个比较全面的、可操作的概念。这个概念主要有下面两个特点。

1. 全面性

温寒江先生对创造性思维的界定为：创造性思维是创造过程中的思维活动，是两种思维新颖的、灵活的、有机的结合。新颖性是针对思维的结果、成果、成品来说的，灵活性是针对思维活动的特点(多维度和多方向、发散性、变通性、跳跃性)来说的，两种思维有机结合是针对思维的类型、方法来说的。对创造性思维的定义涵盖了思维的种种方式、方法，因此是比较全面的。

2. 可操作性

温寒江先生认为，创造性思维的可操作性可以分为两个层次。第一是思维层次。思维的一个基本属性是可操作性，因此，创造性思维是可操作的，思维的敏捷性(如直觉)、思维的灵活性(如想象)、思维的深刻性(如概括、分析)等都是可操作的。第二是活动层次。创造性思维训练可以同能力的培养、解决问题的练习结合起来。能力表现在高质量的学习活动中，是多元的、发展的。课内外学科教学中，各种能力的培养为创造性思维的发展开拓了广阔的空间。正是由于创造性思维具有可操作性，创造性思维的发展才可以和兴趣的激发、能力的培养、问题解决的练习结合起来。

两种思维各自都有一整套思维方法。如果每种思维各取一种方法进行组合，则有五六十种结合形式；如果把两种方法再结合起来，则有两千多种结合形式。温寒江先生提出了主要的、基本的结合形式，那就是观察与分析相结合，想象与分析相结合，直觉与论证相结合，假设与实验(分析)相结合，发散与收敛相结合，设计与实验分析相结合，设计与制作相结合。

三、创新能力的构成

抽象思维和形象思维是思维的两种基本类型，都具有普遍性。创造性思维是创新活动中两种思维的最佳结合，是创新能力的核心。因此，培养创新能力要全面发展两种思维。温寒江先生主要从创新能力的基本组成因素——思维、知识、精神、能力、个性五个方面研究了创新能力的发展与构成。

(一)全面发展思维

1. 学科教学是思维全面发展的沃土

在教学中，不同学科的思维各有特点。实践与观察主要用形象思维，对客观事物的性质、结构、状态的分析与研究主要用抽象思维。学科教学中思维的发展是丰富的、全面的，两种思维相结合的形式是多种多样的。例如，语文、历史学科中想象与分析相结合，数学学科中直觉与论证相结合，地理学科中图与文相结合，理化学科中实验观察与分析相结合，艺术学科中想象与直觉相结合。温寒江先生的研究表明，学科中思维发展的全面性和两种思维结合的多样性，是发展创造性思维的沃土。

2. 全面发展思维要以发展形象思维为突破口

温寒江先生多次强调，形象思维是创新（创造）过程中最活跃、最关键的因素之一。在人的思维发展史中，首先发展的是形象思维。但由于形象思维是非语言的，人类创造了语言文字，用语言文字来表达思维，更重视对用语言文字来思维的研究，因此人们对形象思维的重要性有所忽视。斯佩里的裂脑人实验表明人可以用语言来思维，也可以用非语言来思维。这一结论使思维从单一、片面发展转向全面发展。形象思维是非常重要的，全面发展思维要把发展形象思维作为突破口。

3. 学会独立思考，促进思维全面发展

要创新就要想别人没有想过的问题，学会独立思考。客观世界千变万化，一些问题解决了，一些问题又呈现在人们眼前，需要人们去研究、探索和解决。这就要求人们具有新思维、新思路、新方法，会独立思考，创造性地解决问题。温寒江先生认为，思考是指比较深刻、周到的思维活动。独立思考就是要深入地思维。在人类漫长的历史进程中，思维随着生产劳动的发展而发展。人们通常只知道生产劳动，而不知道生产对思维的影响。头脑中的思维活动往往是不自觉的。这种思维不自觉的现象至今仍然普遍存在。很多学习质量的差别都是由人的思维不自觉、不到位造成的。因此，教师要学会独立思考，要在学科教学过程中根据学科思维特点，有目的地进行思维训练，引导学生主动地、自觉地思维，促进学生思维的全面发展。

（二）积累丰富的知识

知识是人类在长期认识世界、改造世界（包括认识自己）的过程中获得的经验的总和，是人类创造物质文明和精神文明的经验的历史积累，也是当代一切发明创造的源泉。温寒江先生提示，知识的积累要处理好以下两个关系。第一，要处理好博与专的关系。当今世界，知识呈现出两大趋势：一个是学科门类越来越多，越来越细；另一个是学科交叉，文理渗透，自然科学与人文学科相互交融。因此我们不能只看到知识分工专门化这一面，更要看到知识纵横交错、彼此融会、互相联系、互相促进这一面。学习要先有宽厚的基础，而后才能进行专深的研究，把博学与专深正确地结合起来。基础越扎实，研究的顶尖就越高，即所谓"基础厚，后劲足"。第二，要处理好间接经验和直接经验的关系。既要重视间接经验的积累，又要重视直接经验的积累。学生既要以学习间接经验为主，又要重视学习直接经验，重视实践；在学校除了学习间接经验外，还应当参加社会实践活动，获取直接经验。实践活动的方式多种多样，有学科实践活动，有社会实践活动，有课外兴趣小组、科技制作、植物栽培等。

（三）培养创新精神

温寒江先生通过多年的深入研究，特别关注对青少年创新精神的培养。他认为，创新活动要求个人具有一种创新精神。创新精神也称创新意识，是个人在创新活动中具有的比较稳定的多种心理品质的综合，是创新能力的动力因素，是一种精神力量。创新精神包括对创新活动的了解，对创新活动的前景、目标的信心，对创新活动的热情，克服各种困难的毅力和不断求索、勇往直前的精神，等等。

1. 信心

创造的信心来自个人对创新活动所需的知识和经验的积累，来自对研究问题的合理性、科学性依据的认识。信心是一种实事求是的科学态度，是创新的前提。信心不是产生于一朝一夕的，而是需要长时间的培养的。教师要培养学生在学习活动中的自信心，要多看学生的成绩和进步，及时给予鼓励，使学生看到自己智慧的力量，不断激发学习的信心。

2. 勤奋

富有创造能力的人，工作非常投入，非常勤奋。心理学认为人的天赋只是一些解剖学上的特点，决定一个人的才能、创造力的因素是在一定社会生活条件（包括教育、家庭、社会环境）下个人的主观努力。古今中外不论哪个领域的发明创造，无不是经过长期的甚至是毕其一生的呕心沥血、勤奋努力实现的。没有九十九分的勤奋劳动和积累，就没有那一分的灵感。灵感来自丰富的积累，是勤奋的回报。学习是一种艰苦的脑力劳动。教师要培养学生学习的热情，一丝不苟的认真态度和不怕困难、百折不挠的精神。

3. 善问

探索和发明创造没有止境，遵循唯物主义的认识规律：实践—认识—再实践—再认识。这个过程具体说来，就是实践—发现问题—提出问题、假设—探索、实践—得出结果（结论）—再实践—再发现问题……可见，要有所发现、有所创新，首先要善于发现问题、提出问题。事物总是发展变化的，新的事物、新的问题层出不穷。人们需要用科学的、敏锐的眼光去发现问题。人的认识是由低级走向高级的，每一个新的认识都向前推进到一个较高层次。从认识运动来说，学生在实验室、教室里所做的和科学家在前沿领域所做的是存在连续性的。让学生回答教师提出的问题，或从教材中提出问题，对于学生理解知识、巩固知识是必要的；培养学生善于发现问题、提出问题、独立思考的意识，对于培养创新精神来说是一个重要方面。教师应当在课堂上营造一种民主氛围，鼓励学生勇于提出问题、展开讨论。

4. 探索

人们探索求知的精神是科学技术赖以发展的力量。一部科技史是人们探索自然的历史。青年学生要学习科技史，以汲取人类探索自然的精神力量。要创新，就要做前人、他人没有做过的事，要解决前人、他人未解决的问题，没有现成的办法和答案，只有通过探索去寻求解答方法。

(四)培养实践能力与动手能力

辩证唯物主义认识论认为，人的认识的第一阶段是由感性认识上升到理性认识。外界信息通过感官到达大脑，人们通过思维了解事物的本质及其内在的规律性联系，从而达到理性认识。认识运动的第二阶段是从理性认识到实践。学生的学习是一种特殊的认识活动：首先通过观察、阅读、听讲理解和掌握所学知识；然后通过练习、解答问题、实验、制作、调查研究以及各种人际活动把所学知识运用到实际中，培养读、写、算、操作、交往等各种实践能力。学习知识的根本目的是应用，尤其是创造性地运用知识。可见，知识的运用、各种实践能力的培养，是学习过程中的重点。

温寒江先生认为，动手与动脑是紧密联系的。人的社会实践活动是多方面的，其中人类的生产活动是最基本的实践活动。在各种实践能力中，动手操作能力是基本的实践能力。所谓动手操作能力，是根据一定目的，通过双手或运用工具，改变客观实物的状态、形状、结构、功能的实践能力（技能），如生产操作、做实验、雕刻、栽培等。

功手与动脑有什么关系呢？马克思主义认为，劳动过程结束时得到的结果，在过程开始时就已经在劳动者的表象中存在了，即以观念的形式存在着。人们在动手劳动时，头脑中先有一个目标。这个目标以表象的形式存在于操作者的头脑中。操作者通过动手操作一步步地接近目标。每一步操作之后头脑中都会产生一个新的表象。操作者将它与目标进行比较后获得反馈信息，接着按照反馈信息进行下一步的操作，直到达到目标的要求。头脑中的表象在知觉中起到一种整合性的作用。它不仅有助于人们识别客体，而且能使人们预测事件的结果。表象的整合、类比就是思维加工的过程，使人们能抓住事物的特征和本质，达到识别客体或预测目标的目的。动手过程不仅有视觉的参与，也有其他感觉的参与。动手操作达到一定熟练程度之后，人们就可以不用视觉，只凭触觉或其他感觉来完成动作所要达到的目标。在研究脑科学理论的基础上，温寒江先生认识到，在技能形成的过程中，思维起着重要的作用，其中有视觉表象的参与，也有动觉表象的参与。这就是动手与动脑的关系：动手与动脑是相互促进的，动作的精细化促进思维的细致发展，思维的细致发展又促进动手能力的发展。人们在动手过程中要有意识地发展思维。第一，要深入细致地观察。人们有目的、有计划、深入细致的观察是一种思维活动。通过观察多角度地、准确地掌握目标的特征，精确地把握目标，才能练就精巧的手。第二，要把经验类化。人们在种种操作过程中，会积累丰富的经验（表象）。要使这些经验系统化，就要运用类比的思维方法。经过类比思维活动，脑中的表象就形成类化的经验。这种类化的经验如同概括化的知识一样能产生迁移。越是基本的类型，越能产生广泛的迁移。第三，要展开想象，进行创新。有了丰富的、类化的经验，形象思维就会得到发展。这时人们如果能根据需要，开展联想与想象，对经验（表象）进行加工改造，就能创新，创造出各种新颖的、有价值的成果（产品）。因此通过观察、类比、想象、创新，人们能达到"心灵手巧"的境地。实践中，同样是在各自岗位上动手操作，那些善于积极思维、工作精益求精的人往往成为佼佼者。佼佼者与平常人的差异关键在于思维。

（五）注重个性发展

温寒江先生认为，从学校教育的培养角度来说，要使创新能力的培养落实到每个人，挖掘每一名学生的创造潜能，必须关注学生的个性发展。心理学通常把个性理解为一个人的整个心理面貌，即具有一定倾向的心理特征的总和。每个人都有自己独特的个性倾向和心理特征。个性作为整个心理面貌，既有与别人相同的一面，即共性，又有与别人不同的一面，即差异性。一般与个别是辩证统一的。一般不能脱离个别而存在，个别又总是同一般相联结的；一般（共性）是事物中共同的、本质的东西；个别（个性）由于它的差异性、多样性，比共性生动、丰富。① 在发展过程中，每个人的德、智、体、美、劳都要发展，这是共性，是最本质的东西；但是每个人又显现出差异性和丰富性。个性是共性和差异性的辩证统一。教育的任务就是既要发展共性的东西，又要在全面发展的基础上发展每名学生的爱好、特长。全面发展与个性发展并不矛盾，而是相辅相成、互相促进的。

兴趣、特长（特殊能力）、创造力是个性的重要特征。兴趣是认识需要的情绪表现。中小学生处于生理和心理快速发展时期，有丰富多样的兴趣。丰富多样的兴趣是个性全面发展的前提。多才多艺的人兴趣广泛，精力充沛，生活丰富，注意力集中，不断吸取各种知识。因此，兴趣作为非智力因素，对促进学生个性发展起着十分重要的作用。青少年某一方面的特长的发挥，往往从兴趣开始，稳定的兴趣又能使人形成能力。兴趣的稳定性表现为长期保持浓厚的兴趣，充分显示了个性发展的重要特征。心理学指出：稳定的兴趣是人产生能力的证据之一。②

要全面提高全民族的创造力，就要培养每个人的创新能力。温寒江先生认为，可以通过教育发展每个人的个性特长，从而发挥其创造才能。学校教育要通过课内和课外活动，发现并培养学生的兴趣、爱好和个性特长，通过小组或个人的活动形式，运用研究、探究、实践的方法，进一步发展学生的特长和创新能力。由此可见，发现兴趣、爱好—培养个性特长—提高创新能力是学校在全面发展教育的基础上培养学生创新能力的一条可行之路。

---

① 中国大百科全书总编辑委员会哲学编辑委员会、中国大百科全书出版社编辑部：《中国大百科全书·哲学》，1070 页，北京，中国大百科全书出版社，1987。

② ［俄］彼得罗夫斯基：《普通心理学》，朱智贤等译，120 页，北京，人民教育出版社，1981。

第三节　两种思维相结合的学科教学新模式

节前导读

通过对传统教育理论的研究和分析，针对我国传统教育存在的"一无三忽视"现象，温寒江先生带领课题组积极探索两种思维相结合的学科教学新模式。两种思维相结合的学科教学新模式是对传统教学模式的优化和完善，是培养创造性思维的基础。

一、传统学科教学模式

（一）传统班级授课的优势

20 世纪四五十年代苏联的教学理论主要来自夸美纽斯等教育家的教育思想。教育是一种社会历史现象，只要人类社会存在，传递知识和经验的需要就存在。教育是为人类社会进步、生产发展服务的。教育随着人类社会的发展而发展。在人类社会发展的不同阶段，由于生产力水平不同、生产关系的性质不同、科学文化发展水平不同以及人们对教育规律的认识水平不同，因此教育有不同的性质和特点。我们要从一定的社会和历史的高度来看待教学制度。

班级授课制产生于 17 世纪，这种制度普遍推行是在产业革命已基本完成的 19 世纪和 20 世纪。我国在 20 世纪才普遍推行。这一时期，随着新技术的应用、机器工业的建立，生产力得到飞速发展，需要更多的掌握读、写、算的技能和一定的科学文化知识的人投入经济发展浪潮。以班级授课为核心的传统教育在这一时期显示了它的优势。班级授课制也称班级教学，它的优点主要有以下几个方面。一是有利于系统地传授知识和技能。班级授课制通过制定一整套科学的办法，如规定课程设置，编写教学大纲、教材，通过一定的教学阶段、步骤（学年、学期、单元、课时），运用班级组织形式及集体教学方法等，对学生进行系统的知识传授和技能训练。实践证明，学生所学的基础知识、基本技能是扎实的。通过知识的传授，学生可以在短时间内获得那些前人长期积累起来的基础性、适用性强的知识。二是提高了教学效率，促进了教育的普及。比起个别教育，班级教学一个突出的优点是大大提高了教学效率。班级教学容量大，几十个人在同一课堂上课；教材又是经过精心选择和组织的，传授知识的密度大，因而极大地提高了学校教学工作的效率，促进了教育的普及。三是充分发挥了教师的主导作用。青少年处在未成熟阶段，他们要继承人类在长期实践中积累起来的文化科学知识，既不能靠自己独立去摸索，也不能由没有受过教育训练的成人来任教，只能由受过专门的教育训练的教师来指导。班级授课制从教学任务的确定、教材的编写、课堂的组织形式到教法的运用都充分发挥了教师在教学过程中的主导作用。

　　正是这些优点，使班级授课模式能较好地为工业经济服务。但是随着社会的发展和班级授课的实施，人们逐渐发现了它的不足。

(二)班级授课模式的不足

　　一是轻视个性的发展。面对学生个性的种种差异，教师采用同一教材、同一教法和同一进度进行教学，把学生看成是一模一样的接受知识的"容器"。从人才培养来说，学校培养人的创新能力，大体经过"兴趣—特长—创新"的路子，也就是个性化的路子。如果只重视共性，千人一面，没有个性的发展，就谈不上培养创新能力。因此这种重共性轻个性的教学难以培养出创新人才。二是重知识轻实践。班级教学重知识的传授，轻实践能力的培养，主要表现在以下几个方面：学生的实验能力、动手能力差；学生缺乏独立获得知识的能力；重视书本知识，不重视知识(理论)联系实际。三是忽视形象思维。在我国，把形象思维这一概念作为思维的普遍形式提出来并进行广泛深入研究，是20世纪思维科学的一个突破性进展。形象思维是普遍存在的，中小学教育忽视形象思维表现在许多方面，如不重视观察，不重视图形的训练，不重视想象。

　　温寒江先生聚焦传统教育存在的"一无三忽视"现象，"一无"即传统教育没有提出培养创造能力或创新能力的教育目标；"三忽视"即忽视个性的发展，忽视实践能力的培养和忽视形象思维的发展。传统教育既没有提出培养创新能力(创造能力)的任务，也不注重培养如直觉、联想、想象这些具有灵活性、创造性的思维方法，又不重视培养实践能力。因此，温寒江先生认为，传统教育对于创新能力的培养是有局限的，传统教育的出路在于改革创新。

二、我国开展的教学改革实验

改革开放以来，我国广大中小学教育工作人员解放思想，实事求是，广泛开展教育科研。各种教学改革雨后春笋般开展起来，有力促进了教师素质和教育质量的提高。改革中有综合的改革，也有分学科的改革；有教学内容的改革，也有教学方法、学习方法的改革。温寒江先生总结了我国主要的有代表性的教学改革实验，描绘了20世纪末21世纪初我国教学改革的总体趋势。

(一)目标教学的改革实验

20世纪80年代后期到90年代，我国许多省市开展了"目标教学"改革实验，其目标体系主要参照布卢姆(Bloom)的理论。其中山东省实验范围最广，该省称"目标教学"改革实验为"单元达标教学实验与研究"。实验取得了显著成效，教学质量有了明显提高。山东省还提出了理论体系框架。

(二)主体性教育的改革实验

传统教育忽视教学活动中学生的主体地位，把学生当作接受知识的"容器"。为了克服这方面的缺点，增强学生的主体意识，构建学习主体，不少学校进行了主体性教育的改革实验。其中"提高中学生学习质量整体改革实验研究"简称"中学JIP"，是一项由联合国教科文组织亚太地区总办事处发起的地区性合作改革项目。它的实验范围广，取得了显著的成效。

(三)整体改革实验

20世纪80年代以来，随着对"三论"(系统论、控制论、信息论)学习的不断深入，人们用系统的思想和方法，用"整体大于部分之和"的原理，研究学校教育、教学、管理工作中有关部分与整体的关系问题，提出通过整体改革实验优化学校工作。整体改革成了教育改革的热门话题，一批整体改革成绩优异的学校涌现出来。

（四）中学自学辅导的教学实验

心理学家卢仲衡从 1965 年开始，批判地吸收了欧美程序教学和班级教学的长处，为改革传统教学"满堂灌"的弊端，结合我国国情，首次提出班集体与个别化相结合的教育思想；运用有效的心理学原则，编写了《初中数学自学辅导教材》，创立了以教师为主导、学生为主体、自辅教材为客体的融"启、读、练、知、结"为一体的自学辅导教学模式，有效地培养了学生的自学能力。

（五）单元教学法实验

20 世纪 80 年代以来，在"打好基础、发展智力、培养能力"教学目标的指引下，许多教师尝试通过改革教学方法培养学生的能力。例如，湖北大学异步教学研究会理事长黎世法的"六课型单元教学法"，北京景山学校的"单元教学法"，上海育才中学"读读、议议、讲讲、练练"教学法以及"导学法"等。这些教学法的特点是让学生成为学习的主人，重视培养学生的自学能力、研究问题的能力。

温寒江先生把教学改革实验大致分为两大类：第一类改革是对班级教学的一种优化，改革没有突破班级授课制的框架；另一类改革，如"中学自学辅导实验""单元教学实验"等，把培养自学能力、独立获取知识的能力作为主要目标，突破了传统教育的弊端，是具有创造教育内涵的改革实验，但这类改革在全国改革实验中仍属少数。温寒江先生认为，要在 21 世纪培养具有创新能力的一代新人，必须全面深入地改革传统教育，另辟蹊径，把培养中小学生的创新能力寓于日常教学活动之中。

三、对国外创造教育的借鉴

20 世纪四五十年代，我国一些大、中、小学借鉴国外经验进行了创造教育。温寒江先生对这些创造教育模式的优点与不足进行了分析与总结。

（一）威廉斯的创造性思维教学模式

威廉斯（Williams）是美国创造性教学专家。他认为人的创造性由创造性思维能力和创造性个性倾向两个因素构成。二者相互联系，相互促进。他提出一种培养小学生创造性思维的三维结构教学模式：第一维是学习内容，即学校课程中的不同学科；第二维是教师的 18 种教学方法；第三维是通过这些方法培养学生的创造性思维和创造性个性倾向。① 温寒江先生认为，提出 18 种教学方法并注意渗透到学科教学中，以创造力的认知和个性化倾向这两个因素为目标，以教学方法为核心，从教学目标到教学内容、教学方法进行设计，可操作性强，这些是这种教学模式的优点。但是方法、技术、技巧均源于思维，离开思维谈方法难以抓住问题的实质，只讲方法很难同学科内容紧密联系起来。创造性思维是形象思维与抽象思维的结合，从思维方式、方法来说，是灵活多样的，不是 18 种方法能完全涵盖的，如观察、想象、演绎、推理这些重要的思维方法均未列入，这些是这种教学模式的不足之处。

（二）吉尔福特的创造性思维教学模式

美国学者吉尔福特（Guilford）曾提出"智力结构"的理论模式，从操作、内容、结果（产品）三个层次来探讨人的智力结构。他认为智力是由四种内容（图形、符号、语言、行为）、五种操作（认知、记忆、发散思维、收敛思维、评鉴）和六种结果（单位、类别、关系、系统、转换、应用）构成的综合体。他以此为依据，设计了一种以解决问题为主的创造性思维教学模式。吉尔福特认为创造性思维的发展存在于问题解决过程中。问题解决的智力活动从注意开始，然后到对问题的认知。认知是指知觉问题的存在以及对问题的了解，问题解决需要运用发散思维和收敛思维。操作过程为"输入（内容）—操作（思维）—输出（结果）"这样一个比较完整的认识过程。② 温寒江先生认为，吉尔福特提出的发散思维、收敛思维的思维方法，是对创造力研究的重大贡献。事物之间的联系是复杂多样的。发散思维是二维的或三

①　陈龙安：《创造性思维与教学》，54~57 页，北京，中国轻工业出版社，1999。

②　温寒江、连瑞庆、江丕权：《思维的全面发展与中小学生创新能力培养》，208 页，北京，教育科学出版社，2015。

维的，运用发散思维有利于我们去发现那些复杂的、隐蔽的种种联系。多样性是客观事物的一个基本特点。发散思维的训练有利于我们去认识事物的多样性和问题回答的多种可能性，从多个角度、多个方向去思考问题。然而，吉尔福特模式认为解决问题主要通过发散思维和收敛思维显然是不充分的。解决问题乃至创造的过程中，思维是灵活多样的。如前面所述，像类比、想象、直觉等思维方法无疑是十分重要的，这些不能都被包含于发散思维和收敛思维中。

(三)奥斯本的"脑风暴法"

20世纪30年代末40年代初，美国学者奥斯本(Osborn)发明了一套开发创造力的特别方法——"脑风暴法"，也称"急聚联想法"。脑风暴思维训练的气氛应是轻松愉快、富于情趣、和谐的，是每一位参加者都乐于接受并且喜爱的。例如，运用"脑风暴法"，要求以简洁的语言说出一支圆珠笔的50种用途。这种激发集体创造力的方法能迅速见到实效，受到了企业家们的重视，得到了迅速推广。于是企业开创了设立专门课程进行创造力训练的先河。接着心理学家在大学开设课程，直接训练创造力。温寒江先生认为，对于在大学学习的学生和企业、研究机构的有关人员，有目的、有针对性地进行创造力、创造性思维的训练是必要的，也是有效的。但是通过开设专门课程对中小学生讲解创造力的基本知识，进行创造技法的基本训练，由于他们知识有限，也未学习相关专业，学与用是脱节的，因此很难收到应有的效果。

(四)发现式学习的教学模式

1959年，美国国家科学院在伍兹霍尔召开会议，讨论如何改革中小学课程的问题。布鲁纳为会议主席。他在会上所做的总结报告最后出版为《教育过程》。这是美国在全国范围内把培养科技人才、进行创造教育深入中小学的一次重大尝试。布鲁纳的报告既重视知识教学，强调学习学科的基本结构，又提倡三个"对待"的正确态度，即对待学习和调查研究、对待推测和预感、对待独立解决问题的可能性的正确态度，也即他提倡的"发现式学习"的精神。布鲁纳主张的发现式学习的教学模式可以表述为：提供学习材料、资料—进行活动、思考、归纳—推导规律、获得结果。这种方法认为科学知识是不应该被直接传授给学生的，教师应当引导学生去发现它们，独立地掌握它们。① 温寒江先生认为，从第斯多惠(Diesterweg)到布鲁纳，发现法是教育的一份重要"遗产"，对于创新精神、创造性思维的培养都有很好的作用。但是发现法也存在一些不足。首先，对所学习的内容必须形成问题情境，并且教材内容的问题情境要处在学生认识的"最近发展区"。显然要把系统的教材都改变为问题情境是难以做到的，有许多教材必须用呈现的方法。在学习一些复杂的课题或新理论时，学生已有知识不足，发现法难以奏效，收不到应有的教学效果。其次，一般说来，发现法费时多，也不易发挥教师的主导作用。

上述诸种模式在培养创造力和创造性思维的实践中，都在一定范围内取得了明显的成效，它们提供的经验是可贵的。但是，温寒江先生没有简单地采用"拿来主义"，而是既借鉴国外创造教育的经验，又从我国国情出发，依据脑科学和思维科学的新成果进行了创新，构建了适合我国国情的中小学创新能力培养的学科教学新模式。

四、两种思维相结合的学科教学模式

温寒江先生认为培养创新能力必须包括三个方面：一是发展创造性思维，二是培养创新精神和实践能力，三是促进青少年的个性发展。他站在一个新的起点，吸取了前人创造(创新)教育的经验，并将其同脑科学在教育中的应用结合起来，开辟了一条中小学培养创新能力的科学的新途径。这就是全面发展思维，深入教学过程、教学方法和教学体制的改革，把培养中小学生的创新能力寓于各科教学之中。

(一)发展形象思维，优化和完善教学过程

温寒江先生认为，发展形象思维，把两种思维结合起来，是对教学过程的优化和完善。过去的教学由于忽视观察、不重视学习过程中直接经验的作用，使一部分学习内容脱离实践，脱离学生认识基础，学习内容变得难被理解；由于忽视图形的作用，使一些学科(如几何、地理、物理、生物等)变得枯燥、抽象、难懂；由于忽视情感的作用，忽视审美教育，使许多学习内容变得枯燥、乏味、没有情趣。相

---

① 张焕庭：《西方资产阶级教育理论著选》，366 页，北京，人民教育出版社，1979。

反，如果重视发展形象思维，把两种思维结合起来，重视观察力的培养、图形的教学和审美教育，那么可以使教学成为生动、活泼、有趣的过程。所以发展形象思维是对教学过程的优化。

第一，从思维来说，思维是教学过程的核心。两种思维渗透于各科教学之中。温寒江先生认为，传统教学过程重视抽象思维，忽视形象思维，就如同人缺了一条腿一样。所以通过发展形象思维弥补传统教学的不足，是对教学过程的完善。

第二，从认识过程来说，辩证唯物主义认识论认为，人的认识运动是从感性认识上升到理性认识，再从理性认识能动地到实践。认识过程的两个能动作用是怎样实现的呢？根据认识论的基本观点，温寒江先生的研究把技能分为内化技能和外化技能。内化技能是在实践基础上，外界信息通过人的感官内化为思维，转化为主观的东西，即从感性认识到理性认识。外化技能是把人脑思维的结果通过感官的活动（操作）表达出来，再把主观的东西变为客观的存在，即从理性认识到实践。温寒江先生从认识过程来研究技能、思维、知识的关系，把三者的关系理顺了，从而解决了心理学中没有完全解决的从理性认识到实践的问题，使教学过程作为一种特殊的认识过程得到了完善。

(二)两种思维相结合的学科教学模式概述

教学过程是一种特殊的认识过程；是学生在教师的指导下，通过掌握基本知识、基本技能，逐步认识客观世界、促进身心全面发展的过程。教学过程是教学工作的核心，教学目的是通过教学过程实现的。教学过程多种多样，教学任务不同，学科内容不同，学生知识（经验）基础、年龄特点不同，教学过程的形式也不同。不仅教学任务不同，教学过程不同，就是同一教学任务，学科内容不同，其教学过程也不尽相同。教育史上，由于教学过程具有多样性和可变性，许多教育家在不断探索教学过程（学习过程）的统一性。

教学模式是教学过程的一般形式，是指在一定教育思想的指导下，形成的一种相对稳定的、合理的教学活动的结构程序。比较有代表性的教学模式有三种：系统传授和学习书本知识的教学模式，在活动中进行学习的教学模式，发现式（探索式）的教学模式。温寒江先生经过比较分析认为，这三种教学模式各有所长，不可偏废。教学要寓共性于个体之中。无论哪一种教学模式都离不开思维，思维处在教学过程的核心位置。在教学模式的研究中，忽视了形象思维，也就忽视了对教学模式中思维的研究。温寒江先生通过具体地分析教学过程，总结了教学过程的一般模式：感知→理解→巩固、运用。这一过程可以具体表述为：

$$感知 \xrightarrow[\text{观察、阅读、听}]{\text{内化技能}} 理解(思维加工、知识) \xrightarrow[\text{说、写、计算、绘画、操作、表演}]{\text{外化技能}} 巩固、运用$$

外界信息通过内化技能到达大脑，经过大脑思维的加工（理解）成为知识。这些头脑中的知识再通过外化技能加以运用。

这一过程表明，技能或产生思维或表达思维，知识是思维活动的结果，知识和技能都离不开思维。在一个具体认知过程中，思维起核心作用，思维的特点决定教学过程的特点。温寒江先生明确指出，教学过程的实质就是技能、思维、知识三者的动态结构的转化过程，其中思维是这一过程的动力和灵魂。因此，研究教学模式必须抓住思维这个核心。

研究两种思维结合的学科教学模式具有两方面的意义。第一，研究两种思维结合的教学模式，是"开发右脑，发展形象思维的教学实验与研究"课题在教学实践上的一种创新，也是课题研究在教学实践方面的重要成果。第二，两种思维多样化的结合方式是培养创造性思维的基础。各种教学广泛地发展形象思维，以促进两种思维的结合，将为培养学生的创造性思维打下坚实的基础。这是任何一种单一的培养创造性思维的教学模式所不能比拟的。

建立发展形象思维、两种思维相结合的教学新模式，并不是否定已有的"感知—理解—巩固、运用"模式，也不是完全废弃具有代表性的"课堂传授""活动式"和"发现（探索）式"三种教学模式，而是对这些教学模式的改革与创新。这种教学新模式的最大特色就是在教学过程中加强对形象思维和两种思维相结合的培养与训练，并突出不同学科的不同特点。例如，语文阅读教学模式可为"感知—理解（想象、感受、分析、概括）—练习、巩固"，平面几何的教学模式可为"对图形的感知—识别、直觉—论证—再识别、直觉—再论证"，地理读图的教学模式可为"初读—识别图（判读）—记图—用图"，绘画课的教学模式可为"观察—构思（抓住特征、开展想象、思考表现）—创作（表达）—评价"，体育运动技能的教学模式可为"示范（动作信息）—（通过观察）形成视觉表象—（经过初步练习）运动感产生—再示范—（再观察、体验）运动表象形成—（再练习）运动技能形成"。

两种思维相结合的学科教学新模式重视思维（特别是形象思维）的训练，使两种思维有机地结合起来，不仅可以对现行教学模式进行完善和优化，充分调动学生学习的积极性，而且可以为培养学生的创造性思维打下良好的基础。

第四节　重构培养创新能力的教学新体系

🌳 节前导读

温寒江先生早在 20 世纪 80 年代末就注意到了课外活动对学生全面发展的重要性。在此基础上，温寒江先生进一步提出，培养学生的创新能力必须要将学科课程与活动课相结合，既要在学科教学中构建新的教学方法模式，又要重视活动课的教学，开展丰富多彩的课外活动。这种注重提倡创新能力的教学方法既为两种思维的有机结合创造了机会和条件，也在课内外的学习与实践活动中培养了学生的情感，促进了学生思维的发展，有助于学生全面提高自身素质。

一、教学方法的概念与分类

（一）教学方法的概念

在人们认识世界、改造世界的进程中，活动的目标、途径和方法是紧密联系在一起的。方法就是实现既定目标时，通过有秩序的活动，研究和解决自然现象、社会现象、人的思想认识和行为等问题所采用的手段和方式。教学方法是在教学过程中，教师和学生为实现教学目的而采用的有秩序的、相互联系的教学活动方式的总称。教学方法受多种因素的制约，包括教学目的、教学内容、思维特点、教学媒体、教学形式、学生认知基础等。在众多教学方法中，如何了解各种方法的特点、功能，分清本质的和非本质的东西，识别一般的方法和特殊的方法，以便正确地选择和运用，是十分重要的问题。为此，温寒江先生认真研究了研究者对教学方法的分类。

(二)教学方法的分类

1. 按照教学目的分类

按照教学目的分类，可将教学方法分为获得知识的方法，形成技能、技巧的方法，运用知识的方法，创造性活动的方法，巩固知识的方法，检查知识、技能、技巧的方法。

2. 按照知识来源分类

按照知识来源分类，可将教学方法分为直观的方法(演示、图示、参观)，语言的方法(讲授、谈话、阅读书籍)，实践的方法(练习、创造性作业、实习作业等)。①

3. 按照教学活动的过程分类

苏联教育家巴班斯基(Babanski)将教学方法分为三大类，每一类又分为几小类：组织和进行学习认识活动的方法，激发和形成学习认识活动动机的方法，检查和自我检查学习认知活动效果的方法。②

4. 按照教师教的方法和学生学的方法分类

这是一种最简单的分类。按这种分类，教学方法可以分为讲授法和学习法。讲授法包括讲授、谈话、演示等，学习法包括练习、实习、独立完成作业等。

5. 按照学生认知积极性和独立性的程度分类

这种分类是苏联教育家斯卡特金(Skatkin)等人提出的。他们把教学方法分为以下几类：图例讲解法(信息感知法)，复现法，问题性讲述法，局部探索法，研究法。③

温寒江先生通过分析比较认为，上述分类所依据的是教学活动的特点，对于掌握教学方法的特点、功能是有价值的。但是教学方法受许多因素制约，仅就一两个因素来进行分类，难免有片面和不足之处。

---

① 李秉德：《教学论》，200 页，北京，人民教育出版社，1991。
② 同上书，201 页。
③ 同上书，200 页。

二、重构课内学习的教学方法

构建中小学创新教育体系，还必须在研究教学方法的基础上有所突破。方法是为实现一定目的服务的。培养创新能力，仅仅依靠现有的教学方法是不够的。根据继承和创新相结合的原则，既要运用已有教学法中那些使学生获得扎实知识和技能，使他们德、智、体、美、劳诸方面能够和谐发展的方法，又要创新，运用培养创新精神和创新性思维的新方法，重新构建教学方法体系。这一新的教学方法体系应该包括两个方面：一是使学生获得扎实知识的行之有效的常用教学方法，如讲授法、谈话法、演示法以及参观、实验、实习、讨论、练习等方法；二是对培养创新能力比较有效的方法，如自学法、探索研究法、思维发散法以及直觉、想象等方法。这些方法的运用要结合不同学科的教学内容加以选择，重点应放在有效培养学生的创新精神和创造性思维上。

（一）常用的教学方法

1. 讲授法

讲授法是教师用口头语言向学生系统地传授知识的一种方法。教师把学生要学习的内容（教材）以系统的形式呈现给学生。这种方法的优点是能充分发挥教师的能动作用，学生能在短时间内获得大量的信息——系统的科学文化知识。因此，讲授法是最常用的一种教学方法。强调学生的主体作用，不是简单地少用或者不用讲授法。问题的关键不在于要不要讲，而在于怎样讲。温寒江先生反对"注入式"地讲；提倡教师的讲授要引人入胜，激起学生的兴趣，为学生的思维开门引路。教师的讲授既要把握重点、抓住关键，又要生动形象、富有感情。教师的语言既要清晰、准确、精炼、有条理、通俗易懂，又要富有感染力。

2. 谈话法

谈话法是教师针对一系列问题，运用与学生对话、谈话的方式进行教学的方法。教师通过精心设计一系列问题，引导学生运用经验、知识，经过积极思考去掌握新的事实、概念、原理。谈话法与讲授法相比能充分地激发学生积极思维，有利于发展学生的语言和思维的灵活性。运用谈话法还可以培养学生的求异思维、发散思维。需要注意的是，并非所有教材都可以运用谈话法，谈话法经常与讲授法结合起来运用。运用谈话法的关键在于教师钻研教材，抓住教材的重点和难点，从学生的知识基础和发展水平出发，发现已知与未知的矛盾，精心做好谈话设计，善于层层设问，一环紧扣一环。谈话法要面向全体学生，要给学生思考的时间。结束时教师要做概括或小结。

3. 演示法

演示法是教师把实物、标本、模型、图片、图表等教具展示给学生，或根据教材内容设置教学情境，或让学生观看教师的演示实验、PPT、电影、录像，使学生通过观察获得知识的一种方法。演示法要和讲授法或谈话法结合起来运用。这种教学方法直观、形象，有鲜明的真实感，能引起学生学习新知识的兴趣，使学生感知到现象的多种联系，观察到事实的发展变化过程，积累有关表象，从而比较容易理解新知识。直观演示要有明确的目的，既要注重理解新知识，又要注意培养学生的观察能力。

4. 练习法

练习法是在教师的指导下，学生通过参加一定程序的智力或体力活动，形成能力的一种教学方法。练习是学习过程的主要实践活动，学生的听、说、读、写、操作、观察、思维、记忆等方面的能力都要通过一定量的练习才能形成。学生的知识不是简单地靠听讲听会的，而是通过一系列的活动学会的。教师要教会学生观察、阅读、思考、听讲、复习等，每一方面都包括一系列技能的练习。练习要有明确的目的和计划。教师要制定各年级各学科技能训练的具体要求，循序渐进地引导学生进行练习；要指导学生掌握练习的方法，把知识的讲解和学习方法的指导结合起来；要用迁移的原理来组织练习，培养学生举一反三的能力；要运用记忆的规律分配练习，练习时间间隔要由密到疏；要及时检查、评价学生的作业，及时反馈，及时补救。

5. 实验法和实习作业法

实验法是在教师的指导下，学生运用一定的仪器设备进行独立作业，从而获得知识和技能的教学方法。这种方法主要运用于自然科学教学中。实习作业法是在校内外组织学生进行实际操作，把书本知识运用于实践，培养学生一定技能的教学方法。学生通过实践，可以把理论知识和实际结合起来，把动脑和动手结合起来。在

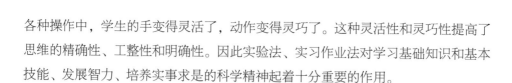

各种操作中，学生的手变得灵活了，动作变得灵巧了。这种灵活性和灵巧性提高了思维的精确性、工整性和明确性。因此实验法、实习作业法对学习基础知识和基本技能、发展智力、培养实事求是的科学精神起着十分重要的作用。

6. 讨论法

讨论法是在教师的指导下，全班围绕教材中的主要问题发表意见，进行讨论、研究的一种教学方法。讨论法容易激发学生学习的积极性。学生能积极动脑、动口，气氛比较热烈，交流的信息多。讨论法能适应不同程度和发展水平的学生。学生可以集思广益，互相启发，加深理解，培养钻研、探究的精神。教师要运用讨论法，事先要有准备，要提出讨论的问题和具体要求，让学生阅读教材和有关参考资料；要根据教材的重点，抓住那些容易引起争论的问题，或根据实验、观察结果开展多方面的分析与探究。需要注意的是，不是所有的教材都适合讨论，只有富有启发性和一定难度的教材才能引发学生积极思考。讨论时教师要引导学生围绕中心问题，层层深入进行讨论。讨论结束时教师要做小结。讨论法还可与讲授法结合起来。

（二）课内学习的教学新方法

1. 自学法

自学法是指在教师的指导下，学生通过独立阅读教材或其他书籍获取知识和运用知识的学习方法。自学能力是人的自我发展的一项重要能力，培养自学能力是当前实施素质教育、进行创新教育以至实施终身教育的一个十分重要的问题。学生掌握知识和运用知识的过程都有思维的参与，思维起着关键的作用。学生自学能力的核心是独立思考能力。自学能力的培养要重视思维的过程。自学要从学生实际出发，从已知到未知，循序渐进。自学的内容应该是广泛的，既不限于某一学科，也不限于课内。这样才能激发学生多方面的兴趣，增加学生的知识，使学生形成自学的习惯和能力。

（1）课前预习

课前预习是一种被实践证明了的行之有效的自学方法。预习是在课前先阅读教材。教师对学生的预习要做适当的指导，提出预习要求和要思考的问题。预习可以按单元或按课时进行，学生通过预习初步理解教材的基本问题和思路。学生要学会提出问题，找出自己不理解的内容，同时还可适当复习和新课有关的旧知识。预习给上课做了心理上和知识上的准备，使学生能在课堂上把注意力集中到预习时不甚理解的问题上，从而提高听课的质量和学习的效率。

（2）课内自学

课内自学可以是学生在课内阅读教材中的某些课文，教师提供一些补充材料让学生阅读；也可以是把重点讲解和阅读结合起来。教材中的一部分内容通过教师的设计与指导，可以变为学生自学的教材。

（3）课外阅读

课外阅读包括学生利用课本以外的资料来研究教材中的问题和阅读与教材没有直接联系的书籍。学生研究课内外问题时，要学会找参考书，学会利用图书馆中图书分类目录卡片，学会做书刊摘录。课外阅读要从小抓起。儿童（11岁以前）处于语言发展关键期，对阅读图文并茂的读物有着浓厚的兴趣，有很强的语言模仿力和记忆力。从小培养儿童阅读课外读物的习惯，对于增长知识、发展思维和语言能力、培养自学习惯和自学能力有很重要的作用。

2. 探索法

学习有两种不同方式。第一种方式是，学生学习时按照教材内容、教师的讲解，通过思考逐步获得知识；做练习时按照教材的方法或教师讲的方法去做。这种学习是按照前人或别人的认识成果完成的，是一种再认识过程。第二种方式是，教师创设问题情境（提出学习研究的问题，提供学习的资料、实验手段），学生独立研究，运用已有知识去发现问题、解决问题，获得问题的结论（新知识）。学生在做练习时往往会寻找新的解题办法，寻求最佳方案。这种学习是独立地解决问题、探究新知识的过程，是创新性的认识过程。第一种方式是接受式（再现式）学习，第二种方式是探究式（发现式）学习。探究式学习容易引起学生的学习兴趣，激发学生独立思考，培养学生的创新意识，充分发挥学生的主体作用，会产生以下效果：第一，发现本身就是对已有认知结构的改组，这种改组和学生面临的新知识联系起来，起着提高能力的作用；第二，促使学生对学习问题产生兴趣，有敢于发现的自信，使学习具有内在的动力；第三，有利于学生学会发现的方法，培养不断追求新知、勇于创造的精神；第四，有利于保持记忆。

（1）课内探索式学习

进行探索式学习要求学生必须对所学习的内容形成问题情境。对于教材中那些新的概念、规律、原理的内容，学生要运用已有知识，通过观察、研究、实验等方法，形成问题情境，经过积极思维，运用探索的方法，独立地去研究、发现，从而获得知识。某些小学教材经过教师精心设计，也是能够引导学生进行探索式学习的。

（2）实验课的探索教学

中学理科教学中的实验都是验证性实验，学生按照教材设计按部就班地去做，这就使实验缺少了真正的意义。通过课题研究，温寒江先生建议其中一部分实验改为在教师指导下学生独立完成的实验。教材中有的演示实验，也可以被重新设计为学生自己动手进行探索的实验。

3. 发散训练法

事物是多样的，有的有不同形态，有的有多种结构和功能。事物之间存在普遍联系。我们生活在多维度的空间之中，事物之间是按照网状结构而不是直线型结构联系着的。面对事物的多样性和事物的网状联系，人们仅仅用逻辑推理的线性思维方法是远远不够的。由吉尔福特倡导的发散思维是对思维方法的一种创新，是一种有普遍意义的、十分有价值的思维方法。发散思维就是多角度、多方向、多维度地去思考问题。它"是指利用不同的思维方向，不受限于现有知识范围，不遵循传统的固定方法，采取开放和分散方式，以衍生各种可能的答案或不同的解决方法"①。发散思维要求人们在思考时，思索种种可能的问题，尽量产生许多主意和可能解决的办法。

发散思维有十分重要的意义：第一，有利于弄清事物的多种形态、多个层面、多种性质，从而揭示事物的本质；第二，有利于发现事物间的种种联系，突出其中的主要矛盾，捕捉那些被日常外观隐蔽的联系；第三，有利于培养和发展创造性思维，求新、求异是创造性思维的特征，发散思维是求新、求异的有力思想武器。发散思维是一种联想，但不限于接近、相似、相反以及因果的联想，而是一种更为开阔的联想；不是毫无目的的随意联想，而是有目的的、服从于一定需求的自由联

---

① 陈龙安：《创造性思维与教学》，139 页，北京，中国轻工业出版社，1999。

想。在创造过程中，首先要能发现问题、提出问题，并提出解决问题的种种假设、方案、办法。在这两种思维(发散思维与收敛思维)中，发散思维起着主导的、积极的作用。因此，创新教育应该十分重视发散思维的训练。

(1)语言发散训练

语言教学中，无论字词还是句式，其内涵都是丰富多样的。就字词来说，一词多义，一词多用；就句式来说，一个句型多种表达。在语言教学中，通过讨论或对话的方式，营造一种民主的氛围，开展语言发散训练，是一种高效率的语言训练方法。

(2)图形发散训练

人们识别物体主要依据它的形态、结构。对物体形状、结构的描述，图形明显优于语言。对于一个不规则的物体，用语言是无法表达的；就是一个规则的立方体，如果没有空间想象能力，用语言也是难以表达的。因此，图形发散训练是我们识别物体多样性、培养图形直觉能力较好的方法。图形发散训练包括在图形中识别基本图形的训练，图形的位置、大小变化的训练，图形由静止到运动的训练等。例如，以三角形为例，图形发散训练可以通过平移、翻折、旋转的方法，使学生在运动变化中识别图形的位置、大小，从而把握图形的本质。

(3)结合教材内容进行发散思维训练

教材中有些教学内容内涵丰富，概括性强。通过发散思维训练，让学生从多方面、多角度进行思考，能促使学生深入理解所学内容，把握问题的本质。例如，教师讲直角三角形的定义，如果只画出一个图，把直角三角形的直角画在左下方，学生就会把"直角在三角形左下方"看成是直角三角形的本质属性；遇到直角在三角形的其他方位的三角形时，就不认为它是直角三角形了。因此，教师讲解直角三角形的定义时，应采用发散思维的方法，向学生展示直角在不同方位、大小和边长不一的直角三角形。

(4)应用题教学中的发散思维训练

解题教学一般是数学的重点和难点。温寒江先生经过实验研究，发现学生解题能力存在以下三种水平。其一，能力强的学生拿到一道数学题时，一眼就看出了问题的结构，就能把已知条件联系起来，能很清楚地区分出问题中不同性质的成分。其二，能力中等的学生遇到新的问题时，一般来说，他们感知的是问题中孤立的数学成分。只能感知这个问题的个别成分，就意味着不能全面理解这个问题。其三，能力差的学生对感知到的所有具体的量觉得都是一样的，不能区分出什么数量对解题是必要的，什么数量是不必要的；甚至在最容易的问题中加上多余的条件，也会把能力差的学生搞糊涂。① 提高能力中等及能力差的学生的解题能力有两种不同的思路和办法。一种是单纯地多练，搞"题海"战术；另一种是抓思维训练，通过发散思维训练，培养学生掌握应用题结构的能力。温寒江先生倡导的是通过发散思维训练提高学生解题能力的方式。

（5）一题多解，一题多变

教材中有不少解应用题的练习。解题既可以学习如何运用知识，也可以为解决实际问题打基础。常见的教材采用一题一解的模式，这种模式对学生的思维是一种禁锢。他们满足于一个解答、一种理解、一个模式，思想是故步自封的。这种一题一解的模式既不符合多样性的特点，也不利于知识的创新。因此教师应对教材的解题(应用题)练习进行改革，既要有一题一解题，也要有一题多解题。一题多解是培养发散思维的好形式。学生不仅可以寻求最佳答案；也可以掌握问题的本质；还可以拓展思路，激发创新意识，培养思维的灵活性、创造性。

（6）作文教学中的发散思维训练

在习作的指导中，教师要充分放手，给学生一定的空间，让学生自己决定题材、体裁、字数；鼓励学生想写什么就写什么，想怎么写就怎么写。

4. 想象法

教师在创新教育中要十分重视想象力的培养和运用。再造想象与创造想象的定义在第二章中做了简要说明，下面主要举例说明温寒江先生如何培养两种想象力。

（1）再造想象

学生再造想象力的发展决定着阅读的质量。语文阅读教学要充分利用语言优美的课文，培养学生丰富的再造想象能力。首先，教师要培养学生热爱生活、热爱自然的感情，引导他们通过各种活动去观察自然、观察生活、感受生活，把所见、所

---

① ［苏联］克鲁切茨基：《中小学生数学能力心理学》，赵裕春、李文湉、杨琦等译，252~255 页，北京，教育科学出版社，1984。

闻、所感用文字记录下来,或把表象用图像画下来,不断丰富表象积累。绘画日记就是一种好方法。丰富的想象力是以表象积累为基础的。一个不善于观察、缺乏表象积累的人,他的想象力永远是贫乏的。其次,对于所学课文内容,学生缺乏有关经验(表象)或表象模糊不清的,教师要通过课前观察、创设教学情境、运用多媒体教学等方法,有针对性地补充、丰富学生头脑中的表象,激发他们的学习兴趣,引导他们带着感情阅读课文,边读边想象,使课文描述的人物、情节、情景在学生头脑中清晰起来。最后,为了增强学生阅读过程中的想象力,有的内容可以让学生自己表述;有的可以让学生绘成画,把文字转化为图画;有的可以让学生进行表演或游戏。学科教学中空间想象也是一种再造想象。物理、化学教学中微观现象的把握,地理教学中的读图,立体几何教学中根据图形想象它们的空间关系等,都能够有效培养学生的空间想象能力。欣赏艺术(美术、音乐)佳作是激发学生再造想象力的好方法。音乐分为标题音乐和无标题音乐,标题音乐的想象一般是再造想象。

(2)创造想象

创造想象是不依现成的语言描述或图像而独立地创造出新表象的思维过程。想象的过程往往综合了分解、组合、类比、联想等多种思维方法。形象思维可以通过语言、图像、操作以及表演等多种方式来表达。因此中小学生创造想象的培养可通过多种方式来进行,如语言(文学作品)、图像(几何图形、绘画)、操作(实验设计、科技制作)以及表演(体操、舞蹈)等,它们为学生创造想象的发展提供了良好的条件。

语言。语文课是培养学生想象力的重要课程。阅读与写作是学生想象力发展的"肥沃土壤"。以写作为例,可以进行多种练习:根据教材进行想象写作,如续写故事结局,扩写故事情节,联想写作,自编童话、寓言,听音乐写想象作文,写组合作文,写看图作文,写科幻作文等。

图像。绘图可以记载、储存、表达想象中产生的图像,是培养创造想象的重要思维工具(技能)。无论是解一道几何题、一道物理题还是其他题,凡是能绘图的都要训练绘图能力,把问题情境、解题思路画出来,以便直观形象地研究各种解题方案,这是训练想象能力的好方法。美术课,无论是绘画,还是美术工艺,都是学生发展创造想象力的机会。学生每一张有新意的画、每一件有特色的工艺品,都是他们丰富想象力的表现。教师要加倍呵护。想象是儿童的天性,是儿童常用的思维方法。教师在向学生进行美育的同时，要充分发挥开发学生智力的功能，培养学生的想象力，引导学生养成想象的习惯。

操作。动手和动脑(形象思维)是紧密联系着的。要生产一件产品、一个零件，在生产之前，它的表象已在生产者大脑中存在了；要设计一个实验，用哪些仪器、材料，如何安装，实验之前实验者大脑中已有了设计方案或安装路线的图像(表象)了。因此，科技的创新先要有思想上的创新——创造性想象。动手制作既可以把设想(想象)变为现实，又可以不断地发展、完善人的想象力；也就是既培养了实践能力，又发展了创造想象能力。

表演。表演是一种技能，把人的思想情感用身体姿势、形态、动作、表情展示出来，如体操、舞蹈等。这种动作技能的形成有视觉表象的参与，也有触觉表象的参与。它是同形象思维联系着的。创造性的表演技能是同创造想象联系着的。教师可以通过开展创造性表演活动培养和发展学生的创造性想象能力。

5. 直觉法

传统教育以逻辑思维为基础，忽视了直觉的培养。直觉作为一种识别的方法、观察的方法，广泛应用于科学技术的发明创造、各种诊断和识别、文艺欣赏、体育运动等方面。温寒江先生认为，教师应该重视直觉的培养，引导学生从观察入手，通过多看、多比较、多感受，运用图形训练、观察与实验、审美活动、运动技能训练等方式，培养直觉能力。

三、主动创造条件，积极开展课外活动

随着对课外活动(活动课)研究的进一步深入，温寒江先生认为课外活动已经成为新教学机制的重要组成部分，要主动创造条件，在中小学积极开展课外活动，使它成为名副其实的活动课程。

(一)强化课外活动在新教学机制中的"法律"地位

以课堂教学为基础、课内外结合的新教学机制，是中小学教育机制的一项重大改革，是一次质的飞跃。这一机制既重视基础知识、技能的学习和能力的培养，又注重情感、意志、道德、理想的培养；既有统一的课程学习要求，又要求因材施

教；既有较为系统的理论学习，又有丰富的；既充分发挥了教师的主导作用，又突出了学生的主体地位。课外活动是这一教学机制中不可缺少的重要组成部分，具有不可替代的"法律"地位。

（二）明确和坚持课外活动的基本原则

中小学开展课外活动，不是随意和盲目的，应遵循它的基本原则。这些原则反映了课外活动的本质、规律和要求，是开展课外活动的依据。温寒江先生对这些原则进行了提炼和梳理，主要有：自愿、自主性原则，充分调动学生的积极性和主动性，激发学生独立思考和创造；面向全体、因材施教、发展特长原则，使每一名学生都能根据自己的爱好、特长参加活动；活动性、实践性原则，让学生动手、动脑，在社会实践活动中增长知识和才干，这也是活动课的本质、特点；科学性、教育性原则，寓教育于活动之中，活动的内容、方式、方法是科学的，符合青少年身心发展的规律和特点；因地、因时制宜原则，从学校的实际出发，根据地区的特点和条件，充分发挥学校的优势开展活动；形式、方法多样性原则，根据活动的不同目的、内容，采用不同的方式、方法，促进学生身心健康发展。

（三）大力促进课外活动内容、形式和方法的多样性

课外活动是培养学生全面、主动发展的重要途径。活动的内容是极为丰富的，涉及社会生活的各个领域。温寒江先生将课外活动的基本内容概括为以下几个方面。科技活动：科技是第一生产力，科技活动能开阔学生的眼界，使学生了解新的科技成果，培养科技新思维。学科活动：这一活动不是学科教材的延伸和补充，而是对某一学科领域知识的理解和综合运用，可以培养学生的钻研精神和实践能力。文学艺术活动：包括文学、戏剧、音乐、美术、书法、摄影、诗歌等多方面的活动，可以培养学生的兴趣，陶冶学生的情操，丰富学生的精神生活。农业技术活动：这一活动可以培养学生热爱劳动的兴趣。社会实践活动：这一活动内容很多，如参观、调查、访问、义务劳动、参加各行各业的工作实践、考察山川地貌、收集乡土资料、接触大自然等，可以丰富学生的生活，激发学生热爱祖国和大自然的思想感情。课外活动的形式和方法也是多种多样的，有自学、讨论、调查、研究、观察、实验和社会实践法等。课外活动无论采用何种形式、何种方法，都要以学生为

主体，充分发挥他们的聪明才智，从而实现最佳的教育效果。

(四)加强对课外活动的领导，培养合格的师资队伍

加强对课外活动的领导，首先要使学校领导转变观念，把课外活动放在重要的地位，建立以课堂为基础、课内外结合的新教学模式。其次，在转变观念的基础上，学校还要建立课外活动的领导组织机构，明确职责，加强制度建设，处理好课外活动与学校其他各方面工作的关系。

开展课外活动还必须培养合格的师资队伍，全面提高辅导教师的素质。在具备良好的思想政治素质的基础上，辅导教师要具备扎实的学科基础知识、较强的动手能力和指导课外活动的技巧，还要具备了解学生、尊重学生、信任学生和因材施教的工作能力。为此学校要采取各种措施，加强对在职教师的培训，并经常开展关于课外活动的经验的交流与研究。

(五)充分保证课外活动的时间、场地和物质条件，加强社会舆论宣传

为了保证时间，就要把课外活动列入学校正式的课程表。学校要根据城乡不同地区的实际情况安排活动的内容，在时间和场地上给予充分的保证。学工要有劳动的场所，学农要有种植实验的基地。每一所中小学在活动课这方面，都应该有长远的谋划和具体的安排。场地和设施都需要经费。一方面，政府要加大对这方面的投入；另一方面，学校要通过包括勤工俭学在内的各种渠道扩大经费的来源，保证课外活动的顺利开展，不断扩大其影响范围。

温寒江先生认识到，开展课外活动的舆论宣传也是非常重要的。当前，中小学生升学的压力不断增加，社会上各种学习班、补习班纷纷"出炉"。学生在家长的催促下利用周末和各种假期参加这种学习，完全失去了自主活动与学习的时间。因此温寒江先生提出，必须在社会上开展课外活动的舆论宣传，转变家长的思想观念，为青少年的健康成长创造良好的条件。这不仅是对"减负"的有效落实，而且是从思维的视角、从培养创新能力和创新人才的高度发出的呼声。

四、建立课内外结合的创新能力培养机制

（一）新教学机制与两种思维的发展

温寒江先生倡导的新教学机制的优势可以从发展中的思维科学找到依据。因为人的一切认识和实践活动都离不开大脑，离不开思维。从本质上说，培养学生良好的思维习惯和能力是教学任务的核心。人们在日常工作、学习和生活中，有时以抽象思维为主，有时以形象思维为主，更多的情况是两种思维有机结合、交叉在一起。传统的教育教学活动偏重于对抽象思维的培养，忽视形象思维的发展。新教学机制在重视发展形象思维的同时，强调了两种思维的结合。这不仅有利于开发学生的智力，而且有利于学生素质的全面提高。

1. 不断改革学科教学

学科教学改革在充分发挥教师主导作用的同时也在不断提高学生的主体地位，有利于学生掌握比较系统的基础知识、基本概念和技能，在提高抽象思维能力的同时提高形象思维能力。教师在学科教学中强调抽象思维，事实上也离不开形象思维。只有自觉地把二者结合起来，才能提高学生的思维能力和教学质量。在教学过程中伴随思维而存在的情感因素也是非常重要的。不仅人文学科有情感因素，自然科学的学习研究和探索同样有很强的情感色彩。理性认识和情感是交融在一起的。因此在学科教学过程中，教师必须重视培养学生的兴趣、意志、信念等非智力因素，促进两种思维能力的发展。学生有了较强的独立思考能力，才能充分体现出其在教学过程中的主体地位。

2. 把课外活动纳入新教学机制

新教学机制使学生有能够充分自由活动的空间，可以更有效地促进两种思维的结合与发展。课外活动的最大特点是实践性、综合性和独立性。无论是抽象思维还是形象思维都离不开经验，离不开实践。实践活动是思维发展的基础，也是思维发展的起点和终点。新教学机制强调学科教学要重视实践。课外活动更加突出了这一特点，并为个别化教学创造了条件。学生在实践活动中提出问题、发现问题、研究问题，并能相对独立地解决问题。课外活动的目标、内容和方法的综合性、多样

性，很好地弥补了学科课程的缺陷。根据某一活动项目的要求，学生可以把已经学到的知识综合地利用起来，甚至对于没有学到的自己也能主动地去寻找、研究、探索，并在活动中运用，这无疑促进了学生思维的发展。

3. 在新教学机制中重视形象思维的发展和两种思维的结合

促进两种思维的有机结合，是提高学生素质的必然要求。在素质教育中，德、智、体、美、劳各育对学生来说都是提高认识水平的过程，都需要抽象思维与形象思维的充分发展和紧密结合。从总体上说，学生个体素质的全面发展与两种思维的发展有着必然联系，表现为以下三个方面：第一，各育之间虽然各有侧重，但它们共同的一点是都以两种思维为核心；第二，虽然各科教学的内容不同，但学生在学习过程中都必须把两种思维活动有机地结合起来；第三，德、智、体、美、劳各育之间是相互联系的，并能实现沟通和迁移，其沟通的桥梁和迁移的动力就是两种思维的积极活动。新教学机制把学科课程和活动课程结合起来，充分发挥各自的优势，从而把两种思维积极地调动起来。这不仅是人的素质全面发展的基础，而且为创造性人才的培养提供了良好的条件。

（二）新教学机制与创新能力的培养

面对加速发展的知识经济时代的挑战，如何培养学生的创新意识、创新精神和创新能力是教育工作者亟待解决的重要问题。学校课程与教学工作的改革是解决这些问题的重要一环。基础教育是青少年健康成长的重要阶段，也是培养他们创新能力的关键时期。温寒江先生的研究表明，创新是有层次、有类别的。对于中小学生来说，首先要培养他们的创新意识和创新精神。创新意识和创新精神是在教育实践的过程中得到不断强化的。不断改革的学科课程与活动课程相结合的教学机制，有利于学生创新意识和创新精神的培养。

第一，学科课程和活动课程都强调了实践活动，特别是活动课程把学生独立自主的活动放在了首要位置，这就真正落实了学生的主体地位，为学生创新精神和创新能力的培养创造了基本条件。重视还是不重视学生的实践活动，这是新旧课程体系和新旧教学机制本质的区别。温寒江先生倡导的新课程体系打破了原有的以教师为主、以传授知识为目的的静态的教学模式，纳入了以学生为主体的动态的教学模式，这本身就是课程与教学领域里的一次革命性变化。它与培养学生的创造力关系极为密切，应该受到高度重视。

第二，创造力离不开创造性思维。要培养学生的创新意识、创新能力，就必须培养他们的创造性思维。就一个人来说，他的任何一项新的劳动成果都是创造性思维的结果，虽然对别人或社会来说并不一定是创新，但对其自身来说却是如此。中小学生在接受学校教育的过程中重视两种思维的结合，经过长期的锻炼，当其创造性思维发展到一定水平时就可能有重大的发明创造。应用知识和创新的过程也是两种思维相结合的过程。温寒江先生认为，新的课程体系打开了封闭的课堂，在活动中把发展形象思维放在了一个重要的位置，为两种思维新颖地、灵活地结合创造了机会和有利条件。

第三，创新能力的培养不单是智育的问题，实际上培养一个人的创新能力能够使他的综合素质不断提高。综合素质的提高正是创新能力发展的基础。学校课程与教学改革的首要任务是促进学生综合素质的提高。新教学机制在保证学科教学正常运行的基础上突出了活动性，加强了综合性，特别是活动课程的开放性和多样性，为德、智、体、美、劳诸方面教育的相互渗透、协调发展提供了极好的条件。创新能力的培养也不单是学校教育的问题，家庭、社区以及整个社会都必须为青少年的健康成长创造有利条件。学校、社会、家庭各方面共同努力，才能够完成历史赋予我们的神圣使命——为中华民族培养更多的创新型人才。

（三）重构新教学机制的意义

温寒江先生倡导的新教学机制是课内教学和课外活动相结合、集体教学与个别教学相结合，也就是学科课程与活动课程（课外活动）相结合的教学机制。本质就是要在课程与教学领域发挥两种课程的优势，克服二者的不足，全面贯彻教育方针，全面提高学生的素质。

新教学机制是在原有的学科课程与活动课程的基础上发展起来的。在新形势下，我们面临着随着高新技术的快速发展和网络信息化时代的到来，教学机制的这两个方面都必须不断地得到改革和发展的问题。改革与发展的趋势都应该是保留并充分发挥它们的优势，最大限度地克服它们的劣势。温寒江先生认为，在现阶段，深化学科课堂教学改革的同时，必须努力做到与活动课程（课外活动）有机结合，这样才能达到全面提高学生素质的目的。重构新教学机制的意义有以下几个方面。

1. 以学科课程为基础，充分发挥班级教学的优势

近些年来，课堂教学的不断改革调动了学生学习的积极性，教学质量有了明显提高。有些学科的课堂教学改革力度是非常大的。例如，自学辅导教学，在课堂上绝大部分时间是学生自学，取得了显著效果，但它仍然属于学科课堂教学；再如，根据学生的学习状况，不断调整班次的分层次教学，在一些学校取得了很好的效果，不同程度的学生都在原有的基础上得到了很大的提升。虽然课堂教学的结构有了很大的变化，也找到一条落实因材施教这一教学原则的有效途径，但是这种课堂教学仍属于沿袭已久的班级授课的课堂教学范畴，保留了原有课堂教学的优势，发挥了教师的主导作用，可以让全体学生学到系统、扎实的科学文化知识。

2. 以实践活动为核心，充分发挥活动课程的优势，促进学生身心健康和个性全面发展

自信心、独立意识和独特性是人的个性发展的重要方向。青少年需要具有乐观进取的精神和自信心，这种精神和自信心只有在不断取得成功的活动中才能得到巩固和强化。活动课程以学生独立的实践活动为主。无论是学科活动、科技活动、农业技术实验，还是文学艺术活动、体育活动；无论是参观、调查、访问，还是公益劳动等各种社会实践活动，都应该充分体现学生的主体性和自主性，教师只是起一定的指导作用。对于在活动中遇到的各种困难和问题，教师也要让学生独立地去解决。教师要善于在活动中发现学生的才能和特长，然后因材施教、培养诱导，尽可能地创造条件使他们的才能、特长得到充分发挥。创造力在个性发展中处于核心位置，既和智力因素有关，也和非智力因素有关，是思维与实践活动相结合的产物。如果仅仅是记住了某些知识而不会思考和应用，就不能算是有能力，更不会有创造力。学生选择自己感兴趣的项目开展活动，积极性高，因而创造力也能得到培养。

3. 学科课程与活动课程的结合可以更加充分地体现学生的主体地位和教师的主导作用

在活动课程中，从活动的设计、组织、研究、探索，到活动的总结、评价、反馈，学生始终处在主体地位。虽然活动课程也要发挥教师的指导作用，但教师只是起辅导和点拨的作用，决不能替代学生自己的实践活动，否则就不是活动课程了。两种课程的优点和不足都是非常明显的，二者有机地结合起来才能充分地发挥它们各自的长处，克服其不足。特别是活动课程的综合性学习内容和实践探索性的学习

过程，对学生学习兴趣的激发、创新精神和创造能力的培养都是非常有利的。

📝 本章小结

➤创新是人们在认识活动中创造新颖的、有意义(有价值)的成果的活动，是能力的最高水平的表现。

➤创造力人皆有之，创造力是可以被训练的——这是创造力研究的两个基本观点。

➤创造性思维是创造过程中的思维活动，是两种思维新颖的、灵活的、有机的结合。

➤创造性思维视角下的创新能力培养，要注重全面发展思维，积累丰富的知识，培养创新精神，培养实践能力与动手能力，注重个性发展。

➤发现兴趣、爱好—培养个性特长—提高创新能力是学校在全面发展教育的基础上培养学生创新能力的一条可行之路。

➤教学过程的一般模式为：感知→理解→巩固、运用。这一过程可以具体表述为：

$$感知 \xrightarrow[观察、阅读、听]{内化技能} 理解(思维加工、知识) \xrightarrow[说、写、计算、绘画、操作、表演]{外化技能} 巩固、运用$$

➤中小学培养创新能力要全面发展思维，深入教学过程、教学方法和教学体制的改革，把培养中小学生创新能力寓于各科教学之中。

➤发展形象思维、两种思维相结合的教学新模式就是在教学过程中加强对形象思维和两种思维相结合的培养与训练，并突出不同学科的不同特点。

➤培养学生的创新能力要将学科课程与活动课相结合，建立课内教学和课外活动相结合、集体教学与个别教学相结合，也就是学科课程与课外活动相结合的教学机制。

✂ 章后链接

➤温寒江先生从1954年至1958年任北京四中校长。正是在这个时期，北京四中的教育思想日臻成熟，在全国的影响日益扩大。《北京四中纪事文集》第一卷整理出了一些温寒江先生在该校工作时期教师的教育感言。也许在今天引用一些感言是很有意义的。那时的教师说："教书要育人，不当教书匠；对学生不了解，就没有上课权，没有教育权；只有关心学生，才能了解学生；教师要使学生亲，不可使学生怕；要给学生一杯水，自己要有一桶水，这里一杯与一桶的关系不只是知识，也包含着能力和思想觉悟；上好每节课，教会每个学生，不只培养学生'学会'，更要培养学生'会学'；在培养学生听懂、学会、练熟中发展学习兴趣。有兴趣才能主动学；百闻不如一见，百见不如一干；干听讲不如看实验，看实验不如自己动手做实验；讲实际知识要讲出理论，讲理论知识要联系实际，把具体的讲抽象，把抽象的讲具体；搞教改实事求是，学先进不可照搬，主要靠自己的钻研创造；凡是教师对学生提出的增长知识、发展能力、提高思想觉悟各方面的具体要求，教师本人要优先做到；以身作则，为人师表，才能起到育人的作用。"我想，这些感言中所体现的智慧，是温老留给四中的宝贵财富，也对我们今天的教育工作有着重要的借鉴指导意义。这些感言也告诉我们，善于思考应当成为每个教育工作者必须养成的习惯。

——参见刘长铭在"温寒江同志教育科研三十年研讨会"上的讲话，2008 年11 月。

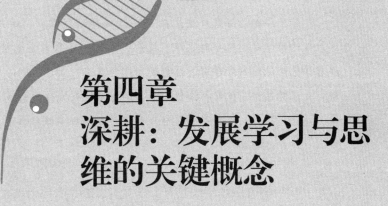

第四章
深耕：发展学习与思维的关键概念

本章概述

本章主要阐述温寒江先生在"十五"课题研究期间，运用认知神经科学和两种思维理论对学习过程中的思维、技能、知识三个基本要素所做的概念更新与发展。温寒江先生以国内外学者对智力的研究为基础，对学习的心理特征——智力提出了新定义。对思维、技能、知识与智力的深层次研究逐渐形成了以思维为中心，由思维、技能、能力、创新能力与智力共同组成的基本概念体系。

2009 年"学与思"研究班开学典礼

第一节　对思维概念理解的深化

🌳 节前导读

温寒江先生在课题研究初期，认为思维是间接地、概括地认识（反映）周围世界的过程。随着研究的深入开展，温寒江先生基于脑科学的研究成果，把思维定义的重点放在了思维是脑的机能（属性）、思维的认识过程以及思维的功能上。温寒江先生把思维规律分为一般思维规律和特殊思维规律，并以两种思维理论为基础，进一步按照思维方法的适用性标准提出了一般思维方法和特殊思维方法，逐渐建构起从一个问题、到一个专题、再到一个学科、最后到一门专业的思维方法体系，即思维方法—思维方法组合—思维方法体系—思维方法论。

一、关于思维定义的研究

（一）思维与大脑

认知神经科学家科斯莱恩（Kosslyn）认为："尽管我们都知道思维这一术语并不明确，但人们一致承认它主要包含两种属性。第一，信息必定由个体内部来表征；第二，信息一定是可以操纵的，以便人们进行推理并得到结论。"[①]思维是人体内最复杂的物质——大脑的机能。大脑能进行思维。正如科斯莱恩指出的，大脑有两种属性。第一，客观事物必须在个体内（主要为大脑）得到表征，表征就是大脑对客观事物的反映，事物在人脑中的表征为语言（符号）和表象，语言和表象都是思维的材料（载体）。如果事物在头脑中没有反映，如一个从未见过的人或一个未知事物，那么思维是无法把握的。第二，这种心理表征在大脑中是可以被操作的，也就是大脑可以进行种种思维加工。大脑关于思维的这两种属性，是有脑科学依据的。

---

① ［美］加扎尼加：《认知神经科学》，沈政等译，643页，上海，上海教育出版社，1998。

1. 语言的脑机制

脑科学研究表明："天生的机制使儿童能获取语言。与视觉发展一样，即使很少或没有指导，早期接触丰富的语言环境，能使儿童的语言快速发展，并很少错误。这种能力所依赖的脑区似乎从一生下来就在功能上和解剖上独具特色，并与语言学所称的普遍语法相对应。""句法加工可能是由特定的认知操作装置完成的。……额下回岛盖部分似乎是句法加工所涉及的神经网络中最活跃的皮层区。"[①]

2. 表象的脑机制

研究表明："表象与同类通道的知觉、记忆以及均匀的运动控制等这些较基本的过程有共同的机制。……Farah 以确凿的证据表明视觉心象与视知觉有一些相同的潜在的机制。""表象在知觉中起到一种整合性的作用，它不仅有助于人们识别客体(无论是静止的，还是运动的)，也使人们能预测事件的结果。"[②]由于表象的许多属性都有可能与知觉相似，因此人们对表象的研究也就变得容易了。

3. 思维推理的脑机制

人们在思维时，必须弄清事物的特征、属性以及它们之间的关系，弄清事物在特定时间和空间的关系，弄清事物之间的异同。所有这些工作都要依靠大脑的工作记忆。科斯莱恩认为："工作记忆是推理的核心，它是人们用加工来表征特定情境的机制。"工作记忆是前额皮层的功能。"Fuoter 认为，根据损毁研究，单细胞记录和电生理测量所汇集的数据表明，前额叶皮层有三种基本的功能：维持工作记忆中的元素的表征，以便对跨时间的关系信息进行加工；学习条件性偶然事件；抵制干扰。"[③]

4. 关于语言和表象的脑功能定位问题

在 20 世纪七八十年代以前，科学家认为大脑分为不同的处理区；近年来的研究表明，大脑更加凸显其整体的协作性，没有哪个大脑区域单独"控制"一项功能。关于语言，"许多神经学和心理学教科书都列出了被认为具有特定输入—输出功能的分离脑区，如 Broca 区主管话语生成，Wernicke 区主管话语理解。……但是，已

---

① [美]加扎尼加：《认知神经科学》，沈政等译，548、562 页，上海，上海教育出版社，1998。

② 同上书，644、731 页。

③ 转引自温寒江、陈爱苾：《学习学》上卷，22 页，北京，教育科学出版社，2016。

经存在了一个世纪的模型，首先缺少实验的支持，而且未经现代语言学和现代脑成像技术验证"①。脑成像技术表明：当人们说话时，位于左脑的语言中枢发挥作用，随之发挥作用的还有大脑的其他区域。这明显体现出大脑的整体协作性。

5. 人脑与电脑(计算机)、动物脑

温寒江先生阐明脑的属性之后，特别又指出以下两点。第一，"认知心理学偏重于计算机类比，把人的心理过程比作计算机程序，而这种计算机程序的特征与产生心理过程的生理机制是毫不相关的"②。这种把大脑这个活动着的、最复杂的物质比作电脑，是一种很粗浅的比喻。第二，人脑和动物脑有本质的不同。一些动物做出的复杂行为，其实是动物的本能。例如，松鼠为过冬而储存硬壳果似乎是动物中超前计划的例子，其实是由于松果体在天黑时分泌的激素——褪黑素预告冬天将来临，渐渐变长的黑夜每周都会导致褪黑素分泌增加，这触发了食物储存行为和皮毛生长。做这种"计划"并不需要动用太多的脑力。还有鸟类的筑巢、鲸的呼叫等，这些都是生来就有的，是动物的本能。

(二)思维的特征

1. 间接性和直感性

大部分思维是间接的，如三段论式就是一种典型的间接推理，数学定理、公式、模型的思维都是间接的。也有的思维既有间接性，又有直感性。例如，李白的《静夜思》："床前明月光，疑是地上霜。举头望明月，低头思故乡。"诗人思考时的直感性跃然纸上。文学作品中的人物，有的是综合了许多人物的特征；有的是现实生活中不存在的，如《西游记》中的孙悟空，这里思维是间接的；有许多作品，如《李自成》，作者在构思时，往往把自己的感受、情感融进作品，这时思维又带有直感性。中医用望、闻、问、切诊断病情，既有间接性，又有直感性。体育运动中，练习者可以从图像、录像中获得正确的视觉表象，这时思维是间接的；在练习中，把视觉表象表达出来时所产生的动觉感是直接的。运动的心理过程(思维)是视觉表象和动觉表象的统一(运动感)，既有间接性，又有直感性。

---

① 转引自温寒江、陈爱苾：《学习学》上卷，22~23 页，北京，教育科学出版社，2016。
② [美]加扎尼加：《认知神经科学》，沈政等译，643 页，上海，上海教育出版社，1998。

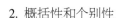

2. 概括性和个别性

语言或表象所反映的是同一事物或一类事物在不同条件下表现出来的一般的东西，即一般属性，因此，它具有概括性。但人们进行思维概括时，又离不开思维的个别性；在运用时，又将概括的东西运用到具体、个别中。一般和个别、概括性与个别性是思维的辩证的统一。例如，医生治病，积累了丰富的经验，抓住了某些病的特征，即抓住了共性，是思维的概括过程；当他为某一病人看病时，又将概括了的东西具体化、个别化。

3. 显性和隐性

通常说的思维，大都是显性的。思维活动是有意识的。也有大量隐性思维，它们是无意识的。儿童写字，开始时一笔一画地模仿，思考字的笔顺、结构，这时思维是显性的；熟练以后，不经思索就能把字写得很好，这时思维无须意识的努力，是隐性的。作家王愿坚没有经历过长征，曾访问过许多长征老干部、老战士。他们那种克服极端艰苦环境的坚强毅力、那种不怕牺牲的革命英雄主义精神、那种把生的希望让给同志的感情，深深地感动了他。一天，在创作中他仿佛看到一个战士过雪山时不慎从雪山上滚下来，几番挣扎，最后被雪埋住。但在白雪上，他的手高高地举起，手心托着他的党证。这个画面是如此清晰，他自己也不清楚是怎样来的。这是隐性思维转为显性思维的例子。从目前脑科学的研究来看，无论是显性思维还是隐性思维，思维材料都是表象或语言。

4. 过程性和终结性

思维是人脑内的操作活动，表现为一个过程。思维又有指向性，指向一定的结果。温寒江先生认为结果可分为两种：一种是过程性结果，另一种是终结性结果。比如，三段论式有两个前提和一个结论，其中两个前提是两个判断，每个判断都可被看作思维的结果，但这个结果是过程性的，结论是终结性的；又如，人们讲话，常常是先想好再说出来，在思考时，是一句接一句地说的，这当中每一句话都是过程性的结果。因此，思维是一个过程。这个过程包括过程性结果，是理性认识过程。思维"是相对于感性认识而与理性认识同义的范畴"①。思维的最终结果是思

① 中国大百科全书总编辑委员会《哲学》编辑委员会、中国大百科全书出版社编辑部：《中国大百科全书·哲学》，828 页，北京，中国大百科全书出版社，1987。

想、知识。

二、思维的新概念

(一)关于思维的定义

温寒江先生在对思维做出新的定义之前，对学界关于思维的定义进行了综述与分析。比较有代表性的观点主要有六种。

第一，思维"指理性认识，即思想；或理性认识过程，即思考。是人脑对客观事物间接的和概括的反映。包括逻辑思维和形象思维。思维的工具是语言。人借助语言把丰富的感性材料加以分析和综合，从而揭示事物的本质和规律。"[①]第二，"思维是对周围世界的间接的和概括的认识(反映)过程。它反映的本质是：(1)反映对象和现象的一般的和本质的特性，包括不能直接知觉的特性在内；(2)反映对象和现象之间的实质性的关系和规律性的联系"[②]。第三，"思维是人脑对客观现实概括的和间接的反映，它反映的是事物的本质和内部规律性"[③]。第四，"思维是脑对所获得信息的加工过程"[④]。第五，"思维是一种间接的、概括的认知。这种认知活动存在于内部、脑中或认知系统里，是由行为推论出来的"。"思维是一种过程。这种过程包括认知系统的一系列操作。""思维是解决问题行为中的指向，是指向问题解决的。"[⑤]第六，"思维是心理活动的高级形式，它是借助于表象、概念、判断反映客观现实的一种认识活动"[⑥]。

温寒江先生认为上述各种对思维定义的表述都概括了一个时期心理学研究的成果，具有十分重要的学术价值。他在课题研究初期，在《开发右脑——发展形象思维的理论和实践》一书中曾采用第二条定义。但是，由于许多脑科学研究的新成果的出现以及课题研究的深入，回顾上述各种定义，温寒江先生认为大都存在一定的

---

① 张念宏：《家庭百科辞典》，286 页，北京，农业读物出版社，1989。
② [苏联]克鲁捷茨基：《心理学》，赵璧如译，182 页，北京，人民教育出版社，1984。
③ 章志光：《心理学》，167 页，北京，人民教育出版社，1985。
④ 刘南、杨春鼎：《思维科学导论》，47 页，北京，中国工人出版社，1989。
⑤ 汪安圣：《思维心理学》，4 页，上海，华东师范大学出版社，1992。
⑥ 谢阳群、汪传雷、许皓：《微观信息管理》，12 页，合肥，安徽大学出版社，2007。

片面性，因此他对思维的定义做了进一步的界定。

(二)思维的定义

温寒江先生把思维的定义的重点放在了三个方面：一是思维是人脑的机能(属性)，二是思维是人的认识过程，三是思维的功能。用思维的特征，如间接性和概括性来定义思维，难免挂一漏万，可以另做专题阐述，不必放在定义中。温寒江先生提出思维的定义为：思维是人脑对客观事物在脑中的表征，即对语言(概念)和表象进行加工的过程。它既能反映、揭示事物的本质特征和事物间的规律性联系，又能预测、计划事物的未来。

这个定义有三个特点。

一是科学性。认知神经科学阐述了语言、表象和句法加工的脑机制，阐明了工作记忆是推理加工的核心。这些脑科学研究的成果使人们对思维的定义能建立在脑科学的基础上，为人们对思维的研究奠定了科学基础。

二是全面性。这个定义既包括以语言为载体的思维(抽象思维)，也包括以表象为载体的思维(形象思维)；既有显性思维，也有隐性思维。可见，这个定义的内涵是比较全面的。

三是可操作性。语言或表象是无比丰富的，其加工方法(思维方法)也是多种多样的。因此，语言或表象不仅是可操作的，而且是具体的、多种多样的。

三、思维规律

(一)规律与思维规律

什么是规律？规律是事物发展过程中的本质联系和必然趋势，是反复起作用的。规律是客观的，是可以被认识的。人们对客观规律的认识是逐步深入的、有层次的。思维规律是客观规律在人脑中的反映。思维规律和客观规律有什么关系？恩格斯说："思维规律和自然规律，只要它们被正确地认识，必然是互相一致的。"[①]

---

① 中共中央马克思恩格斯列宁斯大林著作编译局：《马克思恩格斯选集》第三卷，547页，北京，人民出版社，1972。

由于规律是在一定条件下反复起作用的，因此人们掌握了思维规律，就掌握了认识同类事物发展过程中的本质联系的思维方法，可以用其来指导实践活动。这是认识规律的意义所在。学生学会四则运算法则，不仅能用其来进行数字的加、减、乘、除运算，还可以将其用到代数分析、微积分的相应运算中。教师掌握了思维的全面发展规律，就可以用其来指导教育，进行各种实践活动。

（二）一般思维规律与特殊思维规律

人类在长期社会实践中，深入各个领域，不断积累关于各种客观规律的经验，丰富了人类对客观世界的认识。其中有的规律具有普遍意义，涵盖面宽；有的规律只适用于一定领域，涵盖面相对较窄。前者被称为一般思维规律，后者被称为特殊思维规律。这些具有共性或个性的种种思维规律不断丰富人们的思想，成为人们认识客观世界的有力工具。

1. 一般思维规律

（1）语言规律（语言法则）

婴儿哭叫、咿呀学语，甚至说出最初的词语，与思维是没有联系的。只有到了2岁左右，幼儿把事物和词语（一种符号）联系起来时，语言才有思维的性质。这时幼儿已经能运用形象思维识别一些事物了。他看到一个新事物时，就会产生好奇心，对每一个新事物都要问"这是什么""那是什么"。当他得到回答时，头脑中事物的表象和词语就联系起来了，问题就得到了解决。这就是思维。斯特恩（Stern）把儿童发现每个东西都有自己的名称的现象称为儿童"有了他一生中最伟大的发现"①。

幼儿开始用双词语来说话时，如"妈妈抱""猫咪"，常常把词语和手势结合起来表达意思，如一边说"我要"，一边用手指着他要的东西。随着词汇量的增加，3~4岁时，幼儿已经能说完整的一句话了，如"猫吃鱼""我要苹果"。这是很普通的句子。具体分析一下，"猫吃鱼"有3个字，即猫、吃、鱼，可用A、B、C来表示。3个字有6种组合，即ABC、ACB、BAC、BCA、CAB、CBA。其中只有第一组有特定的意义，即句子的形式符合语言的结构（语法），其他5组都不符合。为什

---

①　[苏联]维果茨基：《思维与语言》，李维译，48页，杭州，浙江教育出版社，1997。

么呢?

《韦氏大辞典》把语言定义为"约定俗成的、含义明了的以动作、声音、手势或符号来进行思想或感情交流的一种系统化手段"。句子的意思及其句型,不直接依赖于词与词之间的序列关系,而依赖于更为复杂的结构法则。人们要表达含义明了、意思完整的思想,就要遵循语言法则。只有这样,我们和听者(读者)才有共同语言,才能让听者明白我们的思维模式,了解我们的意思。

一个句子表述事物的性质和状态、事物之间的关系,表明谁(主体)对谁(受体)做了什么,何时、何地等,要做到思维清晰、明了和完整,就要遵循字组成词、词组成短语、短语组成句子的具体规则,如"猫吃鱼""这个抱着孩子的年轻人,刚才在离他家门口不远的路边摔倒了"。由此可见,语言是受语法制约的。人们用语言思维时(当然,还有非语言思维),思维同样受到语法的制约。有学者称之为思维语法,"儿童所掌握的语言结构成为他思维的基本结构"①。

人们可能担心,儿童怎样学会这些复杂的语言法则呢? 幸运的是,儿童有一种天生的获取语言的机制。关于学习语言的关键期的理论表明,儿童早期接触丰富的语言环境,如在家庭中、游戏中、学校中,儿童的语言都能得到快速的发展,并很少有错误,他们无须单独学习语法。这个基于脑科学的新观念,解决了语文教学中要单独讲语法或开设语法课的问题。

(2)逻辑规律

人们的思维要符合逻辑。逻辑学(形式逻辑)研究人们在运用概念、判断、推理的过程中的思维形式及其规律。概念是抽象思维的基本单元和基础,反映事物某一层次的基本属性和本质特征。判断是展现概念的内涵,陈述概念间的属性、特征的关系的思维形式,如"玫瑰花是红的""这个学生的成绩优秀"。要揭示事物间的这些特征及其联系,还要进行推理,运用一个或几个判断导出新的判断。三段论是推理常用的一种形式。例如,所有儿童6岁都要上学,这个儿童已经6岁了,所以这个儿童也要上学。

这种运用概念、判断、推理的思维形式撇开概念、判断、推理的具体内容,具有普遍性意义。如同句型是句子的结构形式,一个句型可以表达千百种思维内容。

---

① [苏联]维果茨基:《思维与语言》,李维译,57 页,杭州,浙江教育出版社,1997。

例如，前面三段论的例子，"所有儿童 6 岁都要上学"是大前提，"这个儿童已经 6 岁了"是小前提，"所以这个儿童也要上学"是结论。再如，可以把上例改为：所有三条边相等的三角形都是全等三角形，这个三角形三条边相等，所以这个三角形是全等三角形。两个例子内容虽然不同，但推理形式，即思维形式是一样的。

推理有演绎推理、归纳推理和类比推理。演绎推理是从一般推导到特殊，归纳推理是从特殊扩展到一般，类比推理是从这一类推广到另一类。前两种推理为逻辑推理。其中研究最早，研究得比较充分、比较成熟的是演绎推理。2300 多年前，古希腊的亚里士多德就创立了以概念为基础、以演绎推理三段论为中心的逻辑体系。对归纳推理的专门研究是从近代开始的。17 世纪，英国哲学家、逻辑学家培根创立了归纳逻辑。但归纳逻辑的发展过程中仍有不少问题与困难。至于类比推理，是一种或然性推理，其结论是否真实，还要经过实践的证明。

人们运用概念、判断、推理进行思维的时候，怎样才能保证思路的确定性和前后一致性，而不发生思维的混乱和错误呢？形式逻辑总结了千百年来人们进行推理活动的经验教训，形成了形式逻辑的三条基本规律：同一律、矛盾律和排中律。

同一律的内容和要求为：任何一个概念(思想)与其自身都是同一的，即 a = a；也就是说，在思维的同一个过程中，必须保持一个概念的确定性和同一性。这是推理过程的基本要求，不然就会造成思想上的混乱。例如，浸在酸性溶液中的试纸是红色的，这张试纸是红色的，所以溶液是酸性的。这个推理是错误的，因为大前提是试纸浸在溶液中，而小前提中的这张试纸没有明确是否在溶液中浸过，二者不是同一个概念。

矛盾律的内容和要求为：在同一思维过程中，关于同一思维对象的两个相互矛盾的思想不能同时都是真的[1]，即 a 不能既等于 a 又不等于 a；也就是说，在思维的同一过程中，思想必须保持前后一贯，不能自相矛盾。

排中律的内容和要求为：在同一思维过程中，关于同一思维对象的两个相互矛盾的思想不能同时都是假[2]；也就是说，对于同一思维对象的两个相互矛盾的思想，不能出现模棱两可、含糊其词的现象，不然就会造成思想上的混乱。

---

[1]　赵光武：《思维科学研究》，205 页，北京，中国人民大学出版社，1999。
[2]　赵光武：《思维科学研究》，205 页，北京，中国人民大学出版社，1999。

（3）辩证法

前面讲的逻辑规律属于形式逻辑范畴。形式逻辑把事物看作相对静止的、孤立的和无矛盾的状态，这对于"日常应用来说是足够的"①。它所考察的只是很小范围或很短时间，属于某一层次的状态；一旦超出这个范围，就不适用了。事物总是处在相互联系，不断运动、变化和发展之中的。例如，部分与整体的关系，通常认为一个物体是由各部分组成的，整体等于各部分之和，这是一种外在的、机械的关系。现代系统论认为，部分之间、部分与整体之间存在统一性、有机性。例如，一个钟表是由各部分零件组成的一个整体，但这个整体不输入能量，如不上紧发条，它是不动的；一个乐队的成员虽然可以演奏出各自的乐音，但只有在统一的指挥下，才能演奏出美妙的曲子。又如，人们运用牛顿力学定律解决了大量简单的或复杂的力学问题；但是爱因斯坦的相对论认为，牛顿力学在相对静止或相对运动速度不大时是正确的，当物体运动速度接近光速时就不适用了。

辩证法是抽象思维的高级阶段。恩格斯说："辩证法是唯一的，最高度地适合于自然观的这一发展阶段的思维方法。"②在古代，中国、希腊、印度等国就有朴素辩证法思维的萌芽，如我国《周易》的阴阳学说。到了18~19世纪，黑格尔建立了第一个唯心主义的辩证法体系。马克思对它进行了唯物主义的改造，把倒立着的思想体系重新倒过来，建立了唯物主义辩证法。如果说形式逻辑适用于日常应用范围的话，那么，辩证逻辑一般是在处理复杂问题时才使用的。

2. 特殊思维规律

人类对自然、社会和自身的认识不断地拓展和深入，研究的成果越来越丰富，学科门类越来越多。与此同时，人类对自然、社会和自身的研究方法（思维方法）也不断地得到创新和积累。每一门学科都有其特定的研究对象和思维方法。

各种不同物质的运动形式是科学研究的主要对象，每门学科所研究的或者是个别的运动形式，或者是相互关联、相互转化的运动形式。学科的划分必须依据运动形式的划分。"20世纪以来，现代自然科学向微观和宏观两个方面延伸。对客观世界不同结构层次上的各种物质运动形式，以及每种运动形式所具有的层次结构的研

---

① 中共中央马克思恩格斯列宁斯大林著作编译局：《马克思恩格斯选集》第三卷，538页，北京，人民出版社，1972。

② 同上书，535页。

究，导致在原有的基本自然科学的基础上产生出一系列新的学科。""用一种或几种学科的方法研究特定的对象，成了当前科学发展最具有前途的方向。"①

人类对自然界和历史发展规律性的认识的重大意义表明，一门学科的成熟，不仅仅是对其研究对象的知识的积累，更重要的是思维方法（研究方法）的创新和对研究对象规律的认识。

自然界的生物有上百万种，形形色色，千奇百怪。关于生物起源的问题引起了人们的种种猜想。唯心论者认为，是神（上帝）造的，物种是不变的。达尔文（Darwin）提出了以自然选择为基础的进化论，揭示了生物发展、进化的规律，给人们的思想以极大的启示，使人们的认识（思维方法）从唯心论、宗教迷信的"迷雾"中走了出来。

过去，历史现象纷繁复杂，各种历史资料莫衷一是。人们总是根据神的意志，从卓越人物、帝王将相的思想去解释历史。马克思的历史唯物主义给人们指明了研究历史的立场、观点和方法，使帝王将相史变为科学的历史，为各门具体的社会学科提供了具有指导意义的科学方法。恩格斯说："正像达尔文发现有机界的发展规律一样，马克思发现了人类历史的发展规律，即历来为繁芜丛的意识形态所掩盖着的一个简单事实：人们首先必须吃、喝、住、穿，然后才能从事政治、科学、艺术、宗教等等；所以，直接的物质的生活资料的生产，从而一个民族或一个时代的一定的经济发展阶段，便构成基础，人们的国家制度、法的观点、艺术以至宗教观念，就是从这个基础上发展起来的，因而，也必须由这个基础来解释，而不是像过去那样做得相反。"②

牛顿对动力学的研究具有典型意义。一方面，动力学的基本概念，如质量、动量、力、万有引力、向心力等都是他提出来的；另一方面，为了解决运动问题，他发明了一种和物理概念有直接联系的数学，这种数学就是微积分的特殊形式。③从常量数学过渡到变量数学，反映了 17～18 世纪数学领域中革命性的变革。牛顿的力学定律、万有引力定律，就是对动力学规律的认识。

———————————

①　中国大百科全书总编辑委员会《哲学》编辑委员会、中国大百科全书出版社编辑部：《中国大百科全书·哲学》，408 页，北京，中国大百科全书出版社，1987。

②　中共中央编译局：《马克思恩格斯列宁哲学论述摘编》党员干部读本，10 页，北京，中央编译出版社，2019。

③　[德]H. 武辛：《伊萨克·牛顿》，伯幼、任荣译，38 页，北京，科学普及出版社，1979。

由此可见，研究到具体学科、专业时，不仅需要运用一般思维规律，还需要运用研究特定对象的特殊思维规律。

四、思维方法的特点与分类

(一)思维方法

思维方法是在认识过程中，人脑对事物的表征(语言、符号、表象)进行有目的的操作的方式和程序。这里说的操作不是随意的操作，而是有目的、有方向的认识活动。例如，数的运算中，加、减、乘、除是操作方式，运算规则(交换律、分配律)是操作程序。这种操作方式和操作程序在实践中经过反复运用，内化为思维方法。小学生学习数的加减法，教师引导他们先用实物摆一摆，再口头说一说，然后用笔去计算。经过反复练习，小学生学会了 20 以内的加减法。通过各种感官反复活动，这种运算方式和程序已内化为思维方法。人们通过学习和实践活动，能够积累多种多样的思维方法。

思维方法隐含在人的活动中。脑科学研究表明，思维活动、思维方法是一种神经通路(神经元回路)，虽然看不见，但可以通过对比受损的人脑和正常的人脑进行研究。例如，关于人的语言活动，怎样从听到语音(听觉)到理解它的意义，再说出来？这个过程有怎样的神经通路？我国脑科学家杨雄里院士有一个比较具体的叙述："Wernicke 假设，语言包含有分离的运动程序和感知程序，这些程序分别由不同的脑区来控制。他认为，控制参与说话的运动程序位于 Broca 区，而控制词的感知程序则在 Wernicke 区。按照他所提出的关于语言组相的模型，对语言最初的感知是在听觉或视觉感觉区，然后汇聚至皮层的联合区(角回)，形成一种共同的神经表象，再传至 Wernicke 区，在那里理解其意义。之后又经弓状束传递至 Broca 区，并激起一个细致而协调的发声程序，再经毗邻的运动皮层颜面区产生合适的肌肉运动，使人说出话来。"[1]之后的研究既证实了布罗卡氏(Broca)区和韦尼克(Wernicke)区的重要作用，又发现了产生和理解语言的神经信号是由多条通道进行处理的。

---

① 杨雄里：《脑科学的现代进展》，12 页，上海，上海教育出版社，1998。

人类在历史发展进程中，通过各种实践活动，不断丰富和积累思维方法。各种物质生产和精神活动的成果都凝结着其思维方法。在漫长的历史岁月中，每一个物质文明或精神文明的创新实践，都是思维方法的创新。"因此，关于思维的科学，也和其他各门科学一样，是一种历史的科学，关于人的思维的历史发展的科学。"①中国人用筷子吃饭，西方人用刀和叉吃饭，是一种饮食文化的积淀。古人也许从一棵横跨在河两岸的树上走过河去，受到启发后发明了原始的桥梁，而后有了石砌的桥。李春设计的赵州桥就是石拱桥的杰出代表，当代又有了钢架桥、悬索桥、斜拉索桥等。桥梁的发展记录着桥梁技术的积累，也就是桥梁技术思维方法的积淀。

(二)思维方法的特点

1. 可操作性

可操作性是思维方法的基本特点。思维方法体现在人们对思维载体（表征物）按照一定的程序和方法进行操作的过程之中。如果思维过程不具可操作性或操作不到位、操作有错误，那么思维就要落空，就达不到它的目的。举一个浅显的例子：光有 7 种颜色（赤、橙、黄、绿、青、蓝、紫），学生对 7 个字会读（音）、会识（形），但是如果没有把这 7 个字同它所表示的 7 种颜色联系起来（联想），那么仍然没有达到思维的目的——理解。

在知识的获得、理解和运用过程中，思维是核心，思维方法是关键。在思维材料具备的基础上，思维方法的正确性（没有错误）和操作到位（不落空），是掌握知识、运用知识的保障。思维过程是否可操作，操作是否到位，小学数学教学为教师提供了典型例子。

例如，解应用题。解应用题实际上是运用数学模型解决问题的初步训练。学生解应用题，一般要经过了解题意、掌握问题结构、分析数量关系、画图、列式子、计算等步骤。从掌握问题结构、分析数量关系到列出式子，思维操作复杂，灵活性大，需要把它程序化并且进行更多的训练。传统教学没有抓住这个关键进行应有的训练，使得解应用题成为教学难点。

---

① 中共中央编译局：《马克思恩格斯列宁哲学论述摘编》，党员干部读本，5 页，北京，中央编译出版社，2019。

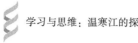

知识是前人或他人认识的成果，是前人或他人经过反复实践一步一个脚印获得的。他们叙述这些成果时，往往把中间过程(包括思维过程)省略了，使人们看不到他们的思维过程。后人学习这些知识，是一个再认识过程，要按照原来的思路、思维方式一步步地去理解它们或运用它们。叶圣陶讲到语文学习时提出：文章是无形的东西，只是白纸上的黑字。我们读了这白纸上的黑字，会感到悲欢，觉得人物如画者，全是想象的结果。作者把经验或想象所得的具体事物翻译成白纸上的黑字，读者要倒翻过去，把白纸上的黑字翻译为具体事物。这个工作完全要靠想象来帮助。比如，"山高月小，水落石出"是好句子，但这 8 个字之所以好，并非白纸上写着的这 8 个字特有好处，乃是它所表达的景色好的缘故。读这几个字时，如果不同时在头脑里指出它所表达的景色，就根本不会感受到它的好。①

温寒江先生认为在传统教育中，学生学习之所以普遍存在抽象难懂、死记硬背的现象，是因为教学过程忽视了思维过程，忽视了思维方法的可操作性。

2. 工具性

工具是指一种手段。思维方法是获得知识、运用知识的一种手段。思维方法的工具性具有两个特点。第一，具有反复使用性。例如，学生学习解方程，从移项、整理方程到分解因式，这种技能(思维)是可以被反复使用的；又如，句法中有单句、复句，复句中有并列关系、递进关系、选择关系、转折关系、因果关系、条件关系等，其中每一种句型学生学会后都可以被反复地使用。第二，具有广泛适应性。知识是认识的结果，知识与思维方法的关系是结果与过程的关系。同样的思维方法，即同样的过程，对于不同的思维材料，可以产生不同的知识结果。人的认识是从已知到未知。思维方法如同一座从已知通向未知的桥梁，大大小小的桥梁成为人们获取各种知识的通道。由此可见，在人的认识活动中，思维方法可以起以一当十、以少胜多的作用。这就是思维方法的重要意义所在。

(三)思维方法的分类

思维方法多种多样。通过分类，人们可以更好地掌握思维方法。温寒江先生认为，按照思维载体不同，可分为抽象思维方法和形象思维方法两大门类；按照思维

---

① 夏丏尊、叶圣陶：《文心》，73 页，北京，中国青年出版社，1983。

方法适用性不同，可分为一般思维方法和特殊思维方法。这里主要介绍一般思维方法和特殊思维方法。

1. 一般思维方法

一般思维方法是普遍适用的、带共性的思维方法。思维方法从何而来？人类在长期实践活动中认识到客观事物具有以下几个基本的、共同的属性（或规律）。

第一，事物是运动的、变化的。运动是事物的基本属性，也是事物的存在形式。从宏观天体到微观粒子，从自然界到人类社会，一切领域的物质都处在永不停息的运动变化之中。运动离不开物质，物质是一切运动形式的主体。运动按其复杂程度，由低级到高级可分为机械运动、物理运动、化学运动、生物运动和社会运动五种。高级的运动形式包含低级的运动形式，不同运动形式在一定条件下可以相互转化。第二，事物的可分性和可组性。整个自然界，从无机界到有机界，从原生物到人类，都有一定的组成成分，都有一定的层次、结构。系统论认为世界上的一切具体事物、现象、概念都可以构成系统。"系统是由两个以上可以互相区别的要素构成的集合体，各个要素之间存在着一定的联系和相互作用，形成特定的整体结构和适应环境的特定功能。"①由此可见，事物是可分的，也是可组的。第三，事物的相似性。自然界、人类社会中的万事万物在其形态、运动形式、功能等诸多方面存在大量相似之处。相似性就是既有相同之处又有差异，是客观事物存在相同与差异的矛盾的统一。第四，事物的普遍联系性。联系是世界上一切事物的本性，世界上的每一种事物或现象都同其他事物或现象互相联系、互相制约、互相依赖、互相转化。任何事物都不能孤立地存在，都同其他事物发生着联系。事物的普遍联系既有空间方面的、现实的，如人与自然的联系；也有时间方面的、历史的，如生物的进化、物种间的联系等。事物的普遍联系是多种多样的、复杂的。

人类在长期反复实践中认识客观事物的这些基本规律的同时，产生并且积累着与这些规律一致的思维方法。认识客观事物运动的变化规律，就产生了移动、旋转的思维方法；认识事物的可分性、可组性规律，就产生了分解、组合（或分析、综合）的思维方法；认识事物的相似性规律，就产生了类比、概括（或比较与抽象）的

① 邹珊刚、黄麟雏、李继宗等：《系统科学》，48 页，上海，上海人民出版社，1987。

思维方法；认识事物的普遍联系规律，就产生了联想、想象（或判断、推理）的思维方法。因此，这些思维方法成为一种普遍性的思维方法，被称为一般思维方法。

2. 特殊思维方法

一般思维方法是带有普遍性、共性的东西。共性寓于个性之中，没有个性就没有共性，个别是同一般相联系的。不同学科、不同专业都有与其自身研究对象的特殊性质相结合的具体思维方法，这些思维方法就是一般思维方法在本学科、专业的具体体现。以下是不同学科的一些特殊思维方法。数学：几何图形的分解、组合。物理：力的合成与分解。化学：化合物的分解与化合。生物：细胞分化产生组织，多种组织构成器官。

一般思维方法是基础性的。人们在学习或解决问题时，常常综合运用几种方法。例如，理解一个描述性的句子，先要理解各个字词的意思（分析），接着运用语言法则把各个字词的意思综合起来（综合），运用再造想象理解全句的意思，这里综合运用了分析、综合、想象等多种思维方法。又如，根据化合物的性质，可以列出一个化学反应方程，这里运用了分解、组合、数学运算方法以及能量守恒定律等思维方法。可见，从一个问题的思维方法，到一个专题、一个学科的思维方法，再到一门专业的思维方法，会形成一个思维方法体系，即思维方法—思维方法组合—思维方法体系—思维方法论。

第二节　从技能到能力

🌳 节前导读

技能在温寒江先生"开发右脑，发展形象思维的教学实验与研究"研究课题中是一个重要概念。温寒江先生基于国内外学者对技能的研究，用两种思维的理论，从人的认识过程角度，对技能和能力进行了新的探讨。在对技能的研究中，温寒江先生进一步明确了技能与能力的关系，提出了能力是技能的高水平的综合观点。

一、技能

（一）国内外对技能的研究

1. 国内对技能的研究

（1）关于技能定义的研究

什么是技能？温寒江先生首先查阅了《中国大百科全书·心理学》对技能的解释，即"通过练习获得的能够完成一定任务的动作系统"。我国老一辈心理学家潘菽对技能下的定义为："技能是顺利完成某种任务的一种活动方式或心智活动方式，它是通过练习获得的。"[1]冯忠良认为："技能是通过学习而获得的一种动作经验，是一种合乎客观法则要求的活动方式本身的动作执行经验。"[2]郭德俊将技能定义为："人们在活动中运用知识经验，经过练习而获得的完成某种任务的动作方式。"[3]张大均对于技能的界定为："学习者在特定目标指引下，通过练习而逐渐熟练掌握的对已有的知识经验加以运用的操作程序。"[4]

（2）关于技能分类的研究

技能的种类繁多。依据不同的标准或从不同的视角出发，划分的技能种类也各不相同。温寒江先生按照我国心理学界划分的几种典型的技能进行了综述。

彭聃龄从三个维度对技能进行划分，分出六类技能。[5] 维度一包括连续技能和非连续技能。连续技能指以不间断的方式完成一系列动作的技能，如说话、开车、滑冰、弹琴等，它们是不可计数的。非连续技能指具有可直接感知的开端和终端的技能，如投掷、射击、举重等，它们是可计数的。维度二包括封闭技能和开放技能。封闭技能指依靠内部的、由本体感受器输入的反馈信息来调节的技能，如体操、跳远等。开放技能指依赖周围环境的信息来调节的技能，如踢足球、开车、打

---

① 潘菽：《教育心理学》，138 页，北京，人民教育出版社，1983。
② 冯忠良：《结构—定向教学的理论与实践——改革教学体制的探索》，108 页，北京，北京师范大学出版社，1992。
③ 郭德俊、雷雳：《教育心理学概论》，127 页，北京，警官教育出版社，1998。
④ 张大均：《教育心理学》，130 页，北京，人民教育出版社，1999。
⑤ 彭聃龄：《普通心理学》，472 页，北京，北京师范大学出版社，2001。

羽毛球等。维度三包括精细技能和粗大技能。精细技能指局限在狭窄空间内进行并要求较精巧的协调动作的技能，如雕刻、刺绣等。粗大技能指运用大肌肉、身体参与的技能，如跑步、打球等。

郭德俊先把技能划分为智力技能与动作技能，然后对动作技能做了进一步分类。① 动作技能可划分为：连续性技能与非连续性技能、精细技能与粗大技能、开放性技能与闭锁性技能、工具性技能与非工具性技能。

张大均对智力技能与动作技能均做了二级划分：智力技能可划分为一般智力技能与特殊智力技能；动作技能可划分为连续技能与不连续技能(由连贯动作组成)，开放性技能与封闭性技能(依赖于环境提供的信息，由本体感受器输入的反馈信息来调节)，外循环技能与内循环技能(外循环技能受外界客观作用的控制，内循环技能依赖于内部肌肉反馈)。②

(3)关于动作技能的研究

关于动作技能的界定，温寒江先生认为，我国传统的动作技能的概念来自苏联，动作技能是依靠肌肉、骨骼与相应的神经系统活动实现的活动方式。张大均认为，动作技能是在练习的基础上，由一系列实际动作以合理、完善的程序构成的操作活动方式。③ 彭聃龄把动作技能解释为，"通过练习而形成的一定的动作方式"，并认为"技能由一系列动作组成"④，如写字技能由执笔、运笔等动作组成，蛙泳技能由手臂划水、脚蹬腿并夹水、抬头呼吸等一系列动作组成。

为了探索动作技能的一般构成，专家们还做了如下分析。郭德俊认为，构成动作技能的有三个成分："认知成分、知觉成分、协调。"⑤蒋大鹏认为："一切操作都是内部操作和外部操作的统一系统。"⑥

一般认为技能是一种行为过程，因此有其运行的机制和阶段。下面简单介绍这方面典型的研究成果。张大均认为，动作技能的形成主要经历四个阶段：认知阶段→分解阶段→联系定位阶段→自动化阶段。彭聃龄划分的动作技能形成的主要阶

---

① 郭德俊、雷雳：《教育心理学概论》，129~130 页，北京，警官教育出版社，1998。
② 张大均：《教育心理学》，133 页，北京，人民教育出版社，1999。
③ 同上书，132 页。
④ 彭聃龄：《普通心理学》，471 页，北京，北京师范大学出版社，2001。
⑤ 郭德俊、雷雳：《教育心理学概论》，128 页，北京，警官教育出版社，1998。
⑥ 蒋大鹏、张燮：《教育心理学新系》，211 页，济南，山东教育出版社，1992。

段有以下几类：认知-定向阶段、动作系统初步形成阶段、动作协调和技能完善阶段。彭聃龄还进一步将这个过程的特点归纳为以下趋势：一是对动作的控制作用减弱，整个动作系统转向自动化；二是动作反馈由外反馈逐步转向内反馈；三是动作的稳定性与灵活性增强；四是建立协调化的运动模式。

（4）关于智力技能的研究

在技能的研究中，智力技能被作为相对于动作技能的另一种技能类型。温寒江先生对学者们的研究进行了梳理。张大均对智力技能所下的定义为："借助于内部语言在头脑中进行的智力活动方式，包括感知、记忆、想象和思维等认知因素，其中抽象思维因素占据最主要的地位。"他还对智力技能做了进一步的分类，把智力技能分为一般智力技能和特殊智力技能。[①] 除了对智力技能下定义和分类之外，学者们还对智力技能的形成进行了分析。冯忠良提出了关于智力技能形成阶段的理论，认为智力技能的发展经历三个阶段：一是原型定向阶段（智力活动的实践模式：示范动作系列），二是原型操作阶段（依据模式实际操作），三是原型内化阶段（借助语言来作用于观念性对象）。[②]

2. 国外对技能的研究

国外各个心理学流派对技能的形成与习得等的理解因各自持有的基本心理学理论不同而各有差异。温寒江先生主要研究了行为主义、认知主义以及信息加工理论对技能的主要观点。

（1）行为主义心理学的研究

对于行为主义来说，技能的形成意味着刺激与反应稳定联结的形成。复杂的技能是由一系列的"刺激—反应"联结组合而成的。强化是促成"刺激—反应"联结形成的重要条件，这里的强化主要是指外部或环境的强化。在对技能的行为主义取向的研究中，人们关注的是什么环境条件有利于技能的形成，不同的刺激对技能的形成会产生什么影响，技能行为的结果会怎样影响随后的技能行为。

在行为主义中，不同学者所持的观点略有差异。例如，在巴甫洛夫（Pavlov）的经典性条件反射中，反应是由特定的刺激诱发的，因此技能行为是属于应答性的，

---

① 张大均：《教育心理学》，133 页，北京，人民教育出版社，1999。

② 冯忠良：《结构—定向教学的理论与实践——改革教学体制的探索》，224 页，北京，北京师范大学出版社，1992。

强化决定反应。由于它与自主神经系统相联系，因此经典性条件反射所引发的行为是自动的行为，而非意识的行为。在动物技能培训中，我们常可以看到条件反射引发的技能行为。但是，"对于人类来说，与其说条件反射过程是无意识的过程，莫如说与认知过程有密切的联系"，因为许多研究发现，人在获得意识之后容易获得条件反射。实际上，"人在学习中，即使在那种最单纯的经典性条件反射中，也不能忽略学习者的认知过程"，因此，人的技能实际上也是在有意识状态下获得的。①

从斯金纳(Skinner)的操作性条件反射理论来说，大多数技能是操作性行为，行为在自发性反应过程中受到强化，因而成为特定技能行为。因此，技能行为的形成是从强化开始的，反应决定强化。操作性条件反射与支配随意反应的中枢神经系统相关，骨骼、肌肉运动是依靠这种类型的条件反射进行的。显然，技能是在主体主动的活动中不断得到强化而形成的。

经典性条件反射和操作性条件反射的技能形成过程虽然有差异，但是在反射的消退、自发恢复、泛化及分化等方面基本相同。②

(2)认知主义心理学的研究

认知主义摒弃了行为主义在技能行为形成过程中无视内部过程，特别是忽略认知过程的弊端，揭示了技能形成过程中从感觉器到效应器做出反应的内部认知过程。认知主义除了承认动作本身是一系列"刺激—反应"的联结外，还强调动作技能的学习必有感知、记忆、想象、思维等认知成分的参与。克伦巴赫(Cronbach)认为："动作技能是习得的，能相当精确执行，对其组成的动作很少或不需要有意识地注意的一种操作。"他的定义突出了技能动作的后天习得性和技能熟练后的自动化特性。③

(3)信息加工心理学的研究

信息加工理论是随着人们对感知、记忆、言语及问题解决等的研究而出现的，认知心理学也因此进入现代认知心理学的时代。信息加工理论认为，最能说明人的行为的因素不是行为主义强调的外部环境，而是人本身，因为人本身就储藏着丰富

---

① [日]山内光哉：《学习与教学心理学》，李蔚、楚日辉译，8页，北京，教育科学出版社，1986。

② 同上书。

③ 张大均：《教育心理学》，132页，北京，人民教育出版社，1999。

的信息资源；人又有主动性，可以与外界环境和刺激相互作用。该理论把人看作犹如计算机那样的信息加工者。"外部环境固然重要，但它是通过支配外部行为的认知过程而加以编码、储存和操作，并进而影响人类行为的。"①

在信息加工心理学的研究中，关于智力技能和程序性知识的观点需要人们格外关注。

第一，关于智力技能。

关于智力技能，下面主要介绍加涅(Gagne)与加里培林(Kalipilin)的基本观点。

加涅认为，技能有两种：运动技能是协调运动的能力，或者与动作的选择有关，或者与动作的顺序有关②；"智力技能是将已习得的直觉模式、概念、规则运用于实际情景，顺利完成任务的能力"③。加涅把智力技能分为五个层次：一是辨别，能区分刺激物的特征，发现事物之间的差异；二是具体概念，能列举事物的名称；三是定义概念，能理解以命题方式或公式方式表达的事物的本质属性；四是规则，能按规则操作，做出正确的反应，如造句、配平化学方程式、进行四则运算等；五是高级规则，能用简单规则解决复杂问题，如运用 $V = IR$ 的公式来对串联或并联电路的 V、I 或 R 进行计算。加涅认为，智力技能有两种：一是用于对外办事的技能(智慧技能)，二是用于对内调控的技能(认知策略)。

加里培林将智力技能的形成分为五个阶段：一是活动的定向阶段(准备，熟悉任务)，二是物质活动和物质化活动阶段(借助实物、模型)，三是出声的外部言语活动阶段(借助外部言语，眼、口、耳、脑协同)，四是无声的外部言语活动阶段(眼、脑协同)，五是内部言语活动阶段(智力活动压缩和自动化)。

第二，关于程序性知识。

现代认知心理学把知识划分为陈述性知识与程序性知识，认为智力技能的学习实质上是程序性知识(过程性知识)的学习。程序性知识是用于回答"怎么做"的知识，在头脑里是以产生式来表征并储存的。所谓产生式，是指人们经过学习，在头脑中储存了一系列以"如果"(条件)、"则"(动作)的形式表示的规则。所有产生式的集合形成了产生式系统。智力技能的学习，"本质上是掌握一个程序，即在长时

---

① 彭聃龄：《普通心理学》，8 页，北京，北京师范大学出版社，2001。
② [美]加涅：《学习的条件》，傅统先、陆有铨译，257 页，北京，人民教育出版社，1986。
③ 张大均：《教育心理学》，134 页，北京，人民教育出版社，1999。

记忆中形成一个解决问题产生式系统，以后若遇到同样类型的问题，就可以按照这一产生式系统的程序，一步一步地做下去，直至解决问题"①。

(二)技能的新概念

对技能新概念的探讨是从考察认识过程，特别是学生的学习活动入手的。温寒江先生的研究发现，技能是学生认识活动的一个组成部分，是由人体外部动作(感官和肌肉、骨骼等的运动)和内部智力活动(思维等活动)两部分组成的。正是由于这两个部分的结合，学生才能完成从获取信息、思维加工到表达运用的认识过程。技能在学习过程中体现为获取知识和运用知识的方式。获取知识是借助技能的内化实现的；是技能将外界的信息通过感官的活动转化为思维，通过思维活动使感性认识上升到理性认识的过程。运用知识是借助技能的外化，把人脑中的思维活动及其结果通过感官的活动转化为输出信息而实现的。温寒江先生将技能定义为：技能是在人们的认识活动中，外界信息经感官活动内化为思维，和思维活动及其结果通过感官活动表达出来的活动方式。定义说明，技能是在客观世界与人的主观世界之间信息相互转化的过程中形成和体现的活动方式。

技能的新概念包含这样的含义。第一，技能体现在有目的定向和特定要求的活动中，如在获取知识和运用知识中。第二，技能是一种活动方式，这个活动的实质是信息的转化，是内隐的心理操作(思维)与外显的感官协同活动的结果。第三，技能活动中，其外部动作，有的感官和肢体活动的力度较小(如观察、阅读、运算)，有的感官和肢体活动的力度较大(如操作、表演)，有的可能二者兼有体现。第四，技能训练的目的是使训练对象在实现信息转化的过程中，将某种特定活动方式或动作规范要求内化为个体稳定、有效的活动方式。这时，技能就可以表现为一种个性特征，成为能力形成的基础元素。

(三)技能的分类

技能分为内化技能和外化技能：内化技能是指外界的信息经过感官活动转化为思维，使感性认识上升到理性认识；外化技能是把人脑内部的思维活动及其结果通

① 李伯黍、燕国材：《教育心理学》，201页，上海，华东师范大学出版社，1993。

过动作行为转化为输出信息表现出来，使理性认识归纳到实践。技能是认识过程的组成部分。内化基本技能主要有观察、阅读和听；外化基本技能主要有言语表达技能、空间表达技能、数理表达技能、运动表达技能、音乐表达技能。

1. 内化技能

（1）观察

第一，观察的概念。

什么是观察？观察不限于对客观事物的感知觉。确切地说，观察是人脑通过人的各个感觉器官认识客观事物的过程。同一般认识活动一样，观察也有感性认识和理性认识之分。人们初次的观察或表面的观察，只看到事物的现象，获得对事物表面的、非本质的认识。这时观察只是一种感知觉，属于感性认识。日常生活中大量的观察属于知觉范畴。当观察继续深入，即有计划、有目的地深入观察，抓住了事物本质的特征和规律性的联系，这时观察已不是感性认识而属于理性认识，成为一种思维活动。科学观察属于这一种，即通常说的观察力。观察过程中，视觉起着主要的作用，通常还有听觉、触觉、嗅觉、味觉多种感官的参与。外界信息通过观察转化为表象，该表象总要与头脑中的已有表象联系起来，通过分解、组合、类比、概括（去伪存真、去粗取精），从而抓住事物的本质特征。因此，观察技能总与一系列的形象思维过程相伴随。观察通常也不是一次完成的，而是经历观察—表象—思维—观察……循环往复的过程。

第二，观察的意义。

首先，观察是主体与客观世界沟通的基本通道，是人们认识世界的一种基本技能。苏霍姆林斯基说："在低年级，观察对于儿童之必不可少，正如阳光、空气、水分对于植物之必不可少一样。"①观察对于成人来说，也是认识世界必不可少的技能。观察对促进人的智力发展有着极其重要的意义。其次，儿童通过观察学会形象思维，通过观察活动积累形象思维的基本材料，从感知具体表象到形成具有一定概括性的基本图形（表象），进而对这些材料进行各种心理操作。最后，观察是知识经验的直接来源，书本知识的理解需要有直接经验做基础。直接经验是亲自实践或

———————————

① ［苏联］B. A. 苏霍姆林斯基：《给教师的建议》修订版，杜殿坤译，47 页，北京，教育科学出版社，1984。

经历所获得的经验。实践和体验是主客体交互作用的过程，都要以观察为前提。书本知识的理解需要通过思维活动。新知识要与头脑中已有的观念(表象)建立联系，通过思维加工来获得。

(2)阅读

阅读是视觉器官对文字、数字符号或图像等信息进行内化的活动方式。阅读技能可分为文字阅读技能、数字符号阅读技能、图像阅读技能等。对于刚入学的儿童来说，阅读技能是在读、写、算的训练中形成的。对于阅读技能的形成来说，表象的积累是基础。因此儿童的表象丰富程度对阅读技能有重要影响。

文字阅读。文字作为信息的载体，具有可分离性、可组织性等特点。教材是学校教学主要的信息源。从读词(音、形、义)到读句、读段、读篇，从出声读到默读，从一字一字地读到快速地读，都是文字阅读技能发展的轨迹。

数字符号阅读。小学生的学习是从数字阅读开始的。数字阅读技能是从摆一摆、数一数、说一说、写一写，从读数、看数，到接触各种运算符号、字母符号、代数式和公式等发展起来的。

图像阅读。图像与文字或符号相比，具有整体性、形象性、具体性、信息量大、生动有趣的优势。因此，图文并茂的教材很容易受到学生的青睐。而且典型的图像还可以被广泛地迁移，图像记忆也比文字符号记忆效果好。图像还比语言容易被理解，容易被用于解决问题。例如，A 比 B 高，B 比 C 高，谁最高？用这样的文字表述的问题，一下子很难回答；但是只要画出图像，一看就知道 A 最高。为了提高学生图像阅读的能力，课题组的老师创造了许多训练方法，如平面几何的图形训练、图形解题法，地理的"图导法"教学，语文的图文结合训练、写"绘画日记"等都是有效的图像阅读技能训练方法。图像阅读技能训练方法也是有效的教与学的方法，打破了文字符号的一统局面，对于开发学生潜能、实现个性化教学有重要意义。

(3)听

听是对声音刺激的内化过程。这种刺激可以是语言、音乐，也可以是其他声音。因此，听可以分为语言的听、音乐的听、其他声音的听。

语言的听。人们在听广播、听讲或对话时接受口头语言信息的过程运用的是语言的听的技能。该过程以语言为载体，听者侧重语言的内容，实现对内容传递的主体的思想、观念和情感等的内化。

音乐的听。人们在听音乐时接受音乐的旋律、节奏和音色等信息的过程运用的是音乐的听的技能。该过程以乐声为载体，听者侧重感受、欣赏及理解音乐所传递的情绪、情感、思想、意境等，实现对音乐的内化。

其他声音的听。有时候技术工人通过敲敲打打，辨别由此发出的声音，判断机器的故障，这个过程运用的是听的技能。通过大量积累，技术工人头脑里形成了代表不同特定含义的声音表象。敲打发出的声音与该声音表象的比较可以作为判断情况的依据。

(4) 内化技能的综合

获取外界信息的通道，不仅仅是视觉和听觉，触觉、味觉、嗅觉、本体觉等都可以通过各自特有的效应器官实现信息的内化，这些特定的内化技能把外界的事物属性转化为表象并产生形象思维。获取信息的过程通常不限于运用单一的技能，而是综合运用多种内化技能。例如，在食物品尝的过程中，可能用到视觉技能、味觉技能、嗅觉技能等。外界信息的内化是通过内化技能实现的。无论是观察、阅读、听，还是借助味觉、嗅觉等内化技能，都要与头脑里的观念(表象、知识经验)建立联系，即都离不开思维，尤其是形象思维。

2. 外化技能

头脑里的经验或观念转化为外在的、物质的存在，要借助外化技能在实践中实现。说、写、算、画、做、演、唱、奏等各种外化技能的运用都是将头脑里的思维成果(语言、表象)加以表达的过程。

(1) 外化的含义

外化的含义是很丰富的，可以有多种表现形式，基本可以体现在个体对知识的应用上、对思维的表达上和对问题的解决上。知识的内化终究是为了外化，外化体现个体对自然、社会的能动作用。从认识论角度看，外化是理性认识到实践的能动过程。

知识的应用。头脑里的经验或观念有目的地被激活并借助感觉器官作用于客观世界，这是知识的应用过程。例如，学生真正理解了波义耳定律，懂得了潜水时最忌讳的事情之一是潜入深水后从氧气瓶中吸一大口气，屏住呼吸，然后浮出水面。因为依据波义耳定律，一个人潜入深水(深水中压力大)，从氧气瓶中吸一口气，

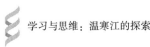

这样就增加了肺都空气的体积。当他向上浮时，水的压力下降。压力下降，体内空气的体积就会增大。由于这个人此时肺里已经吸足了空气，体积已经到了最大限度，再扩大，虽然不会爆炸，但是体内的空气会不断地扩张到血液中和肺部组织中，从而引发致命的栓塞。波义耳定律在海洋环境中的应用成为一项十分重要的生存技巧。

思维的表达。一名候选人滔滔不绝地做他的演说，一名自由体操运动员做体操表演，都是他们不断地将思维表达出来的过程。只不过前者以逻辑思维为主、形象思维为辅，后者以形象思维为主、逻辑思维为辅而已。头脑里的思维过程及结果通常是以一种简约的、模糊的方式存在的。候选人把自己的论点、论据、论证过程的关系厘清之后，就要将它们转换为明确的语言，同时考虑听众的心理与需求，用合适的语言表达方式来满足他们。这是语言表达技能、技巧的体现。对于体操运动员来说，头脑里的表象要转化为肢体动作，这个过程中，表象清晰、准确、科学是动作完美的前提，完美的表象能否与实际的肢体运动相吻合是其体操技能、技巧的体现。

问题的解决。所谓问题，是指人们在生产、科研、实践及生活中，遇到的未知的、未曾解决的情景和事件。问题包括认识问题和实践问题。

通俗地说，问题好比一个想要过河的人所处的境况，当站在河的这一边，其目标是河的对岸，一时没能过去时，这条河就构成了问题。这里的河，使得主体和目标之间有了距离或空缺，这种距离就是问题，要过河的人感受到的空缺感就是问题空间。问题的存在能激发人的思维或行为的动机。为了"填补这个空缺"，主体就要思考：也许有现成的桥和船可以利用，也许有自身的体力或技术可以利用，也许可以借助岸边的某种自然物作为工具……总之，问题情境是当主体确立了目标，但又不能直接达到目标时所处的状态。在教育教学中，问题既包括教师布置的作业练习题或出考题时所提出的封闭性问题，也包括在教学改革中让学生解决的如一题多解或一题多问之类的半开放性问题，还包括当前课程改革中学生面对的真实问题或全开放性问题。此外，从问题解决的整体过程来说，问题解决除了要指向某个预期结果外，还要引发一系列的思维活动和元认知活动（对思维等认知活动的监督、调节和控制），最终通过一系列的外化技能（写、说、做、算、画等）加以表达来实现。因此，问题解决，特别是开放的或真实的问题解决所涉及的技能、技巧是多样而综合的。

（2）外化技能的种类

第一，言语表达技能。

言语表达技能主要是指通过语言符号来描述事件，表达思想、情感并与人交流的技能。诗人、小说家、说书人、演讲者、记者、编辑、节目主持人、相声演员等能顺利且高效地利用语言进行表达，这种能力是由他们的言语表达技能构成的。言语表达技能包括书面语言表达技能和口头语言表达技能两种。二者的差异主要来自接受者借助的感官的不同要求。例如，书面文字可以被反复知觉，而口头语言无法被反复知觉；对于汉字来说书面语言可以借助字形理解含义，而口头语言就无法做到这一点。因此，两种技能的要求都考虑感受器官接收信息的特点，如口头语言技能对发音方面有要求，书面语言更强调文字的简练、文章结构的严谨等。

第二，空间表达技能。

空间表达技能主要是指借助线条、形状、结构、色彩和空间关系以及通过平面图形和立体造型将人们头脑中形成的表象表现出来的技能。借助这个技能，个体可以把想象的景象视觉化，可以制作图表、地图和其他视觉媒体，可以建造、制作或构想三维的物体并想象它们展开时的结构，还可以设计抽象的或有代表性的标志等。这种技能通常体现在艺术家、设计师、建筑师、漫画家、动画片制作者的身上，这是他们进行空间设计和空间表现的基础。空间表达技能包括绘画技能、雕塑技能等操作技能。绘画技能通常要把头脑中的三维表象转化为二维图像，雕塑技能用三维形象来表达，二者使用的工具以及工具的操作上的要求也大不相同。

形象思维的前提是观察；视觉表达或空间艺术表达的基础是思维，特别是形象思维。清代画家郑板桥谈论其作画经历时说："江馆清秋，晨起看竹，烟光、日影、露气，皆浮动于疏枝密叶之间。胸中勃勃，遂有画意。其实胸中之竹，并不是眼中之竹也。因而磨墨、展纸、落笔，倏作变相，手中之竹又不是胸中之竹也。"①从眼中之竹到胸中之竹，从胸中之竹到手中之竹，反映了画家由观察到思维、到表达的过程。

空间表达技能可以划分为两大类型：一是二维视觉性的表达技能，如绘画技

---

① 《郑板桥集》，161页，上海，上海古籍出版社，1962。

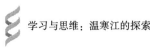

能；二是三维空间性的表达技能，如雕塑技能。表象的视觉作业在脑中形成的是图画，如中国地图等；表象的空间作业在脑中形成的是抽象的空间特征，如字母的旋转等。

第三，数理表达技能。

数理表达技能主要是指借助对事物间各种关系的揭示以及通过数理运算和逻辑推理将思维结果加以表达的技能。它是构成数学和推理方面的能力的基础。借助这个技能，个体能提出假设并去检验假设，收集数据，形成模式，提出反面例子，在这个过程的基础上形成理论。个体会用抽象的符号来代表具体的物体或概念，可以对数字进行计算等。计算机程序员、会计、数学家、侦探、工程师及科学家经常用到这种技能。数理表达技能包括运算技能、逻辑技能等。

第四，运动表达技能。

运动表达技能主要是指借助对自己身体的控制，通过对事件做出恰当的身体反应来表现头脑中的表象运动，或者利用身体语言来表达自己的思想感情。体育运动员、舞蹈演员、哑剧演员、杂技演员等表现出协调性，具有运动感、时间感、平衡感和灵活性等，都是以身体的运动形式（运动、表演技能）为基础的；手工艺家、雕塑家、工厂里的技术能手、外科医生等对精细动作或粗大动作的运用十分灵巧，是借助工具以双手的运动形式（操作技能）为基础的。

第五，音乐表达技能。

音乐表达技能主要是指借助声带或乐器将头脑里由节奏和旋律等构成的音乐表象加以表现的技能。作曲家、指挥家、歌唱家、演奏家等人对曲调有很强的把握能力，对节奏敏锐的感觉，头脑里可以形成清晰的音乐表象，能够高水平地演奏乐器或演唱。这种音乐表现力是他们音乐表达技能高水平的综合。音乐表达技能包括演唱技能和演奏技能。二者的区别在于演唱借助个体的发声器官，演奏借助某种乐器。

（3）外化技能的综合

其实，在许多实践活动中，外化技能不是单一使用的，而是综合运用的。例如，在交际活动中，不仅用到言语表达技能，也用到运动表达技能、数理表达技能等。这些技能协同活动，使个体在人际交往中能够有效理解与沟通。在解决问题的实践活动中，科学实验往往需要更多外化技能的参与。

（四）技能形成的阶段

一般技能的形成有以下四个阶段。第一阶段，目标定向。对于技能的目标要求和活动的程序方向，教师先讲解或示范，使学生有初步的理解。第二阶段，感知。运用实物、模型、标本、图像，通过观察进行具体操作。初学时的操作是直观、具体、可感的，动作往往是迟缓、不稳定、不协调的，常常伴有多余的动作。第三阶段，内化。内化阶段是由外部语言向内部语言、表象的过渡阶段，既有感官的活动，又有内隐的思维活动，介于感性与理性之间。例如，计算时边看图边计算；读句子时，一边读，一边思考；在初次练习运动技能时，既有正确的本体感觉，又有错误的感知觉。第四阶段，思维训练与外化。用内部语言和表象进行加工的思维训练是形成技能的关键。思维训练有抽象思维训练，也有形象思维训练，还有两种思维有机结合的训练。这时人们把外界信息与大脑中的经验联系起来，进行思维加工，并且把思维活动外化。在思维活动外化训练中，减少错误，消除多余动作，使技能不断完善。

（五）技能形成的特点

1. 技能的形成具有程序性和规范性

人的各种活动、行为都是一步一步进行的。话要一句一句地说，式子要一步一步地运算。技能的操作是有程序的。从过程来说，有先有后，按照时间推进；从逻辑来说，有前提和结论，有原因和结果，按照逻辑进行推理和论证。技能的操作不是随意的，是有规范的。没有规矩，不成方圆。例如，写字，笔画之间的架构，书写的间隔、顺序，都有具体规定或要求；句子是文章的基本单位，有它的基本结构（主谓结构）和法则（语法），是人类在漫长的历史进程中形成的；一项体育比赛，对技术要求、比赛规则都有详细的、具体的规定。

2. 技能需要练习才能形成

人在日常生活、学习、工作中会运用各种技能。这些技能都是按照一定的程序步骤和规范要求，经过练习形成的。基本技能的训练是学习的一项基本任务。

3. 技能由人的外部感官活动和内部心理活动（思维）两部分组成

外界事物的信息经感官内化为思维，思维及其活动又通过感官表达出来。技能成为沟通客观和主观的桥梁。这是技能新概念的一个重要特点。

人的思维活动、思维训练是内隐的。由于思维是技能的组成部分，技能是同思维联系着的，因此思维活动可以通过技能变为外显的东西。换句话说，思维活动可以转换为技能的活动，这是十分有利于教学工作的，如以下几种情况。

第一，学生写作时，头脑中的构思过程，他人（教师）是看不见的。如果让学生通过语言表达出来，教师就能及时对学生进行指导和帮助，不必等到写成文章后再去修改。所以，"观察·说话·写话"是学生习作教学的好方法。

第二，学生进行数的运算时，一边思考，一边列出算式进行运算。这时思维活动和技能运用是同步进行的，学生可以及时检查修正运算中的错误。

第三，学生学习解应用题时，要审题，要分析题目中条件之间、条件与问题之间的关系，从中找到解题的思路。思维的过程少则几步，多则几十步。一些学生往往想到后面，又忘了前面，使解题成为学习的一大难点。解决的办法就是使思维活动外化，把审题、分析问题的过程有步骤地写出来，再通过分析与综合找到解题的途径。

第四，学生学习写生时，面对一处风景，先要用美学的思想进行构思，思考对景点的取舍、笔墨的浓淡、画面的布局等，然后一笔一笔地描绘。这时，审美思维活动和技能运用是同步进行的。

4. 技能形成后，思维活动成为隐性的，人们再运用它时不用意识的努力就能自动地完成

例如，学生学习 20 以内的加减法（技能），要做多次的练习；学会以后，就能不假思索地完成计算了。人们学骑自行车，开始时，小心谨慎地练习蹬车、上车、扶把，还免不了摔跤；一旦学会了，就能轻松地骑车走了。

（六）技能分类的意义

1. 明确了技能在学生认识活动中的定位

人每天都要处理大量的信息，技能是个体获取、处理和运用信息的"通道"。技能在认识与实践活动中是连接主体与环境的纽带，是实现主体与客体互动的中介。人们通过内化技能（观察、阅读、聆听等）把客观信息与大脑中的经验联系，产生新的主观形态的知识。内化技能与思维的联系很紧密，而且这种联系不是单

向的，也不是一次性的，而是多次反馈、加工的过程。通过这个过程，人们完成知识或新经验的建构。外化技能(说、算、唱、演等)也是如此，与思维密切联系。人们将头脑中的思维成果及思维活动加以外化。这也不是单向或一次性完成的。外化技能活动的结果要不断作为思维活动的反馈信息，不断地对思维活动和外化技能进行调节。人们通常认为，无论是外界信息的内化过程，还是思维成果的外化过程以及思维过程本身，其中的往返互动和运作都是在大脑的监控和调节下进行的。

2. 理顺了技能与其他因素的关系

(1)理顺了技能与思维的关系

在技能的新概念中，内化技能是在外部刺激转化为思维材料的过程中体现的，是获取知识的活动方式；外化技能是在思维过程及其成果转化为物化知识或精神产品的过程中体现的，是运用知识的活动方式。上述两种活动方式无论是内隐的还是外显的，没有本质上的差异。内化技能在思维的起点，是引发思维的源泉；外化技能在思维的末端，是思维对外展示的环节。技能与思维紧密联系。技能练习的实质是各种思维的训练，思维的训练可通过技能的练习来完成。

(2)理顺了技能与知识的关系

技能是头脑实现信息加工从而获取知识(思维)的重要条件，与知识同等重要。在教学中，内化技能和外化技能是学生对知识进行运作的基本环节。书本知识经过内化技能，成为思维的内容与形式，转化为可以储存的观念状态的知识。这种知识经过外化技能可以转化成物质形态的产品。可见，技能是实现知识转化的机制，知识是技能运作的载体。温寒江先生认为，基础知识和基本技能存在内在的密切联系，教学中只重知识掌握、忽视技能训练的做法是不可取的。

(3)理顺了技能与能力的关系

在技能的新概念中，技能是构成能力的要素，能力是技能高水平的综合。

3. 提供了构建学科基本技能体系的框架依据

不同的学科应当有与各自学科特点相适应的技能体系。从学科基本知识出发，分析该学科内化技能、思维形式、外化技能的特点，可以建构特定学科所需的技能要素，使之具有可操作性、可训练性。

二、能力概念

(一)能力的概念

在教学活动中，同一个班级，同样的教师、教学方法、训练方法，学生的学习效果却是有差别的。同样是听讲，有的学生理解得深，有的学生理解得浅。教师讲了概念、法则，有的学生只会套公式，只有一种解法；有的学生有多种解法。有的学生听了课能提出问题，有的学生不能提出问题。同是读一本书，有的学生掌握得深，记得也牢；有的学生不求甚解，也记不住。同是观察一个事物，有的学生观察得仔细，能抓住特征；有的学生粗心大意，熟视无睹。

在不同学科、不同领域，不同学生的学习活动也有明显差异。有的学生语文学得好，掌握得快，而数理不行；有的学生则恰恰相反；有的学生在体育、音乐、美术方面表现出特殊才能，而文化课可能一般；等等。

人们存在观察、思维、记忆的差异。想象力强的人，其想象中的表象鲜明、生动，他们似乎能听到、摸到、看到眼前不存在的事物；想象力弱的人，其想象中的表象很模糊。《牛虻》的作者伏尼契，经常"看到"书中主人公亚瑟站在她面前，那么年轻，身着黑衣，面露忧戚，眼含痛苦。法国作家福楼拜骑马到郊外旅行，觉得(想象)他自己就是风，就是马。画家李琦有很强的视觉记忆，能凭记忆画出他见过的领袖人物的肖像。

这些人在认识活动中存在差别。正是由于这种差别，人们常说，某人某种能力强，某人某种能力弱。对于能力的概念如何界定，国内外存在多种不同的说法，举例如下。一是"能力是一种心理特征，是顺利实现某种活动的心理条件"①。二是"能力是个性的个别心理特点，这些特点是顺利实现该种活动的条件，并且表露出掌握该活动所必需的知识、技能和熟练的动力上的差别"②。三是"能力是作为掌握

---

① 彭聃龄：《普通心理学》，390 页，北京，北京师范大学出版社，2001。
② [苏联]彼得罗夫斯基：《普通心理学》，龚浩然、伍棠棣、张世臣等译，499 页，北京，人民教育出版社，1991。

和运用知识技能的条件并决定活动效率的一种个性心理特征"①。上述诸种定义都认为，能力是一种个性心理特征，但存在以下不足。

第一，没有阐明能力与思维的关系，忽视了思维的作用。能力是一种认知范畴。人们在学习、工作和生活中获得关于客观事物的种种信息，必须运用思维对其进行加工，才能达到对事物本质的认识，进而把这种对客观事物的认识，即思维的结果及思维过程，通过生产、科研或社会交往活动表现出来。所以离开思维，能力就不存在了。

第二，能力表现在具体从事的活动中，并且在活动中得到发展。因此，能力是动态的、发展的、可操作的。温寒江先生认为，把能力归纳为"一种个性心理特征"，把能力看作一种抽象的、固定的概念，弱化了能力的可操作性。

第三，能力与技能、能力与智力容易被混淆。混淆能力与技能的现象在理论研究中和实际工作中常有发生。

温寒江先生根据对两种思维、两类技能的研究，参考上述定义，将能力的概念重新界定为：能力是一种顺利地或高质量地获取知识和运用知识的个性心理特征，是技能的高水平的综合。

这个定义比较明确地表明了能力和认识过程的三个基本因素(技能、思维、知识)的关系。

第一，能力与技能。能力是技能的高水平的综合，也就是说，能力源于技能又高于技能。美国心理学家布鲁纳说：在知识的最前哨也好，在三年级教室里也好，智力活动全都相同。一位科学家在他的书桌上或实验室里所做的，一位文学评论家在读一首诗时所做的，正像从事类似活动而想要获得理解的任何其他人所做的一样，都是属于同一类的活动，其间的差别，仅在程度而不在性质。② 温寒江先生研究认为，技能分内化技能和外化技能。前者是人们在学习、工作和生活中通过观察、阅读和听的活动获得关于客观事物的种种信息，经过大脑思维的加工，了解、掌握有关知识；后者是指人们把知识(思维的结果)通过生产、实验、社会活动表

---

① 中国大百科全书总编辑委员会《心理学》编辑委员会、中国大百科全书出版社编辑部：《中国大百科全书·心理学》，225页，北京，中国大百科全书出版社，1991。

② ［美］布鲁纳：《教育过程》，邵瑞珍译，9页，北京，文化教育出版社，1982。

达出来，使思维转化为外在的物质的存在。能力较强的人能够顺利地获得知识和运用知识。可见技能是能力的基础，在这点上，二者是相同的。但是能力是技能的高水平的综合，每一种能力都由相关技能综合而成，都有其特定的个性心理特征，这点又是不同的。这种把能力和技能看作既有相同点又有区别的观点，是一种发展的、动态的观点。对于教育来说，这是极为重要的观点，说明能力是可以培养的。一位杰出的作家，是从识字、阅读、观察、习作起步的；一位大科学家，是从观察、实验开始的；一位优秀的京剧表演艺术家，必须刻苦练习唱、念、做、打、手、眼、身法等基本功。温寒江先生认为，过去教育工作之所以对能力的认识存在误区，是因为既没有弄清能力与技能的相同之处，也没有看到二者的不同之处。

　　第二，能力与思维。能力与技能属于同一种性质的活动。温寒江先生认为，不论内化技能还是外化技能，一般都由人体外部动作（感官、肌肉）和内部智力活动（思维活动）两部分构成。所以，思维是能力的重要组成部分。由于思维活动具有概括性、系统性、灵活性、变通性等特点，因此思维是技能发展成能力的过程中的一个关键因素。

　　第三，能力与知识。人们从外界客观事物获得信息，经过思维加工，抓住了事物的本质，形成了知识。这时知识是主观形态的。而后，头脑中的知识通过生产、社会实践表达出来，以客观的物质形态出现。在这个过程中，能力体现在认识活动中，知识（主观形态、物质形态）是认识的结果。从一次认识活动来说，能力和知识二者似乎是不相干的。然而，人的认识活动是不断发展的。在认识发展的长河中，个人的知识（概念、表象）不断积累着、丰富着。丰富的知识是思维的基础，思维一般是把新旧知识联系起来进行加工的。没有丰富的思维材料，再好的加工方法也是徒劳。作家、诗人要有丰富的语言储备，苏联诗人马雅可夫斯基（Mayakovsky）说："你想把一个字安排停当，就需要几千吨语言的矿藏。"①画家要有丰富的表象积累，他们走遍大川名山，积累素材。优秀的乒乓球运动员要接好每一个球，需要经过成千上万次训练积累球路的表象。这就是厚积而薄发。厚积是就知识来说的，薄发是就能力而言的。知识在能力的发展过程中形成，能力在知识的运用过程中不断发展，这就是知识与能力的关系。知识的积累是能力发展的重要因素。

_____

　　① 转引自严杰：《写作心理学》，199页，长春，吉林文史出版社，1991。

（二）能力的种类

1. 一般能力

获取知识的能力包括观察能力、阅读能力（鉴赏能力）、听的能力等。运用知识的能力包括语言能力、运算（数学）能力、绘画（绘图、书法）能力、操作（动手）能力、社会交往能力、表演（体育、舞蹈）能力、音乐能力等。上述各种能力为一般能力，是多种学科学习、专业活动所共有的。一般能力是学生从事各种活动应有的。学生有了一般能力，有利于使所从事的活动进展快、效率高。

2. 特殊能力

每一种能力都由于学习、工作、生产的性质、种类不同，而由不同的技能组成。这种不同类型的具体的能力就是特殊能力或学科（专业）能力。

一般能力与特殊能力是共性与个性的关系，共性寓于个性之中。温寒江先生认为，不能脱离学习的、工作的、生产的具体活动来谈论学生能力的培养。学生能力的培养与发展多指特殊能力的培养，需要结合具体学科学习、专业活动进行。

（三）中小学生数学能力的结构

研究能力的培养与训练，首先要弄清它的结构。苏联心理学家克鲁捷茨基（Kruetsky）用了 11 年时间对数学能力进行专题研究，采用了实验法、实验教学法、个案法，还根据大量数据进行因素分析，提出了中小学生数学能力结构的轮廓。

温寒江先生提出了以下中小学生数学能力结构的轮廓。

1. 获得数学信息

对数学材料形式化的感知能力，对问题形式结构的掌握能力。

2. 数学信息加工

在数量和空间关系、数字和字母符号方面的逻辑思维能力，对数学符号进行思维的能力。

迅速而广泛地概括数学对象、关系和运算的能力。

精减数学推理过程和相应的运算系统的能力，以简短的结构进行思维的能力。

在数学活动中心理过程的灵活性。

力求解答的清晰、简明、经济和合理。

迅速而自如地重建心理过程的方向，从一个思路转向另一个相反思路的能力（数学推理中心理过程的可逆性）。

3. 数学信息保持

数学的记忆指关于数学关系、类型特征、论据和证据的图式、解题方法及探讨原则的概括性记忆。①

温寒江先生在完成这个提纲之后说："与教师和教学法专家一道，在先搞清现有的数学体系究竟能在何等程度上塑造学生的数学思维或数学能力之后，来研究形成和发展中小学生数学能力的最佳方法。"②从中可以看到，虽然温寒江先生对数学能力做了严格的、细致的心理学研究，但对于如何形成、发展数学能力仍然有待研究，说明这个提纲离教学实际操作还有一段距离。正是基于这个缘由，温寒江先生的课题组提出了能力新定义。

(四)能力与创新能力

创新能力是个人多种心理品质和能力的复杂的、高水平的结合。不同领域的创新力的结构各不相同。一位文学家的文艺创作和一位工程师的技术创新，其能力结构是不同的。就是科学家的理论发现和工程师的技术发明，其能力结构也不尽相同。温寒江先生从创造能力(创新能力)的研究中，得出了重要的心理品质和能力有三个方面：一是创新精神，即在创新活动中高度的劳动热情、自信心、独立思考和探索的精神；二是创造性思维，即创新过程中的思维，它是创新活动的核心；三是实践能力、动手能力，一切创新都是在实践活动中形成的，只有在活动中通过勤奋的劳动、高超的技术，才能把创新的思想变为现实。这种高水平的能力——创新能力不是凭空产生的，而是以扎实的知识和一般能力为基础，从一般能力发展而来的。

温寒江先生认为，能力和创新能力都是人的认识(实践)能力，无论是个性特征还是思维训练，都有许多共同的东西。创新能力的培养和能力的训练是紧密联系着的，创新能力是能力发展中最高水平的表现，技能、能力、创新能力三者之间既

---

① [苏联]克鲁捷茨基：《中小学生数学能力心理学》，李伯黍、洪宝林、艾国英等译，398 页，上海，上海教育出版社，1983。

② 温寒江：《学习学》上卷，149~150 页，北京，教育科学出版社，2016。

相互联系又相互区别，是人的认识能力的三个层次。

第三节　由思维带来的知识

🌳 节前导读

温寒江先生以思维与技能、能力的关系为基础，进一步探讨了思维与知识的关系。首先，温寒江先生从知识的来源、知识与认识主体的关系、知识与思维的关系三个方面对知识进行了分类；其次，温寒江先生认为知识作为思维的结果，具有概括性、结构性和综合性三个特点；最后，温寒江先生认为理解是学习过程的核心，在理解的过程中，人们把对新知识(事物)的感知和已有相关知识(经验)联系起来，经过思维加工形成种种概念，认识从感性阶段上升到理性阶段。

一、知识的分类

(一)什么是知识

知识是人类在长期认识世界、改造世界的过程中获得的成果和经验的总和。它在实践基础上产生，又经过实践的检验。

1. 知识有观念形态和物质形态两种形式

人们从外界获得种种信息，经过思维的加工形成知识，将其以语言、符号、表象等形式储存在大脑中。这种知识是观念形态的。为了人际交往、交流和改造客观世界，人们需要把头脑中的知识表达出来，加以运用。这时，头脑中观念形态的东西就变为口头语言、书面文字、图像、书籍、录像带、光盘、机器、建筑物等物质形态的知识了。

对于个人来说，头脑中观念形态的知识具有十分重要的意义。大脑不仅储存知识，而且不断产生新知识，或者说储存知识是为了生产知识。新知识的产生、新原理的形成、新创意的确立，都离不开思维对已有知识的加工。人们通过社会实践、科学实验、调查研究所得的种种信息、经验，经过思维加工后成为新知识。人们通过学习、研究、思考，可以使已有知识得到拓展。

人们头脑中丰富的知识，源于勤奋学习和善于积累。没有系统地、深入地学习，没有在实践中不断地积累，就不会形成丰富的知识，头脑中思维加工的材料就会枯竭，运用知识，尤其是创造性地运用只是一句空话。人们在学习和实践中，要在理解的基础上记住那些有价值的知识：一方面，要通过必要的复习去记住那些重要的知识；另一方面，可借助记笔记、写提要、做摘录以及用电脑储存等多种方式来保存知识。

当观念形态的知识转化为物质形态的知识时，每个人都把个人的知识汇入社会的知识，如涓涓细流汇入大江大河。千百年来，人们不断地丰富人类社会的物质文明和精神文明，促进社会进步和发展。每个人又从社会物质文明和精神文明的巨大财富中汲取他人、前人的知识，不断充实和丰富自己，使身心得到全面、和谐发展。

因此，人的全面发展过程中，同时存在两种转化：从主体与客体来说，是客观变主观，主观变客观，即外界的客观信息、知识被主体吸收内化为个人的思想、知识(主观形态)，个人的思想观念又通过交流、运用转化为客观知识(物质形态)；从个人与社会来说，又显示着另一种转化，即将社会的思想、知识内化为个人的思想、知识，个人的思想、知识又转变为社会的财富，促进社会发展。

2. 知识分类的意义

邓小平说："要实现现代化，关键是科学技术要能上去。……必须有知识、有人才。一定要在党内造成一种空气：尊重知识，尊重人才。"[①]知识的重要性已被越来越多的人认识到。早在16世纪，英国哲学家培根就提出"知识就是力量"的口号。他认为，掌握知识是为了认识自然。近半个世纪以来，原子能技术、空间技术、微电子技术、信息技术、生物工程技术、新材料新能源技术的研究都取得了重大进展，一些发达国家的经济正在朝着主要依靠知识创新和知识的创造性应用的方向发展。"知识的创新"已成为当代一个响亮的口号。当今是知识经济时代。所谓

---

① 廖盖隆、庄浦明：《中华人民共和国编年史》，445页，郑州，河南人民出版社，2000。

知识经济，"是以知识和信息的生产、分配和使用为基础，以创造性的人力资源为依托，以高科技产业及智力为支柱的经济"①。知识经济的提出更加突出地强调了知识在经济发展中的地位和作用。

从 20 世纪中叶以来，社会知识总量迅速增加，学科门类越来越多，边缘学科不断增加。哈佛大学普通教育计划在 20 世纪 40 年代试图把人类大多知识综合到 16 门课程之中；到 1949 年，课程扩展到 31 门；到 1969 年，达 101 门；目前已达几百门。人们面临无比庞大的知识资源。且不说社会知识总量，就个人所学的专业知识来说，毕其一生也是学习不完的。个人头脑中的知识也是一个巨大的系统。认知心理学把个人头脑中的知识和经验统称为认知结构。实际上，人们头脑中的知识并非都有一个良好的结构。

面对这个巨大的、复杂的知识系统，温寒江先生做了一些基础性的研究，就是将知识进行基本分类，即从知识的来源、知识与认识主体的关系、知识与思维的关系揭示知识间内在的联系与区别，阐述知识的共同特征。这一研究对于知识的理解、掌握，对于智力的发展及教育改革都具有重要意义。

（二）基于知识来源的分类

根据知识的来源，知识可以分为直接经验和间接经验。这是一种最常见的分类。

1. 直接经验和间接经验

直接经验就是人们在实践中直接获得的知识、经验。这种知识对人们来说，是真切的、具体的、实感的。然而，人不能事事都亲身经历。面对浩瀚的知识海洋，人们必须通过书本教学、网络等方式学习人类在长期实践中积累起来的科学知识，即学习间接经验。

2. 直接经验和间接经验的关系

间接经验归根结底根植于直接经验。儿童入学前已从生活中学会约 3000 个口头词汇，已会说简单的句子。在玩游戏、搭积木、拼图和说话中，形象思维得到了初步的发展。入学后，儿童学习字词，如学习"桌子"一词，对于它的读音、意思，

---

① 赵弘、郭健丰：《知识经济呼唤中国》，55 页，北京，改革出版社，1998。

已经有了经验。学习这个词时，只要把字词的形象结构同它的音和义结合起来就是了。儿童学习认数，在教师的指导下，动手一个一个地数，动口说，再动笔写。这样反反复复地摆一摆、说一说、算一算，经过三四个月，儿童就学会了20以内的加减。儿童喜欢画画，随着视觉神经的发展，儿童绘画经历涂鸦期、象征期、图式期和写实期，最后形成独具特色的儿童画。可见，儿童最初识字、认数、绘画都是儿童获得直接经验的过程。获得的这些经验成为他们以后学习书本知识（间接经验）的基础。关于间接经验和直接经验的关系，陶行知先生做过一个精辟的比喻："接知如接枝。"他说："我们必须有从自己的经验里发生出来的知识做根，然后别人的相类似的经验才能接得上去。倘使自己对于某事毫无经验，我们决不能了解或运用别人关于此事的经验。"①

3. 青少年以学习间接经验为主

以学习间接经验为主，就是以学习书本知识为主，这是一条教育的基本经验，但做起来往往会产生偏差：忽视直接经验，忽视实践。这种偏差主要表现在以下三个方面。

第一，在教法上。有人认为重视直观教学、情境教学，尤其是运用现代教育技术，可以比较真实地反映客观世界，使学习内容变得生动，大大丰富学生学习时获得的信息。有了这些，是不是可以不重视直接经验呢？不然，这些丰富的比较"真实"的信息，对于学生来说仍然是间接的。倘若学生没有登过山，没有见过逶迤的群山，没有居高临下的那种感觉，那么，就是面对泰山的风景画面，还是很难领会"一览众山小"的意境。这时学生头脑中有两个世界：一个是生活的经验世界，一个是在影视中见到的虚拟世界。后者只有当它唤起经验世界中类似的经验和感受时，才能使学生产生一定的真实感，变得可以被理解。爱因斯坦在《关于理论物理学的方法》中说："纯粹的逻辑思维不能给我们任何关于经验世界的知识；一切关于实在的知识，都是从经验开始，又终结于经验。"②因此，青少年除了学习间接经验外，还要经常接触自然，了解社会，不断丰富直接经验。对于他们能直接观察的，教师要让他们去观察；对于他们能动手做的，教师要让他们动手去做。教师要

①　陶行知：《教学做合一讨论集》，33页，上海，上海儿童书局，1933。
②　《爱因斯坦文集》第1卷，许良英、范岱年编译，313页，北京，商务印书馆，1976。

注意不让书本知识脱离生活、脱离实际。

第二，在作业练习上。有人认为，学生学习过程中运用的知识是一种直接经验。对这个观点要具体分析。学生的作业与练习，一般可以分为四种情况。第一种情况，要求回答、解释问题的作业，是对所学教材内容的理解，是复习性的。第二种情况，解题练习，运用所学的原理、公式解答一些基础性的问题，如数学中的应用题。第三种情况，做实验，无论是在课堂上边听讲边做实验还是亲自做实验，对于实验的仪器及步骤，教材或教师都有具体说明，学生只要按部就班去操作就行了。虽有一些实践性，但目的只是检验所学知识。现行的教材所采用的作业、练习基本上都是上述三种类型。显然，练习的目的是掌握所学的基础知识和基本技能，这些类型的练习仍然是为了学习间接经验。第四种情况，研究性(探究性)、综合性、创造性作业。所谓研究性作业，要求学生根据教师提供的问题情境或问题，自主选择问题，收集资料，制订方案(计划)，进行实验、探究、制作，然后对所得结果进行检验和评价。整个过程由学生或小组独立自主地进行，教师只是在必要时进行帮助。这种研究性作业或学习容易引起学生的兴趣，激发学生积极独立思考，充分发挥主体性作用，有利于培养学生的创新意识和实践能力。这种学习是独立地解决问题、探索新知识，获得的是直接经验。美国心理学家布鲁纳把这种学习方法称为"发现法"。他说："发现不限于寻求人类尚未知晓的事物，确切地说，它包括用自己头脑亲自获得知识的一切方法。"[1]现行教育只重视前三种作业而忽视第四种，即研究性作业，这是只重视间接经验而忽视直接经验的一个突出表现。

第三，在课程设置上。在处理直接经验和间接经验的关系的问题上，现行课程明显存在过于注重间接经验而忽视直接经验的倾向。新课程改革设置综合实践活动，提倡研究性学习。这种综合实践活动是基于学生的直接经验，密切联系学生自身生活和社会生活，体现对知识的综合运用的实践课程。与其他课程相比，综合实践活动具有实践性、开放性、生成性。开设综合实践活动是培养学生的创新精神和实践能力、改革现有课程的一项重大举措。开展好这项活动课程，要充分汲取国内外有关经验。我国许多中小学都有开展课外活动的经验。学生根据自己的兴趣、爱

---

① 《外国教育丛书》编辑组：《中小学教学改革的理论和实际》，27 页，北京，人民教育出版社，1979。

好和特长，选择要参加的活动项目，开展个人的或小组的独立自主的活动。这些活动一般都具有研究性、综合性和实践性的特点。过去这类活动由于与传统课程的思想相左，因此被称为课外活动。实施综合实践活动，应认真总结过去课外活动的经验，使之成为新活动课程的一个组成部分。

（三）基于知识与认识主体的关系的分类

知识是人的认识活动的产物。根据知识与认识主体的关系，知识可以分为科学知识和个性化知识。

1. 科学知识

科学知识是关于自然界、人类社会和人的思维的知识，是实践经验的结晶，是正确反映客观事物的本质及其规律的知识，具有客观性、抽象性和实践性。客观性是指人们按事物本来的面目去揭示事物的本质，不带个人的主观成分。不同科学家对同一事物进行研究，他们所获得的知识只要符合客观实际，必然是彼此一致的，不会因科学家的个性不同而产生差异。抽象性是指通过抽象的方法，剥去那些偶然的、表面的、非本质的东西，提取那些普遍的、必然的、本质的属性和有规律性联系的东西。实践性是指科学知识来自实践，又不断为实践所证实。若有不同学说，则依靠实践（实验）的检验得出真理。例如，燃素说是18世纪关于燃烧的一种学说，认为可燃物质中存在燃素，燃烧时燃素以光和热的形式逸出。但实验结果表明，物质在燃烧后重量增加了。18世纪末科学的燃烧氧化学说取代了错误的燃素说。这类知识包括自然科学知识、社会科学知识等。

2. 个性化知识

个性化知识又称非理论知识，是在人们认识客观世界、反映事物的本质时，同他个人的感受、体验相联系的知识，具有个体性、形象性和实践性的特点。个体性是指对事物的认识是同认识主体的感受、体验相联系的，认识主体不同，其审美观不同，体验不同，对事物的反映也不尽相同。形象性是指这类知识是通过形象思维（视觉的、听觉的、触觉的、动觉的）获得的，是具体的、可感的。实践性是指这些知识来自生活，来自实践。总之，这类知识反映客观世界时，带有个人色彩，是客观和主观相统一的知识。这类知识主要有文学艺术、运动技术。

（1）文学艺术的知识

文学艺术的知识是艺术家对客观世界的美的反映，客观世界的美存在于具有无限多样性、丰富性的具体形态之中。"艺术家能够成功地反映到他的作品中去的东西，只能是他所特有的思想、情感、个人气质、生活经验、审美理想规定的范围内，能够为他所深刻感受、体验和引起他的创作冲动的东西。而且艺术家在反映现实的同时，不论自觉与否，总要表现出他自己的精神面貌，表现出他对于现实世界的独特的感受、认识和情感，表现出他那与众不同的素养。主观条件不同的艺术家，即使反映同一的对象，他们的作品也具有各自不同的特色。"①对于这种文学艺术作品的特点，让·塔迪埃（Jean Tadier）说："有多少艺术家，就有多少面不同的镜子，因为每个人都有自己的世界，它与其他任何世界都不相同，伟大的作品只能与自己相似，而与其他一切作品不同。"②

（2）运动技术的知识

运动员在长期训练中获得的特殊的感觉，就是个性化的经验和知识，如节奏感、水感、球感、机械感等。这种感觉可使运动员纠正自己运动中的动作，调整动作的强度、速度，保持动作的协调性，以保证高质量地完成动作。这种特殊的感觉是个体通过感受器官和大脑的思维加工产生的对运动环境和自身运动状态的反映。这种感觉只能意会不能言传，是一种与认识主体不能分离的经验和知识，不同练习者的这种感觉并不相同。

此外，中医的切诊、弦乐的演奏、微雕等，都是依靠个体肢体活动（运动觉、触觉）获得的经验，是个性化的知识。例如，二胡演奏，演奏者左手指轻按二弦，上下滑动，右手拉弓，左手手指轻微的颤动与滑动决定着音高和音质。

（四）基于知识与思维的关系的分类

知识是思维的产物，是思维的结果与表达形式。用思维对知识进行分类，弄清它与由它所产生的思维形式的关系，是十分有意义的。思维虽有多种分类，但根据人脑对客观事物的表征来划分，只有抽象思维和形象思维。温寒江先生把主要由抽

---

① 张锡坤：《新编美学辞典》，95 页，长春，吉林人民出版社，1987。
② 曹文轩：《小说意义上的个人经验》，载《北京日报》，2001-03-04。

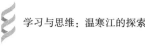

象思维产生的知识称为抽象性知识或理论性知识，把主要由形象思维产生的知识称为形象性知识。

1. 抽象性知识

抽象思维以语言作为思维材料。虽然头脑中的思维与书面语言不尽相同，但某个概念一旦形成，表达这个概念的工具——语言也就找到了。所以，一般说来，怎么想，就怎么说、怎么写。语言文字在大多数情况下都可以用来表达形象思维。所不同的是，形象思维用表象来思维。表达时，头脑中先有形象（表象），再用语言文字表出来。如何区分用文字表达的知识呢？文体主要有三种，即记叙文、说明文和议论文。可以根据文体判定其思维方式：记叙文和说明事物的说明文主要用形象思维，议论文和说明事理的说明文主要用抽象思维。

这两种思维都存在非语言文字的表达方式。例如，可以用符号进行抽象思维，如数学分析(代数、微积分)就是用特定的符号、公式来代替概念、原理，进行分析、归纳等逻辑思维，使思维达到抽象、深奥的程度。形象思维存在多种多样的表达方式，如图像、操作、表演、音乐等。

2. 形象性知识

由于忽视形象思维，许多知识涉及它的产生、表达时，就不能被说清楚了。把这一类知识笼统地说成是感性认识或运动技能，会使这部分知识变得难以被理解。例如，人们过去只把地图当作附图，即一种感性认识，其实它是地理学家科学观测的结果，比文字表达更准确，信息量更大；音乐的作曲、演奏、演唱，其实是音乐家用音乐表象(音高、旋律、音强、音值等)进行形象思维的结果；体育运动、舞蹈其实是用身体运动的动觉表象进行形象思维的结果。可见，用思维对知识进行分类，有利于人们从知识的产生和加工过程来理解知识。

二、知识的特点

(一)知识的概括性

1. 知识的概括性概述

当一个人来到世界后，他面对的是一个从表面看起来杂乱无序的世界。怎样识别世界、认识世界？人们从小就一点一点地学抓事物的特征，学简单分类；进了学校，学习的知识增加了，思维也发展了，通过抽象、类比、归纳等方法，逐步学会从事物错综复杂的联系中厘出头绪来，抓住事物的内在联系。从事物的表面现象抓住共同的、本质的东西，这就是概括。

知识是思维的成果，概括性是知识一个重要的特点。如果没有知识的概括性，人们将永远停留在对事物的无序的认识中。一部人类发展史也是人类认识自然界、认识社会的历史。细胞学说、进化论、能量守恒和转换定律的发现，被恩格斯称为19世纪的三大发现。这些发现使人们认识到：生物体虽有千百万种，但都是由细胞构成的；自然界形形色色的物种是生物自然进化的结果；一个物质系统中，不论发生什么变化和过程，能量的总和不变。三大发现使纷繁复杂的自然界变得简单而和谐。

人们一般认为概括是抽象思维的功能，其实抽象思维、形象思维都会对外界信息进行概括。抽象思维用抽象的方法对客观事物进行概括，形象思维用类比的方法对客观事物进行概括。

2. 知识的概括方法

（1）知识的抽象概括方法

在人们认识事物的过程中，抽象的方法是指对事物的属性进行分析和综合。由浅入深、由表及里、由此及彼地分出事物的不同成分、因素、属性，然后把反映事物本质的成分、因素、属性综合起来，揭示出其中共同的本质属性和规律性的联系，这就是概括。抽象和概括是互相联系的：在抽象的基础上进行概括，没有抽象就不可能有概括；概括又是进一步抽象的基础。科学抽象的结果被人们用概念、范畴、规律的形式确定下来。概念是人类认识从感性认识上升到理性认识的基本标志。科学理论就是以概念为基本元素，通过一系列判断、推理建立起来的。

（2）知识的形象概括方法

自然界、人类社会中形形色色的事物在其形态、运动形式、性质、功能诸多方面存在大量相似之处。所谓类比，就是对事物间的这种相似性，通过形象思维比较其同异，抓住事物特征和本质属性的思维方法，是一种较为常见的方法。之所以温寒江先生用类比这个词语，是因为类比是形象思维的方法，是以表象作为思维材料的。生物界中有40多万种植物、150多万种动物。分类学就是通过运用类比、归纳的方法，把具有共同本质特征的物种归为一个门类。例如，动物从单细胞的动物到脊索动物分为九门，门这个大部类又分为纲、目、科、属、种，每一类别都有共同特征。哺乳纲动物就是一大类，这类动物的共同特征为：体外披毛；牙齿有门齿、犬齿、臼齿的分化；体内有膈，体腔被膈分为胸腔和腹腔；用肺呼吸；心脏分为四腔，体温恒定；大脑发达；胎生，哺乳。因此，类比的思维过程总离不开物种的具体属性和典型特征。

用类比的方法进行概括是否属于浅层次的呢？不然，当今不少科学领域深层次的探索以及依靠新技术的实验观测，都离不开分解、组合和类比、概括的方法。例如，一个多世纪来，对微观物质结构从原子和分子到原子核和基本粒子再到基本粒子组成（层子）的结构三个层次的发现；对人的大脑神经系统的研究，已从认知—行为系统、脑区，深入到神经回路、神经元、微回路、突触和分子、离子的研究。这些都是科学研究的前沿。

（3）典型的方法

马克思在《政治经济学批判》中论述政治经济的方法时，讲到科学地、理论地掌握世界的方式与艺术地掌握世界的方式不同。[①] 科学的、理论的认识，从感性认识上升到理性认识时，就脱离了感性的、具体的事物，用抽象的方法形成概念、原理，并以此为基础，构成一定的理论体系去揭示事物的本质；艺术家的认识则不同，从感性认识上升到理性认识时，始终不脱离对事物的具体的、形象的感受，通过形象思维的方法，创造艺术典型去揭示事物的本质。

《辞海》对典型方法的定义为："作者用典型化方法创造出来的具有鲜明独特的个性又能反映一定社会本质的某些方面，表现人的阶级性的艺术形象。"艺术家只有经历了生活的磨炼，积累了丰富的生活经验，对其经历的生活经过长期的思考，才能从具体的形象中把握一般，使个别与一般、现象和本质一致起来。典型是一种概括，不是现象的罗列、形象的堆积，而是找到了现象与本质的统一，找到了反映一般的那些感性的、具体的东西。

典型和理论概括起着异曲同工的作用。对于 20 世纪 50 年代抗美援朝的志愿

---

① 中共中央马克思恩格斯列宁斯大林著作编译局：《马克思恩格斯选集》第二卷，404 页，北京，人民出版社，1972。

军，人们写了许多文章，歌颂人民军队无比崇高的革命英雄主义品质。魏巍的《谁是最可爱的人》，以三个感人的故事(典型)深刻地表现了人民志愿军的品质是那样的高尚，他们的革命意志是那样刚强，他们热爱祖国的情怀是那样的宽广。

科学研究也采用典型的方法，如典型调查、"解剖麻雀"、科学模型等。在分类的基础上，由于同一类事物有共同的本质属性，因此人们无须逐一地研究这些事物。采用典型的方法，如讲哺乳动物时，教师解剖其中一个典型——家兔，学生就可以了解哺乳动物的主要属性了。

(二)知识的结构性

1. 系统的结构

系统论告诉我们，各个领域的系统都存在一定的结构。"结构是指系统内部各组成要素之间在空间或时间方面的有机联系和相互作用的方式或顺序。"①系统结构是普遍存在的。从物质系统来说，从宏观的天体到微观的粒子，各个层次都无一例外地存在一定的系统结构，如星系结构、原子结构等；精神系统也有各层次的系统结构，如思维结构、概念结构等。系统论认为，一个系统具有一定的功能。功能是系统作用于外部的能力，是由系统内部的结构决定的。温寒江先生研究知识结构的目的，在于寻找一种优良的知识结构，以提高教学质量。

2. 知识的结构

知识是一个巨大的系统。一门学科、一本书乃至一章一节都是一个系统。知识的内在联系是多层次、多方面的，知识的结构也是多种多样的，其中主要有句子结构、逻辑结构和概念(原理或定律)结构。

(1)句子结构

句子是说话、写文章的基本单位，表达一个完整的意思。形形色色的文章都是由句子组成的。句子由词或词组按照一定的语法构成。儿童学会一句话的句子结构之后，就能根据这个句型说出一句结构相同而内容不同的语句来，把相关的知识(概念)联系起来。句子结构有多种形式，汉语有主谓句、非主谓句、倒装句、兼语句、连动句、被动句等。

---

① 邹珊刚、黄麟雏、李继宗等：《系统科学》，102页，上海，上海人民出版社，1987。

（2）逻辑结构

逻辑结构是指概念、判断、推理的结构形式。它不研究概念、判断、推理的具体内容，而研究它们的结构形式，主要是判断和推理的结构形式。推理的基本形式有演绎推理和归纳推理，两种基本形式都是从一个或几个判断（前提）推出另一个判断（结论）。

（3）概念结构

概念是对一类事物共同本质属性（成分、性质、关系）的概括。这些属性在空间或时间上的联系形成概念结构。概念结构揭示了事物各组成因素知识间的联系，如细胞结构、牛顿力学第二定律等。细胞结构由细胞核、细胞质、细胞膜组成；牛顿第二定律揭示了物体（m）受力（F）时，与物体运动变化（a）的关系，即 $F=ma$。

知识的上述三种结构，即句子结构、逻辑结构、概念结构都是知识间相互联系的方式，都是理解、运用知识时不可或缺的。其中句子结构、逻辑结构撇开具体内容揭示知识间形式上的结构，带有普遍性；概念结构从事物具体的本质属性和规律联系中揭示事物的内涵和相互关系，偏重于具体内容。前者是从形式上把握知识的，后者是从内容上把握知识的，二者不可偏废。

3. 知识结构的意义

美国心理学家布鲁纳最早提出学习知识结构，并且阐述了学习知识结构的意义。他在《教育过程》中说："掌握事物的结构，就是以允许许多别的东西与它有意义地联系起来的方式去理解它。简单地说，学习结构就是学习事物是怎样相互联系的。""如果先前的学习使往后的学习更为容易的话，那就得提供一个一般的图景，按照这个图景，使先前与往后所遇到的事物之间的关系尽可能弄得清楚。"①

布鲁纳指出，学习结构就是学习事物是怎样相互联系的。把新知识和已知的相关知识联系起来，通过思维加工才能掌握新知识。没有这种新旧知识的联系，没有思维加工，则无从掌握新知识。

知识结构的主要形式有句子结构、逻辑结构和概念结构。人们阅读或听到一个句子时，通过工作记忆，运用语言法则，把句子中各个词联系起来进行理解。例如，"学习是复杂的脑力劳动"，是一个陈述句，说明"学习"是什么，把"学习"和

---

① ［美］布鲁纳：《教育过程》，邵瑞珍译，5、8页，北京，文化教育出版社，1982。

"复杂的脑力劳动"联系起来。我们如果已了解"复杂"和"脑力劳动"的意思，那么也就清楚"学习"的意思了。对句子与句子之间、上文与下文之间的理解，还要运用逻辑结构。例如，"一切造福于人类的知识都是有价值的"，"科学是造福人类的知识"，所以"科学是有价值的"。前提是已知的，结论就可以被理解了。这里，语言法则、逻辑法则都是思维加工的法则，是普遍性的法则，能产生广泛的迁移。

在广博的知识中，知识的原理、法则、规律是人们在漫长的历史中对自然、社会不断求索的结晶，是学习知识的纲，纲举才能目张。马克思提出的唯物史观使人们对纷繁冗杂的史实的认识上升到对历史规律的认识。

物质世界中，各种元素的形态、性质呈规律性的变化，这是门捷列夫（Mendeleev）发现的。他以 NaCl 为代表，指出 NaCl 是由碱金属和卤素这两种性质极端对立、有代表性的元素构成的化合物典型。他从研究 Na 和 Cl 的关系出发，研究 Na 组和 Cl 组的关系，进而扩大到探索与它们相邻的 Ca 组，再扩大到其他的元素组，终于形成包括所有元素的一种呈规律性变化的新体系，发现了元素周期律。[①]

生物有上百万种，形态各异，是怎样发展的呢？人类是从猿进化而来的，还是上帝创造的？一百多年前，达尔文经过 5 年环球生物考察，用大量实证资料证明地球上形形色色的生物不是上帝创造的，而是在遗传、变异、生存斗争和自然选择中由低等到高等不断发展的。他创立了生物进化论，为无比复杂的生物的发展找到了一个根本的、统一的规律。

总之，抓住知识的纲，才能高屋建瓴，贯通一类知识或一个领域的知识，使知识易于被理解和深化。

（三）知识的综合性

当前，在人们谈论知识总量急剧增长和学科门类不断增加的时候，一些科学家、艺术家、教育家却从另一个角度研究知识间的综合、整合和融会，使人们从无边的知识海洋中看到知识蕴含着一种更为基本的、和谐的、内在的东西。温寒江先生从以下几个层面做了论述。

---

① 曾晖：《思维·实验与化学教学》，26 页，北京，北京科学技术出版社，2004。

1. 科学与艺术的综合

艺术与科学技术都源于生产劳动。原始的音乐大都是调节劳动节奏(如劳动号子)和祭神祈祷(如祈祷丰收)的；原始的舞蹈大都是在收获或战斗胜利后，用耕种、狩猎或战斗的动作来表达喜悦的心情的；原始的绘画(如岩画)表达的大都是打猎情境及猎物。生产劳动从制造工具开始。原始人把天然石头加工打磨成石刀、石斧，创造了原始的技术。简单的劳动技术融进原始的美的东西，是美的艺术的萌芽。高尔基说："艺术的奠基人是陶匠、铁匠、金匠、男女纺织工；石匠、木匠、木骨刻匠、铸造武器的匠人、油漆匠、男女裁缝，一言而蔽之，手工艺者。"①

随着社会的进步，文化生活日益丰富。在漫长的发展过程中，人们经过概括、总结，把生产劳动引发的种种美的东西，如节奏、和谐、对称、平衡等抽象为美的形式流传下来，超越了原先实用的目的，使其成为一般的审美对象。到了 16 世纪，哥白尼(Copernicus)、伽利略(Galileo)等人把科学实验、观察与逻辑推理结合起来，使科学大踏步前进。抽象思维的深入发展使自然科学取得了一个又一个巨大成就。许多科学研究越来越抽象，加上人们长期忽视形象思维，导致科学与艺术成为两个互相分离、互不联系的领域。

当代科学技术迅速发展，社会的物质生产和人们的精神生活逐渐丰富起来，促成两个新事物的出现：一是艺术进入物质生产部门，如建筑、城市规化、居住环境、室内装修、服装设计等，艺术与科学在实践基础上统一起来了；二是脑科学的新成果为形象思维提供了科学依据，人们从思维(形象思维)中找到了艺术与科学许多共同的东西，为这两大领域找到了彼此联系和交汇的点。

事实说明，科学技术需要艺术，艺术也需要科学技术。回顾历史，一个民族的艺术取得辉煌成就的时期，往往也是科学技术发展的黄金时代，如古希腊、文艺复兴时期的意大利、18 世纪的英国，都有相似的历史特征。

钱学森是我国较早用思维科学来研究科学与艺术关系的科学家。他说："从思维科学的角度看，科学工作总是从一个猜想开始的，然后才是论证；换言之，科学工作源于形象思维，终于逻辑思维。"②形象思维源于艺术，所以科学工作是先艺

① 《朱光潜选集》，229 页，天津，天津人民出版社，1993。
② 钱学敏：《钱学森论科学思维与艺术思维》，载《人民日报》，1996-11-06。

术、后科学；艺术工作必须先对事物有科学的认识，然后才是艺术创作。在过去，人们总是只看到后一半，所以把科学与艺术分离了。科学需要艺术，艺术也需要科学。钱学森本人一贯注意把科学与艺术的思维方式结合起来。在科学研究过程中，他遇到难题单靠逻辑思维百思不得其解时，就转而靠艺术的形象思维去思考，往往能得到意想不到的收获。李政道教授多年来关注科学与艺术的相互影响。2001 年 5 月，由清华大学美术学院主办的"艺术与科学国际作品展"就是表现科学与艺术相互影响的一个很好的展示。展览侧重从形象上、想象力上揭示二者的相互联系。

　　科学与艺术是有区别的，科学用理论的方式反映世界，剥去事物表面的、感性的、具体的东西，抽取其中本质的、规律性的东西；艺术用审美的方式反映世界，始终不脱离对事物具体形象的感受，创造艺术典型去揭示事物的本质。正是由于这种区别，科学与艺术成为两个不同的认识领域。但是它们又是相通的，这里的相通主要体现在思维上有共同的东西，如联想、想象、直觉等。关于想象力，前面钱学森的论述已讲得很清楚了。对美的敏感，就是一种艺术的直觉。王朝闻曾用李白诗中月亮的多样性来说明："李白写月亮出现在天上、水中以至酒杯里的次数，多得难以统计，那月亮出现在诗中的特殊形态，……是他得力于表现审美的前提——对美的敏感。""倘若李白根本没有特定的社会生活影响他对自然美的感受，'山月随人归'等句的奇思妙想也就无从产生。"[1]科学发现的直觉，已为许多科学家所认同。一项对创造性思维的调查表明：在回答问卷的化学家中，有83%的人声称他们经常或偶然得到无意识直觉的帮助。[2]

　　艺术与科学不仅相互联系，而且相互补充。关于这一点，20 世纪末美国制定的《艺术教育国家标准》中，有一段精辟的论述："由于儿童教育在早期重在语言和数学技能的获得，儿童逐渐无意识地学会'正常的'思维方式只能是线性的和序列的，理解的路径只能是从始到终，从因到果，在这种占统治地位的早期教育模式下……一个在经验中发展成长的人，却与其实际经验生硬地割裂开来。而艺术教育则不然。……艺术培养的是直接的感觉经验，知识的合理来源在艺术看来是非冥想的闪念的顿悟。艺术的目标，旨在直接联系人的经验，架起词语与非词语之间以及

---

①　王朝闻：《回顾为了前瞻——致高冠华》，载《人民日报》，1997-04-07。

②　[美]布莱克斯利：《右脑的奥秘与人的创造力》董奇、杨滨译，39 页，北京，国际文化出版公司，1988。

严密逻辑和情感之间的桥梁，以便更完美地理解整体世界。"

2. 自然科学与人文科学的综合

进入 21 世纪，人们在回顾过去、展望未来时，深深地认识到：在科学技术迅速发展的当代，科技给人们带来了丰富的物质生活。但是科学本身不能保证其方向的正确性，可能让人贪图享受、腐化堕落。

因此，学校教育应以德育为先，重视世界观、人生观和社会主义核心价值观的教育，把科学教育和人文素养培养结合起来。科技的发展需要依靠创新；创新不能只依靠分析的思维方法，还要依靠思维的综合、知识的综合。随着科学的发展，学科间的界限日益淡化，学科的交叉越来越明显，边缘学科大量涌现。20 世纪 50 年代，高等院校调整的经验教训值得被重视：当时一批著名大学实行理、工、文分离，一批学科结构单一的工科大学应运而生。现在人们对这次调整带来的后果已达成一种普遍共识，即这种办学模式培养的学生在素质上不能满足时代和社会发展的需要。面对新的挑战，学科的交叉、文理的渗透、自然科学和人文科学的融合已成为一种必然趋势。

因此，自然科学与人文学科走向融合有着深刻的现实意义。因为科学技术与人文学科的融合与相互影响，是实现民族复兴、国家富强的条件。历史证明，一个国家、一个民族，没有现代科学和先进的技术，没有生产力的巨大发展，就要落后挨打；文化的力量融合于民族的生产力、凝聚力和创造力之中，历来就是团结群众、激发人民主动性与创造性的灵魂和原动力。

对此，北京大学原校长许智宏曾提出：人文学科可以提供正确的价值观念和价值体系，引导学生去追求一种更有意义和更有价值的人生。人文学科可以使学生获得正确的世界观，并从哲学的、历史的、审美的层面激发学生的智慧和原创性。人文学科可以净化学生的心灵，推动学生不断提升自己的文化品格和思想境界，把学生培养成为胸襟广阔、精神和谐、趣味高尚、人格健全的新人。[1]

清华大学本着"以全面提高大学生综合素质为中心，以提高大学生人文与科学素养为切入点"的指导思想，逐步建立和完善了包括人文课程体系、以经典阅读为

---

[1]　许智宏：《探索中国文化与人文素质教育契合之路——访北京大学卫教授的笔谈》，载《中国大学教学》，2002(5)。

基础、校园文化建设以及网络教育的四位一体的文化素质教育体系。该校构建了新的课程体系，加强通识课程体系的建设。学生的必修课降至约 40 门，文化素质课、马克思主义理论和思想品德课、外语课及体育课占总课时的 1/4。学校向学生推荐了 80 部优秀中外文学著作，摸索出以"导读课程""周六高水平经典讲座"和出版"清华人文修养丛书"来指导阅读的途径。清华大学已初步建成网络校园，为文化素质教育贯穿于育人的全过程提供了更加广阔的平台。

3. 课程结构与知识的综合性

客观世界呈现在人们面前的是一幅相互联系、纵横交错、运动变化的画面。人类对客观世界的认识经历了一个整体—局部—整体的过程。古代的思想家、哲学家就有朴素辩证思想和系统思想。他们运用整体联系的方法去研究现象，把握事物的一般性质。但是，由于历史的局限，他们对这个画面的各个局部、细节又是不清楚的。15 世纪下半叶以后，为了进一步研究事物的本质，科学家用研究局部、细节代替了对现象的整体把握，用分析的方法把复杂的事物分解为简单的要素加以精确研究，取得了巨大的进步，产生了系列自然科学门类。但是他们这种撇开总体的联系去考虑自然，用孤立的、静止的分析方法研究自然的思维方法，不利于人们从整体上运用联系和运动的观点研究事物。当代生产实践、科学技术的迅速发展，促进了理论思维(辩证法、系统思想方法)的发展，使人们又回到了从整体上来研究自然。

谈到知识的综合化时，北京大学原党委书记闵维方在《中国的经济转型与北京大学的改革》一文中提出：大学教育应该更加综合化和通识化，以增强学生的灵活性和适应性。因此，需要拓宽专业设置，加强那些概括性强、适应面广、具有普遍意义的基础理论以及基本知识和技能的学科的建设，增强学生对科学新发展的反应能力和创造潜力；不断拓宽学习领域，形成灵活充实的课程体系，促进文科、理科、工科等领域相互交叉和结合。

传统的班级授课制继承了夸美纽斯的主张，强调分科教学和传授知识。这种分科教学既有优点也有不足。

就优点而言，一是重视知识的基础性，学科课程分门别类地让青少年学习和掌握基本概念、原理、法则等基础知识。这些知识有很强的概括性，并且有很高的通用性和适应性。掌握这些知识，能以简驭繁，举一反三，产生知识的迁移。二是注重知识的系统性。学科课程的教学内容按照事物发生、发展的过程，由浅入深、由简到繁、由具体到抽象进行阐述，符合学生的一般认识规律，使学生容易接受和掌握。

就不足而言，一是学科课程的教材内容考虑的是本学科的结构体系，纵向联系紧密；不考虑各科知识之间的横向联系和知识的综合运用，使学生获得的知识往往是割裂的、脱离实际的。二是片面重视书本知识，轻视与实际的联系和能力的培养，使学生缺乏独立获取知识和运用知识的能力，尤其缺乏实践能力。

21世纪初，我国制定的《基础教育课程改革纲要（试行）》在具体目标中提出：改变课程过于注重知识传授的倾向，改变课程结构过于强调学科本位、科目过多和缺乏整合的现状，并提出义务教育课程设置的原则。一是，均衡设置课程。根据德、智、体、美等全面发展的要求，均衡设置课程，保证学生和谐、全面发展。二是加强课程的综合性。注重学生经验的积累，加强学科渗透。各门课程都应重视学科知识、社会生活和学生经验的整合，改变课程过于强调学科本位的现象。设置综合课程，增设综合实践活动。三是，加强课程的选择性。这些原则包含课程结构总的原则，即保证学生和谐、全面发展；注重课程的综合性，即知识的综合性；注重知识的综合实践。这些原则反映了时代发展的要求。

三、知识的理解

（一）知识理解的内涵

理解是学习过程的核心。什么是理解？理解作为一个过程，是人们把对新知识（事物）的感知和已有相关知识（经验）联系起来，经过思维的加工，获得对新知识（事物）的特征、属性和本质及事物间规律性的联系的认知，也就是对事物意义的理解，属于理性认识。

经验分直接经验和间接经验。直接经验是人们通过实践活动，把通过观察获得的信息经过思维加工后得到的认识（理解）。人们对间接经验的理解是一种再认识，学习者要运用与原作者相同或相似的思维活动来获得对知识的理解。可见，思维是知识理解的关键。

通过积极思维去理解所学知识，在理论上和实践上已受到广泛的重视。教育理论认为："学生理解教材就是要掌握教材的内在联系，使新旧知识联系起来，并纳入到个人已有经验系统中。……教师应引导学生，运用对照和比较、分析和综合、归纳和演绎等多种方法，深入理解知识内容。"[①]在教学实践中，广大教师注重运用启发的方法、探究的方法或学生合作学习的方法等，引导学生积极思维，获得对知识的理解。但是，温寒江先生认为当前教学工作中，仍然比较普遍地存在枯燥乏味、抽象难懂，学生学习死记死背、囫囵吞枣的现象。其主要原因包括以下几个方面。

第一，长期以来，国内外教育理论只讲抽象思维，讲概念、原理的学习，普遍忽视形象思维。由于忽视形象思维，因此很大一部分知识学习的思维过程被忽视了。例如，学习语文（文学作品）不引导学生开展联想和想象（包括再造想象），只讲字、词、句、段、篇的分析、概括和归纳；学习几何不培养学生图形分解、组合的联想、想象能力，只讲推理论证；地理课不训练学生读地图、进行空间想象的能力，只讲地理的知识；美术课不重视绘画过程的构思想象，只讲绘画的技法；等等。学生学习这些知识，只能死记硬背。

第二，近三十年来，西方教育学理论、心理学理论被广泛地介绍到国内，这对于我国教育学、心理学的研究，对于推进素质教育，无疑有着重要的意义。但是，值得注意的是，在20世纪20年代到60年代的西方心理学中，行为主义心理学占统治地位。行为主义心理学否定了思维的作用，认为那是一种无益的尝试。到了20世纪70年代，认知心理学兴起。认知心理学虽然重视心理事件的研究，但是大都偏重于与计算机做类比，把人的心理过程比作计算机程序，把学习过程类比为计算机的信息加工过程，仍然忽视对思维的研究。前面讲的加涅的信息加工理论就把学习过程看作信息流动过程。从加涅的学习阶梯模式可以看出，在信息加工过程中，关键阶段，也就是所说的理解，是在"预期定向"和"执行控制"这两部分进行的。"预期定向"是动机系统对学习过程的作用，"执行控制"是经验对学习过程的作用。对于这两部分的作用具体怎样进行，学习过程阶梯模式只谈到概括与迁移、作业与反应、反馈与强化。这个模式虽然在一定程度上注意到了人类学习的特点，

---

① 李秉德：《教学论》，31页，北京，人民教育出版社，1991。

但是很明显地忽视了理解过程中思维的作用。

第三，教学过程重结果、轻过程，产生了消极影响。知识是思维的产物，一项研究成果往往经历了复杂的思维过程。人们在表达其思维结果时，把结果(结论、原理、公式)处理得很严密、简练，但是谈到过程时一带而过，以至于使他人看不出思维过程。这对于一个专业读者来说，也许问题不大；而对于一个初学者来说，他们会一头雾水，不知所云。

(二)知识理解的方式

根据知识的不同来源，对知识的理解存在不同方式。

1. 在活动与观察中理解知识

人们在活动(实验、实践)中，通过观察获得知识，对这种知识的理解是直接的。观察是一种基本的认识活动。人们有计划、有目的的深入观察，是一种思维活动，属于理性认识。为什么说是思维活动呢？这是因为观察时人们总是把现时观察到的结果(知觉)同过去多次观察到的结果(表象)联系起来，经过不断地补充、修改、比较、概括等思维活动(形象思维)，从中去粗取精、去伪存真，抓住事物的基本特征或本质，弄清事物内部及事物间内在的联系，从而获得对事物的认识(理解)。

2. 在阅读与听讲中理解知识

书本知识属于间接经验，是学生所学知识的主要来源。

(1)文字、符号的阅读

人们常常认为：印在书上的文字是抽象思维的结果。其实，从思维来说，文字知识分为两类：一类是抽象思维的产物，如理论性文章、书籍，即抽象知识；另一类是通过运用概念进行判断、推理，产生的理论、原理、规律、法则等知识，即理论知识。对抽象知识的学习，主要依靠概念、命题。理论知识是形象思维的产物，即形象知识，如各种记叙文、文学作品以及说明事物的说明文。学习这类知识需要运用形象思维。

(2)读图

图像是观察的结果，是形象思维的表达。有的图像是感性认识；有的图像是科学观察的结果，是对客观事物一种形象的概括，是理性认识。文章中的图像一般是典型材料，是科学知识，如几何图形、细胞图、生物解剖图、地图、化学工艺流程图等。图像和文字有同等价值，一般是先有图后有文，而不是相反。图像是不是一看就懂、一目了然呢？不尽然，读图也要理解，要依据学科的内容，运用形象思维的多种方法去读懂(理解)图像的内容。

分解、组合。对于几何图形，在问题论证中，要分别研究各个基本图形，研究这些基本图形的内在联系和相互关系，这就是思维的分解(分别观察)和组合(联系起来研究)的方法。学习生物先把对象分成各个部分，分别进行观察，再把各个部分综合起来，研究整体的特征、功能，如花由花柄、花托、花萼、花冠、雄蕊、雌蕊组成，雌蕊又由柱头、花柱、子房组成。

类比、概括。例如，学习各种几何图形，通过分类、比较，掌握各类图形的特征、性质；学习种类繁多、形态各异的生物，通过比较其同异，把它们加以分类，这是人们认识纷繁复杂的客观世界的一种基本方法。

联想、想象。把图像和客观实际(表象)联系起来，就是联想。人们通过想象，理解图像的联系与转换，如二维变三维，三维变为二维。想象是形象思维多种方法的综合运用。图像这种表现方式有许多优点：一是具有形象性、直观性；二是具有整体性；三是所含信息量多；四是图像特别是带彩色的图像，容易引起学习的兴趣；五是图像比文字更易于记忆。但是图像存在一个突出的不足，就是可分离性、可组织性差。在这点上，它较之文字就逊色多了。所以在用图像表达时，要同文字结合起来，才能形成连贯的、系统的知识。

(3)读乐谱

乐谱也是一种符号，与文字符号不同。前者是听觉符号，后者是视觉符号。阅读乐谱先从认识谱表、音符入手，读懂旋律、节奏、音色、和声等音乐语言。音乐需要运用音乐语言和曲式进行思维。"有经验的指挥家，在读谱的时候，'心的耳朵'已听到音乐里的全部细节，如旋律及其音色的变化、和声的转换、织体的结构和某些内声部或支声的流动。"[1]

曲式是音乐的结构形式。如同文章中的字、词、句、段一样，音乐也有自己的

---

① 中国大百科全书总编辑委员会《心理学》编辑委员会、中国大百科全书出版社编辑部：《中国大百科全书·心理学》，514 页，北京，中国大百科全书出版社，1991。

"字、词、句、段"，这就是乐汇、乐声、乐句、乐段。这里的乐句、乐段不同于语文中的句、段按语法规则组合，而是按音乐审美的法则(音乐的思维法则)构建成不同的曲式。对曲式的感受、理解就是通过音乐思维获得的审美体验。

3. 在探索研究中理解知识

研究性学习是通过探究获得直接经验的，学习过程大致按如下模式进行：设置问题情境—确定问题或课题—拟订问题解决方案—执行计划—总结评价。整个过程是两种思维相结合的过程，是获取、理解知识的过程。例如，在确定问题阶段，收集的资料既有文字的资料，也有图像的资料；问题的确定是一种假设，是通过想象或直觉提出来的。在执行阶段，研究、讨论一般运用抽象思维，实验、制作是动手又动脑的过程。在活动过程中，知识和有关表象不断整合是形象思维过程。

第四节　智力

🌳 节前导读

由于人们对智力的研究视角不同、侧重点不同、切入点不同，因此人们对智力的解释也各不相同。温寒江先生在总结国内外学者关于智力的研究的基础上，运用恩格斯的观点和课题组关于两种思维的研究成果，提出了智力的新定义。温寒江先生研究智力的主要目的不仅在于为测量人的智力提供理论和方法的依据，而且在于更充分、全面地开发人的智力，以培养具有聪明才智的新一代社会主义建设者和接班人。

一、智力的新定义及其特点

(一)基于两种思维的智力的新定义及内涵

1. 智力的新定义

关于智力的定义，各家说法不一，没有公认的说法。据不完全统计，国内外关于智力的定义有 70 种之多。有的人根据学习下定义，有的人根据适应生活和环境下定义，有的人根据执行抽象思维下定义，有的人根据智力测试量表所得的分数下定义。温寒江先生根据恩格斯的观点和课题组关于两种思维的研究，并参考林传鼎、朱智贤、斯滕伯格（Sternberg）等人对智力的定义，提出了智力的新定义：智力是人们认识客观世界、改变客观世界以及认识自己时的心理条件或特征，是思维和思维与技能、能力相互联系、相互促进、相互转化以及思维与知识之间的联系，是迁移与加工的心理条件。

2. 智力的新定义的内涵

智力的新定义的内涵包括三个部分：一是思维是智力的核心；二是思维与技能、能力三者相互联系、相互促进、相互转化，思维与知识之间的联系，迁移与加工的心理条件；三是与智力相关的其他心理条件，如注意、记忆、情绪等。

（1）思维

思维是智力的核心，不少心理学家对此都有论述。例如，朱智贤教授认为："抽象概括能力（即逻辑思维能力）是智力的核心成分。"[1]高玉祥教授认为："智力是人在认识过程方面所表现出来的能力，……以抽象思维能力为核心。"[2]他们的观点与温寒江先生的观点是一致的，就是把思维作为智力的中心而展开研究。但是，温寒江先生认为，思维应该是全面的，既有抽象思维，又有形象思维；既包括显性思维，又包括隐性思维。在这一点上，温寒江先生同已有论述又有所不同。

为什么说思维是智力的核心？这是因为人类认识客观世界和改变客观世界最终是通过思维实现的，"人的思维的最本质和最切近的基础，正是人所引起的自然界的变化"[3]。正如思维的定义中所说的：思维既能反映、揭示事物的本质特征和事物间的规律性联系，又能预测、计划事物的未来。当然，这里讲的思维包括抽象思维和形象思维；如果只是单一的抽象思维或形象思维，就不能真正成为智力的核心。

（2）思维与技能、能力、知识的关系

思维不是静止的、孤立的，而是不断地产生、重组、融汇、提升，处于不断的

---

① 《朱智贤心理学文选》，179 页，北京，人民教育出版社，1989。
② 高玉祥：《个性心理学》，193 页，北京，北京师范大学出版社，1989。
③ 温寒江：《学习学》上卷，249 页，北京，教育科学出版社，2016。

活动、运动之中，与技能、能力、知识相互联系和转化。

思维与技能。技能活动是感官、肌肉和表象、思维的结合。只有感官活动和表象，而没有思维的形成及其加工、制作，则不能认识客观事物的本质特征及其内部联系；只有思维而无感官活动，则思维无以表达。因此，技能一般由人体外部动作（感官、肌肉）和内部智力活动（思维）两部分构成。

思维与能力。技能是能力的基础成分，能力源于技能又高于技能。在这一点上，二者是相同的。能力又是相关技能高水平的综合，有其特定的个性心理特征。在这一点上，二者又是不同的。从相同点来说，技能和能力都是同思维紧密联系的。例如，学生写字是一种技能。写字时，头脑中先有字的表象、笔顺，然后才动笔一笔一画地书写出来。头脑的表象、笔顺是心理条件，书写是外部操作活动，写字技能由这两部分构成。王羲之是我国大书法家，他的书法能力（创造力）较强。他在《题卫夫人〈笔阵图〉后》中说："夫欲书者，先干研墨，凝神静思，预想字形大小，偃仰、平直、振动，令筋脉相连，意在笔前，然后作字。"他的"静思""预想"是形象思维高水平发挥的形式。但作为一种活动过程，"意在笔前"，即先思考后写字，在这一点上，王羲之的书法（能力）和小学生写字（技能）又有共同之处。技能与能力的联系与区别，具有重要的意义；也就是说，可以把技能的训练与能力的培养联系起来。在技能的基础上，通过思维训练，如培养思维的概括性、系统性、综合性、灵活性、变通性等，从而使能力得到发展，使能力的培养更具可操作性。这种技能与思维、能力与思维的相互联系、相互转化，是通过技能训练、能力培养与训练实现的。

思维与知识。对于智力是否包含知识，不同人有不同的观点。温寒江先生认为，知识是思维的结果，又是思维再加工的材料。知识作为思维的加工材料参与思维的过程时，就会不断地被加工成新知识。这时头脑中主观形态的知识成为智力的一部分。显然，这些知识是那些可以被激活的、被驾驭的知识，是可以迁移的知识。知识的迁移是通过思维实现的。正因为如此，知识与知识之间相结合，形成新的生长点。知识不断地重组、延伸、融合和演绎，即培根所说的知识的"生殖力"。人们在学习、工作时，头脑中已有知识被激活得越多，迁移得越广，其学习或工作的智力水平就越高。所以智力应当包括思维与知识相互联系、相互促进、相互转化。

（3）心理活动的参与

智力活动中有注意、记忆、情绪这些心理活动的参与。

注意。脑科学的研究表明，受到注意的信息得到强化，未被注意的信息受到过滤。通常周围环境给人们带来大量的信息（刺激），这些信息对一些人可能很重要，对一些人可能无关紧要，对一些人可能是干扰信息。注意的基本功能就是对信息进行选择、定向。具体来说，大脑的注意机能主要执行三项任务：一是对感觉刺激在视觉空间中位置的定向，二是对来自感觉或记忆中靶子事件的觉察，三是维持警觉状态。研究还表明，大脑对刺激的注意倾向不同，大脑右半球倾向于整体加工，左半球倾向于局部加工。①

记忆。脑科学研究指出，人的记忆存在多重记忆系统。学者一般将记忆分为短时记忆和长时记忆。长时记忆又可分为陈述性（外显）记忆和非陈述性（内隐）记忆。短时记忆具有推理的作用，又被称为工作记忆。人们在思考时，思维需要把对象的若干特点、因素组合起来进行推理，这项工作在一定程度上依靠工作记忆。所以工作记忆是思维推理的基础，也就是智力活动的基础。思维是感觉与记忆的综合，也就是感觉与长时记忆中被激活的有关知识、表象的结合。因此，不能说长时记忆属于智力。

情绪。人的认识（实践）过程中，同时有情感、意志活动。情感，尤其是理智感，一般伴随认识活动而出现，如人们的求知欲望、学习的兴趣，在工作中获得成果或劳动中创造新产品时产生的满足感、成功感等，都是同智力活动联系着的。反过来，这些情感的产生又成为推动智力活动的动力。从这个意义上说，智和情是很难分开的。简单地说，注意是智力的调控机制，情绪是智力的动力机制，工作记忆是智力的工作机制。

（二）智力的新定义的特点

温寒江先生运用两种思维对智力所做的新界定有以下特点。

1. 全面性

由于历史等原因，以往各家对智力的界定多有所偏重，不够全面。有的偏重抽

---

① ［美］加扎尼加：《认识神经科学》，沈政等译，291、293 页，上海，上海教育出版社，1998。

象思维。比如："用这种或那种方式设计出来的大多数测验，目的都在于了解同抽象思维有关的一种或几种能力。""桑代克的 CAVD 测验，是为了测量抽象能力而设计的。"①有的偏重能力，而且能力与智力不分。例如，加德纳的多元智能论，他认为"智能是解决问题或制造产品的能力。"②"在中国，较多的心理学家认为，智力是指认识方面的各种能力，即观察力、记忆力、思维能力、想象能力的综合，其核心成分是抽象思维能力。"③

在已有的智力定义中，智力成分很少涉及知识。温寒江先生认为问题在于智力涉及什么形态的知识。例如，一位大思想家知识渊博，学贯中西，融汇古今，智力在这里表现在对知识的融会贯通上和对知识的灵活运用上。言智怎能不涉及知识呢？当然，这里讲的是头脑中主观形态的知识、活的知识、能被驾驭的知识。智力就是在不断地加工知识、经验的过程中得到发展的。德国作家歌德写《浮士德》前后用了 50 年，爱因斯坦对光速问题日夜进行思考长达 7 年之久，没有知识不成空想了吗？温寒江先生在两种思维的基础上提出的智力的新定义，既有抽象思维，又有形象思维，而且包括两种思维与技能、能力的相互联系、相互促进、相互转化，知识之间的迁移、联系以及注意、记忆、情绪等内容。因此，新定义的内涵是比较全面的。

2. 可操作性

学校智育的核心任务是发展青少年的智力，培养能力。智力的可操作性有着重要的实际意义。下面从三个层面说明智力活动的可操作性。

辩证唯物主义认识论指出，在实践基础上，人的认识活动从感性认识能动地上升到理性认识，再从理性认识能动地回到实践。温寒江先生对内化技能、外化技能做了具体阐述。一部分技能，如观察、阅读、语言等，既与抽象思维相联系，又同形象思维相联系；另一部分技能，如绘图、操作、表演等，主要同形象思维相联系。由此可见，只有两种思维同时具备，才能实现感性认识上升到理性认识，理性认识回到实践。

温寒江先生阐述了两种思维的一般规律和特殊规律、思维的一般方法和学科的

---

① ［美］J. M. 索里、［美］W. 特尔福德：《教育心理学》，高觉敷、刘范、林传鼎等译，564、565 页，北京，人民教育出版社，1982。
② ［美］霍华德·加德纳：《多元智能》，沈致隆译，8 页，北京，新华出版社，1999。
③ 朱智贤：《心理学大词典》，953 页，北京，北京师范大学出版社，1989。

具体方法。这样，各学科通过概念的形成，原理、定律的产生和理解，知识的迁移和运用以及技能、能力的训练，使学习的每一步都可以同两种思维的发展与训练结合起来；并且在具体学习过程中，这种思维与技能、知识的相互促进与转化，使智力得到具体的发展。

温寒江先生阐明了技能、能力、创造力三者的联系与区别，提出了能力结构的两个层次，即能力的基础成分、结构和高水平的心理品质结构。这样，既阐明了能力训练的起点，又指明了能力训练的目标，从而使能力培养更具有可操作性。能力与创新能力有联系又有区别，这就说明可以把培养创新能力和培养能力联系起来，从而理顺了从技能到创新能力训练的途径。

二、智力的特点

（一）发展性和继承性

1. 人类智力随着社会的发展而发展

人类的活动具有社会性。随着社会向前发展，人的智力也随之发展。人类祖先依靠采集野果、捕获动物来充饥。生活促使他们认识植物的生长、了解动物的习性，然后学会种植和饲养。他们从植物的生长、开花、结果，感悟到一年四季的变化；他们风餐露宿，观察天象，看到月亮的盈亏、星斗的转移、周围事物的变化。自然现象反复出现的周期性和因果关系，促进了他们思维的发展。原始人要获得食物是不容易的。他们要打凿工具，过群居生活，协同活动，相互交流。他们直立起来以后，最初或许用手来比比画画，或许配合着咿咿呀呀的叫喊声，以此来表达他们的意思。2002 年，英国剑桥大学的科学家在印度的一个采石场遗址发现了一个约有 100 万年历史的阿舍利型石器。科学家认为，制造这些工具的原始人可能已经会协作和交流了，但对未来没有什么计划。随着喉咙的发展和音素、音节的出现，人类开始有了语言，于是智力得到一定的发展。

在一二百万年的岁月中，人类的认识活动造就了发达的大脑，是智力活动的物质基础。"200 万年前的猿人脑容量为 700 毫升，100 万年前直立人脑容量为 1000 毫升，50 万年前增加到 1200 毫升。裴文中先生于 1929 年发现的 57 万年前的北京

(直立)人为 1050 毫升。现代人的脑容量平均为 1450 毫升。脑容量增长的同时，大脑皮层褶皱面积也不断增加，现代人为 1700～2200 平方厘米。"①

人类历史发展的各个时期，尤其是近现代，产生了丰富的物质文明和精神文明，它们是人类智力的产物。在当代，这两种文明的发展越来越快，从知识量的增长和科技更新周期的缩短上可得到体现。

据统计，人类科学的知识量在 19 世纪是每 50 年增加 1 倍，20 世纪初是每 30 年增加 1 倍，20 世纪 50 年代是 10 年，20 世纪 70 年代是 5 年，20 世纪 80 年代是 3 年，20 世纪 90 年代更快。与此相联系，知识更新速度不断加快，18 世纪为 80～90 年，19 世纪末 20 世纪初为 30 年，近半个世纪以来为 5～10 年。② 从科学发展到技术发明，在 20 世纪以前大约需要 30 年，从 20 世纪初到 20 世纪中叶大致为 10 年，到 20 世纪下半叶缩短到 5 年左右。

2. 个体智力的发展

智力的发展具有继承性。每个人来到世间，一方面从父母那里遗传了许多基因，另一方面受社会积淀的丰富的智力资源的影响。个体的智力发展速度加快了。首先，幼儿时期，在家庭及幼儿园中，个体的智力发展经历着同人类种系智力发展相似的过程，只是时间大大地缩短了。其次，面对丰富的社会智力资源，个体的智力发展有着十分广阔的前景。如果说在两千多年前的孔子时代，"五经"代表了我国春秋以前知识的一切领域，而今一所国内顶尖的大学就有十几个甚至几十个院系、几百个专业。全国有 2000 多所大学，为莘莘学子提供了许多智力发展的平台。最后，个体的智力发展越来越需要依靠教育，良好的教育应使青少年的智力得到充分的、最佳的发展。

（二）差异性

智力发展存在差异性，表现在许多方面。个人能力在学习质量、学习效率上的差异就是智力差异的表现。下面从思维、语言方面说明这种差异。

① 宋健：《制造业与现代化》，载《人民日报》，2002-09-26。
② 任仲平：《大力提高全民族的科学文化素质》，载《人民日报》，2000-07-26。

1. 思维方面

有的人不爱思考，人云亦云；有的人喜欢动脑筋，遇事爱问为什么，刨根问底。有的人思路窄，想得浅；有的人思路开阔，想得深，善于抓住事物的本质。有的人思维迟缓，优柔寡断；有的人思维敏捷，快速果断。有的人墨守成规，按老规矩办事；有的人敢于突破常规，另辟蹊径，开拓创新。有的人想象乏力，表象模糊；有的人想象丰富，表象清晰，富于创新。

2. 语言方面

有的人语言生硬，枯燥乏味；有的人语言流畅，生动形象；有的人语言有条理，逻辑性强。20 世纪，许多心理学家通过智力量表，用测量所得的分数(智商)来表示智力的差异。智力存在个体差异的原因是复杂的。温寒江先生从遗传、环境和教育三方面进行了分析。

(1) 人脑的神经结构存在差异

大家先从脑神经结构上粗略地了解一下思维与活动的关系。人脑中一个神经元(细胞)有许多分叉，即树突，同其他神经元的接触点叫突触。一个神经元和周围神经元的突触约有 1000 个。大脑约有 1000 亿个神经元，可产生 $10^{11} \times 10^{3} = 10^{14}$ 种联系。婴儿出生时，脑细胞之间没有联系，一切联系都是后天通过活动建立起来的。例如，儿童对红苹果有如下感知：

视觉，某些视觉细胞(神经元)对红色刺激产生反应，某些细胞(神经元)对形状产生反应；

听觉，伴随视觉同时出现"苹果"的声音，听觉细胞产生反应；

触觉，用手去摸，比较硬、光滑，相关一些触觉细胞产生特异反应；

味觉，吃的时候有酸味和甜味，味觉某些神经细胞产生特异反应；

嗅觉，用鼻子去闻，有一种苹果的味道，嗅觉神经一些细胞产生反应。

这些神经细胞在大脑不同部位被激活后，通过突触联系起来，产生电脉冲，整合为知觉，即对这个苹果的知觉。例如，要说出"苹果"二字，脑中一些神经细胞被激活，才能下指令，促使喉咙、舌头一系列肌肉活动起来，说出"苹果"。可见一个儿童看见苹果，并且说出"苹果"，应该有许多神经细胞参与。所以对苹果的认识是大脑特定神经网络构建的结果，是神经元间一个时空结构模式。这个模式就是大脑对苹果认识的表征，也可以说是一个"密码"。苹果的品种、颜色、大小、形状不同，它的"密码"也不尽相同。

总之，婴儿刚出生时，大脑神经元之间是没有联系的，一切联系要通过活动来建立。小孩的种种活动，如哭、笑、说、看、摸、爬、走等，都是一点点地建立这种神经联系的模式。这种大脑神经模式在脑中可以表示一个物体、一个动作或一个抽象的概念。

既然从理论上说，大脑可以产生 10^{14} 种联系，可以想象，这种由后天活动建立起来的大脑联系模式是多么的复杂和多样。人与人之间这种复杂的大脑神经结构怎能是一样的呢？即使是一对孪生兄弟（姐妹），生活在同一个家庭、学习在同一所学校，他们的一举一动也不一定是一样的。因此，我们有理由认为（假设）神经元之间的这种结构模式、神经回路是存在个体差异的，这就是个体智力差异在神经生理上的依据。

（2）环境（社会、家庭）存在差异

前面讲到，人的智力随着社会的发展而发展；换句话说，人的智力受社会、家庭的制约。目前我国城市与农村、东部与西部经济发展不平衡，教育的发展也有快有慢。据 2002 年统计表明，九年义务教育普及率在西部地区为 80%，在个别省份为 60%。教育的不发达必然影响儿童智力的发展。

家庭经济收入高低的悬殊影响儿童智力的情况，在西方发达国家表现仍然很突出。根据美国的调查，低阶层儿童的智商平均为 90，中阶层为 111。美国有一份统计材料：一是全国智障者中有 3/4 生活在贫困地区；二是农村或城市低收入家庭的孩子被诊断为智障的比高收入家庭的孩子高 15 倍；三是低收入家庭的孩子在入学前没有受过系统的学习所需的教育，他们在语言和读、写、算所需的抽象思维能力方面表现迟钝；四是市区低收入区学校的学生成绩比同年龄学生的国家标准落后 6 个月到 3 年。[1]

（3）教育存在差异

学校教育是儿童智力发展的主"阵地"。先进的教育改革经验表明，深化教育改革，改进教材、教法，不断提高教师素质，将会使儿童潜在的智力得到充分开发。举例如下。

---

[1]　姜晓辉：《智力全书》，253 页，北京，中国城市出版社，1997。

一是布卢姆的掌握性学习。一些人认为，学生学习成绩正如智商测验的结果，呈正态分布。其实，这个结果是主观的。"学校通常从这样的假设出发：认为存在一种适用于所有学生的标准课堂情况。……人们期望每位教师按照与其他教师大致相同的方式讲授学科。使用的教科书中详细规定了为每个班级所提供的教学材料，从而进一步强调了标准化。"①简单地说，这个结果是由班级教学这种特定的教学方式得出来的。如果把教育观念改变一下，"如果教学与时间适应每个学生的需要的话，成绩分布将是很偏态的，大多数分数将集中在成绩测量的高分一端"②。其结果呈偏态分布而不是呈正态分布。布卢姆在学校进行的掌握性学习研究的典型发现为：实验班中大约80%的学生达到了通常群体教学班级中最好的约20%的学生的期末成绩水平。一般来说，实验班的学生所需的时间比控制班学生多10%~15%；然而，额外的时间与帮助只用于需要它们的学生。③

二是小学数学是一门比较难学的课。20世纪七八十年代北京市朝阳区实验小学马芯兰老师在一所普通小学进行了两轮改革实验。在没有增加学习负担的情况下，通过改革，两轮实验分别缩短了两年的学习时间。学习结束时，用该区小学升初中数学考试，平均分数分别达到93分与94分。我国有许多优秀教师，在不同学科取得了优异的成绩。人们经常看到这种情况，某个或某班学生，在甲老师的班级不爱学习，成绩下降；当到新的班级跟着乙老师学习时，变得爱学习了，学习成绩也上去了。

（三）动态性

思维及其与技能、能力、知识的联系与转化，都是在活动中进行的，是动态的。不活动一切都是停滞的。思维的发展在于经常思考，不用则退。人们学习一种语言，如外语，即使达到了很熟练的程度，长久不用也会生疏、遗忘。这就是为什么声乐家的声音、表演家的技艺都要天天练习。

---

① ［美］B. S. 布卢姆：《教育评价》，邱渊、王钢、夏孝川等译，77页，上海，华东师范大学出版社，1987。

② 《布卢姆目标分类和掌握学习思想与论著选读》，79页，北京，中国环境科学出版社、学苑音像出版社，2006。

③ ［美］B. S. 布卢姆：《教育评价》，邱渊、王钢、夏孝川等译，77页，上海，华东师范大学出版社，1987。

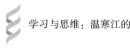

　　法国《玛丽安娜》周刊《大脑机能探索》中说："最近几年来人们最有趣的发现是：神经细胞在不断变化，它们不断地同'邻居'建立新的联系，同时取消旧的联系。这种现象很可能是人学习过程的神经基础之一。如果一些神经细胞习惯于一起活动，那么，他们的联系就会得到加强，一个神经细胞就会带动另一个神经细胞。"

三、研究智力的意义

　　智力的表现是丰富多样的。皮亚杰说："智力是你不知道怎么办时动用的东西。"①吉尔福特的智力结构模式有 120 种独特的智力因素。张厚粲教授列出了 15 项高智力儿童的最重要特征，即好奇心强，爱思考和提问，富有想象力，反应快，富有创造性，观察能力强，记忆力强，动手操作能力强，模仿能力强，兴趣广泛，表达能力强，独立性强，自信，注意力集中，适应能力强。

　　研究智力的意义就是试图在丰富多彩的认识活动中，寻找其内在的、本质的东西，以简驭繁，抓纲带目，从整体上抓住认识活动的纲。根据认识的层次理论，温寒江先生认为这个纲就是思维，思维是智力的核心。抓紧思维这个纲，就能举一反三，就能产生广泛的迁移。智力的表现有成千上万种，是多元的，它的核心是思维。从这意义上来说，智力是一元的。

　　如果把认识过程(包括实践)分为身体的(感官、肢体)活动和心理的活动，那么，前者是外显的，后者是内隐的。人们往往重外显，轻内隐，忽视了认识过程中起根本作用的智力活动。具体表现在：第一，不重视思维的发展，尤其忽视形象思维的发展；第二，把技能分为智力技能与动作技能，忽视了很大一部分技能与思维的联系；第三，读书不求甚解，死记硬背；第四，解题不重思维训练，大搞"题海战术"；第五，孤立地训练技能，忽视了能力、创新能力的培养。温寒江先生强调发展形象思维，开发智力，就是为了克服上述种种弊端。

　　由此可见，研究智力的意义，首先是可以充分、全面地开发人的智力，寻找发展智力的最佳途径，以培养具有聪明才智的一代新人；其次是为测量人的智力提供

---

　　①　杨雄里：《探索脑的奥秘》，68 页，上海，上海科学技术出版社，1999。

理论和方法上的依据。

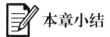 **本章小结**

➤思维是人体内最复杂的物质——大脑的机能。大脑有两种属性：第一，客观事物必须在个体内(主要为大脑)得到表征，表征是大脑对客观事物的反映，事物在人脑中的表征有语言(符号)和表象，语言和表象都是思维的材料(载体)。第二，这种心理表征在大脑中是可以被操作的，也就是大脑可以进行种种思维加工。

➤思维的特征：一是间接性和直感性，二是概括性和个别性，三是显性和隐性，四是过程性和终结性。

➤温寒江先生提出思维的定义为：思维是人脑对客观事物在脑中的表征，即对语言(概念)和表象进行加工的过程。它既能反映、揭示事物的本质特征和事物间的规律性联系，又能预测、计划事物的未来。

➤思维规律是客观规律在人的头脑中的反映。思维规律可分为一般思维规律与特殊思维规律。

➤思维方法是在认识过程中，人脑对事物的表征(语言、符号、表象)进行有目的的操作的方式和程序。思维方法的特点是可操作性与工具性。思维方法分为一般思维方法与特殊思维方法。

➤关于技能的研究概述。

➤技能的分类，技能形成的阶段、特点，技能分类的意义。

➤能力的种类、结构与创新能力。

➤知识的分类、知识的特点、知识的理解。

➤智力的新定义及其特点、智力的特点、研究智力的意义。

章后链接

➤我用了两年多时间撰写了《马芯兰数学教学法的研究与实践》，比较好地体现了教学法的精髓。在深入开展"培养小学生创造性学习的方法"的研究中，我们总结了问题教学法、探索法、发散训练法、想象法、自学法、图像与直觉法等，编写了《小学生创造性学习教学法》一书。此书获得教育部第三届全国教育科学研究优秀成果奖。在温老的倾心培养指导下，我们注重科研与教学紧密结合，使得我校以教育高质量和优质教育而闻名，在教育教学方面取得了突出的成绩，连续几年在区教研室的各种测评中我校都名列前茅。通过实验研究，培养扎实的"双基"在教学中的作用与发展创新能力的关系越来越清晰。我们研究了小学生不同年龄阶段思维的特征及小学教学中各科教学的思维的特征，研究了培养德、智、体、美、劳全面发展及有创新能力的一代新人的具体落实途径等，并以此研究成果成功地申报了"十五""十一五"教育部规划课题《校园网络环境下学生合作学习方式的研究》，促进了学校办学质量的大幅度提升。我们的教学理念与时俱进，教学方法不断创新，在不断反思、总结中找到了促进教学改革与提高的落脚点和生长点。

　　——参见马芯兰在"温寒江同志教育科研三十年研讨会"上的讲话，2008年11月。

第五章
精耕：建构中国特色的学习学体系

本章概述

　　本章以"建构中国特色的学习学体系"为主题来介绍温寒江先生的学习学理论成果。在"十一五"和"十二五"期间，温寒江先生以"学习中思维的全面协调和可持续发展"为核心，深化了对学习与思维相关问题的研究，细化了思维的工作记忆原理、学习的迁移原理、学习的基本过程原理、能力发展的多层次原理、学习的可持续发展原理和学习的主体性原理，形成了具有中国本土性和独创性的学习学研究成果，建构了中国特色的学习学体系，书写了具有中国特色的教育故事。本章主要从思维发展的特征、迁移与能力、学习的原理以及学习学理论的诞生四个方面来阐述温寒江先生创建的学习学体系。

《学习学》系列丛书出版座谈会与会专家合影

第一节　思维发展的特征

🌳 节前导读

温寒江先生从脑科学的新成果和人类思维发展史两个层面，探讨了思维发展的全面性和协调性。温寒江先生认为人在认识世界的过程中需要实现两种思维（抽象思维与形象思维）的全面、协调发展。思维的全面发展根据不同学科的特点有不同的结合形式，是德、智、体、美、劳五育相互联系、相互融合的内在机制。思维作为学、思、知、行结合的核心，是人全面发展的基础。在实现人全面发展的过程中，抽象思维与形象思维都发挥着重要的作用。

一、思维发展的全面性

（一）思维的新定义

温寒江先生根据半个多世纪以来脑科学研究的新成果，对思维做出了新的界定，主要体现为三点：第一，思维是人脑的机能；第二，思维是一个认识过程；第三，思维具有一定的指向性。据此，温寒江先生将思维定义为：思维是人脑对客观事物的表征，即对语言（概念）和表象进行加工的认识过程。

思维的新定义建立在脑科学的基础上，超越了传统研究对思维的理解，从而为思维的研究奠定了科学基础。脑解剖学及相关研究使温寒江先生了解了大脑的结构及其相应功能；脑认知成像技术的诞生使思维的研究改变了过去的思辨式研究以及思维研究与脑研究相分离的状况，对语言、表象等脑机制有了更深的认识。

（二）思维发展的全面性

根据思维的定义，温寒江先生认为使用"思维"这个术语时，应该明确以下三点：第一，事物在头脑中的表征，即思维材料是什么；第二，能否操作这种表征，怎样操作，即思维加工方法是什么；第三，思维的指向性是什么。同时具备这三点的只有两种：以语言(概念、符号)作为思维材料进行思维加工，即抽象思维(逻辑思维)；以表象作为思维材料进行思维加工，即形象思维。所以，思维全面的发展，就是抽象思维和形象思维的协调发展。

从人类发展的历史来看人的思维发展，形象思维的发展远远早于抽象思维的发展。在人类发展的早期阶段，人们对世界的认识是形象的。人们为了生存开始尝试制造工具时，也是通过脑中简单的想象来操作的。脑中的想象越来越精细，做出来的工作就越来越先进。伴随着群体生活的发展，相互之间需要借助身体、手势、表情等，并配合不同声音进行交流，于是口腔的发音器官得到训练，慢慢产生了语言。

针对语言是怎样产生的这一问题，迄今没有明确一致的认识。温寒江先生认为，语言既不是某一个智者发明创造的，也不是某一特定时期(一般认为产生于四五万年前)突然产生的，而是经历了从猿人到智人 100 多万年的准备时期逐步形成的。无论是词汇的积累、语言规则的产生，还是人的声音器官的变化，必须有较长时间的积累。手势语言是形象的，这种"词汇"是人们对事物的表达，所以手势语言是人们根据具体事物的表象来思维的结果，是最早发生的形象思维。随着智人(25 万年前至四五万年前)制造工具的精细化和智人生活的复杂化，手势语言显然不够用了；与此同时，智人的发声器官在叫喊中不断发育，以至于能说出清晰的音节和抑扬顿挫的语调。于是语音一步一步地取代了手势语言，具有了一定的含义，语言产生了。语言产生后，词汇只是具体事物的符号，人们是用事物的表征——表象来思维的。所以人类在语言产生后的很长一个时期，进行口语交际时用的都是形象思维。只有当原始宗教、占卜、数字运算及文字出现后，抽象思维才发展起来。

从人脑的表征来看，人脑可以分为两个系统。一个是语言符号系统。符号包括数字符号、音符等，语言是其中的一种。在人类长期的发展过程中，语言积累丰富，表达深刻。因此，语言具有很强的表征能力。另一个是表象系统。表象是物质世界在人脑内的表征，从宏观的宇宙到微观的粒子，种类和数量繁多，大体可分为视觉表象、听觉表象、嗅觉表象、味觉表象、触觉表象等。

思维作为人脑的机能，主要包括形象思维和抽象思维。这两个思维系统的表征涵盖了所有事物，因此，可以说形象思维和抽象思维涵盖了人脑中所有的表征。人的思维发展中形象思维的发展远远早于抽象思维，而对抽象思维的研究却早于形象思维。亚里士多德创立的形式逻辑和斯多葛学派创立的命题逻辑在欧洲占统治地位长达 1000 年左右；墨子的逻辑学思想在中国也有深远的影响；近代的数理逻辑已经相当成熟，成为电子计算机和人工智能的理论基础。研究中对形象思维的遗忘并没有阻碍形象思维的发展。正因为形象思维和抽象思维涵盖了人脑中所有的表征，形象思维的存在才使得思维的发展具有了全面性。思维的全面性就是形象思维和抽象思维都要发展。温寒江先生由此确立了两种思维共同发展的新理念。这是对思维方式的变革，即从只重视抽象思维到重视思维的全面发展的变革。这是自 2000 多年前亚里士多德提出形式逻辑以来较为深刻的变革，它涉及哲学、美学、心理学、教育学、文艺理论、体育理论等学科。

二、思维发展的协调性

（一）形象思维与抽象思维协调

思维包括形象思维和抽象思维，思维发展表现为人脑内两种表征系统的不断丰富和发展。工具的制造和利用、语言的产生、文字的创造都在不同阶段不同程度地促进了思维的发展。思维发展具有全面性，表现为形象思维和抽象思维协调发展。思维作为人们认识世界的工具，在学习的过程中充分发挥作用。可以说，学习一刻也离不开思维。

（二）思维与环境协调

人作为一种社会性的存在，在回答思维是如何产生和发展的问题时，不仅要从思维本身去追问，而且应该从思维与环境的相互作用中寻找答案。远古时代的人为了生存，需要寻找食物充饥，需要联合起来抵抗野兽的攻击，需要学会制造和利用工具。可以说，人对生存的需要是思维发生和发展的根源与动力。从当代社会环境来看，人的思维与周围环境密不可分。新事物、新科技的出现和使用促进了人脑的进一步发展，新环境带来的新词语和新话语方式又进一步促进了思维的丰富。由此可见，思维的认知结构具有开放性，思维的发展是在与环境的不断互动中实现的。人们通过思维活动，从自然界、社会中认识新事物，获得新知识；同时，又运用所得知识去改变自然界和社会，从而实现思维与环境的协调发展。

（三）技能与知识协调

从思维的基本属性来说，在思维的发展过程中，思维材料(载体)和思维方法是相互协调的，知识与技能的相互协调是其具体体现。知识是技能的产物，是技能活动的结果，与思维相联系。作为内化技能的产物时，知识是思维加工的成果，表现为主观形态的知识；作为外化技能的产物时，知识是思维成果的表现，表现为物化的知识。

这样的认识并非由来已久。在教育史上，对于掌握知识与发展能力孰轻孰重的讨论长期存在，这就是形式教育与实质教育之争。形式教育强调能力发展，认为基础知识不重要，学习是为了增强人的能力；实质教育认为掌握知识更重要，能力不用刻意去培养。这一争论在不同时期对学校的课程、教材的编写都产生过重要影响。

从人的发展来看，知识与技能是不可分的。知识是认识活动的结果，技能是认识活动的过程，知识与技能是相互联系、互相促进的。我国基础教育强调基础知识和基本技能，即"双基"。从思维层面来看，知识既是思维加工的材料，也是思维加工的结果。这就如同做饭，材料和方法均不可缺。知识作为思维加工的材料时，进入人脑，并通过思维实现重组、延伸、融合和演绎，成为新的知识。思维材料和思维方法是相互联系、互相促进的关系，也就是说知识与技能是协调发展的关系。因此，思维协调发展主要体现为知识与技能协调发展。

（四）学科中思维的协调发展

学校作为一种特殊的环境，对学习的实现和思维的发展起着重要作用。学习中的思维活动有的以形象思维为主，有的以抽象思维为主，更多的是两种思维有机结合，体现为学科知识体系与技能体系相互协调。在不同学科的学习过程中，两种思维的结合形式多种多样，不同学科具有不同的结合形式和特点。

数学是研究数量关系和空间形式的学科，数和形是对现实世界的抽象反映。数学的抽象性和逻辑性常常让人认为数学纯粹是由思维产生的。但实际上，数是抽象的存在，形是形象的存在。因此，数学学科的教学中需要综合运用抽象思维和形象思维。

地理是研究某一位置的地理环境和社会要素的学科，地图是地理学科教学的重要工具和知识载体。这一学科的教和学既需要运用观察、想象等形象思维，也需要运用测量、制图等抽象思维，体现着两种思维的协调发展。

艺术学科的教学以形象思维为主，需要通过感官获取丰富的信息，通过想象、联想等形象思维呈现。自然科学更多地需要实验、推理等抽象思维。即使如此，也并不代表这些学科只有单一思维方式的参与，而是两种思维共同作用的结果，只不过某一种思维方式更凸显而已。

(五)思维协调发展的载体

载体是能够承载其他事物的事物。在思维发生、发展的过程中，肢体、手势、言语、纸张、书籍、计算机、网络等都以载体的方式发挥着重要的作用，促进了思维的协调发展。

1. 前语言时期的思维及其发展

为了抵御野兽的袭击，猿人从猿猴中分离后，以群居的方式生活。他们相互协作，以对抗猛兽，进行日常的生产劳动。肢体语言、手势和表情成为相互之间交流的工具与媒介。这样的交流是以模仿和形象表达的方式进行的，这是形象思维的萌芽。

社会性的生产劳动离不开工具的制造和使用，这不仅推动了生产劳动的形式的完善，也促进了人脑及思维的发展。直立人生活在 200 万年至 20 万年前，智人生活在 25 万年至四五万年前。单从脑容量来看，直立人在其发展过程中，脑容量从 800 毫升增至 1200 毫升；到了智人后期，脑容量平均达 1400 毫升。智人时期脑容量的快速增加表明了智人的思维比直立人有了很大的发展，这是人在社会生活中通过生产劳动和制造工具而实现的思维发展的结果。智人后期语言尚未产生，随着相互交流的复杂程度越来越高，一些动作和表情就会逐渐固化为一些特殊的声音，这就为语言的发展做好了铺垫。

2. 口语时期的思维及其发展

在日常表达中，口头语言比手势和表情更具优势，也更丰富。在语言形成的初期，表达总是和具体的事物或内容相连的。随着语言的进一步丰富及使用范围的扩大，语言开始从具体事物的表达中形成共同的规则，组成具有完整意义的句子。这时，相互之间的交流变成语言与模仿的结合。作为思维的载体，语言的出现进一步促进了人类思维的发展，尤其是形象思维的发展。

人与人之间的交流越来越充分，相互之间的协作越来越广泛，这在一定程度上会促进生产力的发展。生产力的发展代表物质和生活的进一步丰富，又反过来进一步促进思维的发展。在口语时期，人类迎来了农耕时代，这是第一个文明时期。人们开始从事种植、饲养、制陶和房屋建造等活动。

3. 文字时期的思维及其发展

语言具有即时性和现场性，不可保存和保持。为了满足社会生产和传递生产技能的需要，人们将事物以形象的方式记录下来，形成了文字。文字的产生和演变是一个漫长的过程。在造纸术发明以前，文字通常被记录在龟甲、骨头、纸草、木板、陶片、竹简、丝帛等材料上，不易携带和保存。

文字的出现弥补了口语表达的不足，记录下了很多重要的事情。例如，人们将观测星象的材料记录下来产生了历法，将土地测量和计算的方法记录下来产生了几何学。文字的产生方便了人与人之间的交流和学习。也是在这个过程中，抽象思维发展了。

4. 学校教育时期的思维及其发展

学校是生产力发展和体脑分工的产物，文字是学校教育发展的重要基础。从古代学校教育开始，教育内容均以文字为载体。我国西周时期的六艺，古希腊时期的文法、修辞、辩证法等都是借以文字而呈现出来的。

学校是有目的地培养人的机构，新的教育形式促进了思维的进一步发展。借助文字和典籍，学校教育不再像学校产生前那样，与社会生产和生活有着紧密的联系，其传授的内容和方式较为直观。在阶级社会中，受教育者与生产劳动相脱离。学校教育以文字为媒介，其内容越来越抽象。这一时期思维的发展更多地体现为抽象思维的发展。

5. 多媒体时代的思维及其发展

文字作为一种符号，在人类思维发展过程中发挥着巨大的作用。但是由于语言和文字没有内在的必然联系，因此不同民族、不同国家对同一事物的表达用不同的语言和文字。随着语言的不断丰富，语音和语义相脱离的现象越来越严重，使得客观世界在人脑中的反映相差很多。语言的静止性、抽象性使其无法完全呈现客观世界的动态性和丰富性，语言文字的不足越来越凸显。

以计算机网络为载体，集声音、图像、文字于一体的多媒体技术以其特有的优势很好地弥补了语言本身的不足。这种多媒体技术应用于教育教学中，可以完美地呈现出事物的特点及发展过程，生动形象地展现事物应有的状态，促进了教学中形象思维的发展，也有效地推动了思维的协调发展。

作为思维协调发展的载体，语言、文字和多媒体技术都不同程度地促进了人类的发展。语言的产生把人类带入农耕时代，文字的产生把人类带入工业时代，多媒体技术的产生把人类带入信息时代。每一个时代文明发展的过程也是人的思维发展的过程，推动着人类文明不断前进。

三、思维与人的全面发展

思维是人认识世界的工具，也是人学习的有效工具。人的思维包括形象思维和抽象思维，这两种思维的全面、和谐发展在人的发展中发挥着重要的作用。人的全面发展是对人的发展目标的明确界定，是马克思主义教育思想的核心内容，体现了我国教育方针的要求。在人的全面发展中，德、智、体、美、劳都有各自的目标或任务：培养社会主义核心价值观，形成正确的世界观、积极的学习态度，遵纪守法，亲师敬长是德育的目标；获得知识，发展技能，形成能力是智育的任务；锻炼身体，掌握运动技能，促进身心和谐发展是体育的任务；培养感受美、欣赏美、创造美的能力，形成正确的审美观是美育的目标；树立正确的劳动观点，养成良好的劳动习惯，学到一定的基本生产技术知识和某种职业技术知识，学会使用一些生产工具的技能是劳动教育的目标。德、智、体、美、劳各育既相互区别又相互联系，既互相促进又协调发展。思维揭示了"五育"相互影响的内在原因，成为人全面发展的基础。

（一）德育与思维

青少年思想道德的形成受很多因素的影响。学校作为一种特殊的环境，发挥着重要的作用。德育过程包括道德认识、道德情感和道德行为三个部分，三者都与思维有着紧密的联系。发展思维，对道德品质的形成有着十分重要的意义。

1. 道德认识

道德认识是指人们对客观存在的道德关系及处理这种关系的原则和规范的认识。这种认识通常存在于观念中，是道德形成和发展的基础，对道德情感和道德行为起着指导与调控的作用。教育者往往采取讲理论、讲道理的方式，通过思想政治课或专题德育活动来对青少年进行德育。在德育过程中，人们更多地采取抽象思维的方式，忽视了形象思维的利用。随着德育研究的不断发展，人们越来越认识到根据学生的年龄特点，采取学习榜样模范事迹、在生活中参与体会等方式，晓之以理，动之以情，效果更好。这样的方式突出了形象思维的作用，将形象思维与抽象思维相结合，实现了思维的全面发展。

作为利用形象思维进行思想教育的典范，毛泽东把旧中国人民受帝国主义、封建主义和官僚资本主义的压迫比作压在中国人民头上的"三座大山"。他用"愚公移山"的故事号召大家学习愚公的精神，坚定信心，坚持不懈。毛泽东利用形象思维进行思想教育，不仅易于理解，而且深入人心。

2. 道德情感

人的情感体验包括亲身体验后获得的情感体验，也包括通过间接经验的学习获得的情感体验。直接的情感体验与生活经历中留存于头脑中的表象记忆融合在一起；间接的情感体验以直接经验中的情绪记忆为基础，与形象思维有着紧密的联系。作家总是把自己的思想感情融入其所塑造的形象中，"巴尔扎克说'我整天过着我所描写的人物生活'。福楼拜说他写作时会把自己完全忘记，'创造什么人物就过什么人物的生活'"①。教师在讲授时，也常常把自己的情感融入内容。教师讲述文学作品、定理、影视作品时，就会通过一些形象性、情境性的内容来引起学生的联想和想象，激活他们头脑中的道德认知和情感，使他们产生新的情感体验。这个过程建立在联想、想象等形象思维的基础上。

人们通常用语言来表达自己的情感体验，分享生活中的喜、怒、哀、乐。但并不是所有的情感都可以通过语言来准确地表达的。例如，思念亲人之情甚浓却不知

---

① 十四院校《文学理论基础》编写组：《文学理论基础》，220 页，上海，上海文艺出版社，1981。

如何表达，看到美景一时不知道如何形容。这就是所谓"只可意会，不可言传"。艺术家常常会用艺术的方式来表达丰富的情感。画家傅抱石一生热爱大自然，对祖国的壮丽山河有着真挚的感情，这些都表现于他画中的一山一水、一草一木中。作曲家王锡仁对毛泽东的无比热爱之情推动着他用一整夜的时间完成了《太阳最红，毛主席最亲》这首歌曲。舞蹈家通过舞姿等身体语言表现他们丰富的情感。学生学习、欣赏不同作品的过程是一个再认识的过程，是主体的主观认识与认识对象达成视域融合的过程。

3. 道德行为

道德行为是道德认识和道德情感的外化，是将认识与实际生活结合起来后的行为表现。如果学生认识到了教师对个人成长的帮助作用，又亲身体会到了教师对自己的帮助，那么学生听从教师的要求就会变成自觉的行为。行为的不断强化就会形成习惯，这也是德育的目标。

道德认识、道德情感、道德行为是德育过程的主要内容。这个过程既有抽象思维的参与，也有形象思维的参与，需要根据不同年龄的教育对象采取不同的教育方式。

(二)智育与思维

学校智育的核心任务是帮助学生发展智力、培养能力。智力是人认识外部世界和自我、改变环境的一种心理条件或特征，能力是一种顺利地、高质量地获取知识和运用知识的个性心理特征。智力是心理层面的、内隐的，能力是行为层面的、外显的。二者既有区别又有联系。作为一种心理特征，能力是智力的一部分；智力又不同于能力，表现为人脑对信息的迁移、融合、贯通等。智力与能力共同存在于认识过程中。能力是认识水平高低的重要决定因素，是技能的高水平的综合，由人体外部动作(感官、肌肉、骨骼)和内部智力活动(思维活动)两部分组成。智力是实现知识、技能、能力迁移和加工的条件。在智力和能力的发展过程中，思维是核心。

1. 思维与智力

思维是智力的核心，人类认识世界和改变世界是通过思维实现的。无论是从人类历史来看，还是从当前社会的发展和进步来看，人们都是在形象思维和抽象思

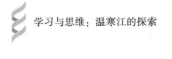

的结合下开展社会实践活动的。在学校教育教学中，学生的智力在不断地、或快或慢地发生着改变，一次新的体验、一次新的收获、一次成功的问题解决都将学生的智力引向更高水平。因此，教师需要根据不同学科的内容特点展开不同思维类型的教学。

2. 思维与能力

技能是能力的基础，能力是技能的高水平的综合，二者都与思维紧密相联。例如，在学习写字阶段，学生是在观察后才开始书写的，这是一种表象的输入。文字通过书写这一外部操作活动进入人脑，经过思维加工形成知识。学生在不断练习后形成技能，并通过书写进行外化。在经过学写字这一环节后，学生直接提取脑中字的表象，根据笔画、笔顺要求书写而成。书法家写字是书写技能的高水平体现。技能、能力的训练和培养过程体现为技能与思维、能力与思维的不断联系和转化，能促进能力和思维的形成与发展。

3. 在智育中发展思维

中小学学科教学是智育的主要实施途径，不同的学科教师按照该学科研究对象的特点、规律和知识结构来开展相应的教学。思维为认识和学习的核心。学科学习中的思维或以形象思维为主，或以抽象思维为主，更多地体现为两种思维的有机结合。不同的学科通过不同的思维结合方式来凸显学科本质和特点。数学是研究数量关系和空间形式的科学，数和形是对现实世界的抽象反映，但这并不表明数学学科的学习只需要抽象思维的参与。数的学习偏重于抽象思维的使用，形的学习需要借助观察等方式采取形象思维来完成。因此数学的学习过程需要协调运用两种思维。地理是对某地自然环境及社会要素的统称。地图是学科思维的重要载体，通常用符号、图形配以文字和数字来标注。地理学科需要运用观察、测量等，既有形象思维的参与，也有抽象思维的运用。因此，地理学科的学习也需要综合运用两种思维。不同于前两个学科，文学艺术类学科的学习更多地体现为形象思维的参与，如美术、音乐等的学习是运用形象思维逐渐认识和理解不同感官表象的过程。总之，所有的学科学习都是认识的过程，学生都会经历从感性认识到理性认识，再到实践的过程。与此同时，思维也发生着相应的变化和发展。

（三）体育与思维

体育运动通常是以身体的配合来表现的。这一过程虽然有语言的说明和描述，但更依赖于观察、模仿等行为。人们之所以长期在体育运动中忽略思维的存在，是因为将思维囿于抽象思维。如果用形象思维来研究体育，情况就不一样了。脑科学的研究为体育运动的表象和思维，尤其是形象思维提供了科学依据。

脑科学研究表明，"表象与同类通道的知觉、记忆及均匀的运动控制等这些较基本的过程有着共同的机制"①。让·德塞蒂（Jean Decety）等人发现被试想象自己在书写字母或确实在书写字母时，其前额叶皮层、运动皮层和部分小脑都被激活了。② 由此可知，人们在头脑中产生的运动加工和真实的运动加工是一致的。脑科学家科斯恩（Kesen）对运动表象加工的作用做出如下描述："表象在知觉中起到一种整合性的作用，它不仅有助于人们识别客体（无论是静止的，还是运动的），也使人们能预测事件的结果。"③可见，人脑通过对表象的加工，掌握了事物的本质特征和相互间的规律性联系，且可以预测事物的未来发展状态，这是一种典型的思维活动。在体育运动中，人脑不断地将运动表象进行转换、加工、调整和校正，从而促进运动能力的不断发展。

1. 形象思维体现为运动员的特殊感觉

观察在体育运动中起着重要的作用。体育运动的学习和练习都是从观察开始的。观察既是一种行为，也是一种能力。对事物的观察是认识不断丰富和不断深入的过程，是从感性认识到理性认识的过程：通过不断积累表象，经由思维加工，从而实现观察结果从量变到质变。

体育运动需要多种感官的参与。多数体育训练既需要用眼睛看教师的示范，用耳朵听教师的讲解，用触觉感受运动器材，又需要用运动感觉去真正地体验和感受。体育训练目的就是教学生学会观察，并培养多种感官的敏感性。运动员在体育运动中，经过长期反复的练习，会产生一种感觉，如节奏感、水感、球感等，这种感觉的产生是观察从感性认识上升到理性认识的标志。这种特殊的感觉是运动过程

---

① ［美］加扎尼加：《认知神经科学》，沈政等译，644 页，上海，上海教育出版社，1988。
② 同上书，730 页。
③ 同上书，731 页。

中形象思维的体现。

2. 运动技能形成过程中的思维

运动技能的形成是将多种感觉及其表象进行整合的思维过程，一般分为三个阶段。第一阶段是视觉表象的形成。体育运动的学习是从观察教师的示范动作开始的。通过观察，学生了解了身体部位，运动顺序，运动的方向、速度、力度等。第二阶段是视觉表象与动觉表象的整合。这一阶段需要经过练习，将脑中运动的视觉表象通过身体运动表现出来，通过多次反复使两种表象一致起来。第三阶段是运动技能的形成。视觉表象与动觉表象达到一致后，形成视觉和动觉综合表象，即运动表象，这时运动技能就形成了。

3. 体育运动的直觉思维

运动技能形成后，就会成为一种内隐记忆。运动者不需要有意识地回忆就可以把动作准确地做出来，如骑自行车、打篮球等。运动技能通过对从特定感觉通道获得的感觉信息进行加工而形成。经过反复练习，运动者形成的观察力是一种思维能力，即体育运动的直觉思维能力。由于体育运动具有速度快、动感强、体位变化复杂等特点，因此这种直觉思维在体育运动中发挥着十分重要的作用。

(四)美育与思维

美育是指培养学生认识美、欣赏美、创造美的教育，也称审美教育，是全面发展教育中不可缺少的一部分。审美是一种特殊的认识活动。它既具有一般的认识功能，可以揭示客观事物的本质，也具有特殊性，即要遵循美的规律和规则。审美作为一种认识活动，是以思维为基础的，主要依赖于形象思维。这种理解区别于传统中将审美局限在抽象思维的范畴内，仅就美说美，而是把握美的规律，通过形象思维，融入情感去探讨审美教育。

美通常指好看、漂亮，形容事物带给人的那种愉快的感觉。美既有主观层面的意思，又具有客观性。因此，人们能对美达成共识。美感源于生产劳动，最初表现为对物质需要和精神需要的满足，后来逐渐成为对节奏、和谐、对称、平衡等的感受，并抽象为美的形式流传下来。不同的对象产生不同类型的艺术作品，各自具有自身的审美规则和特点。例如，绘画是运用线条、色彩、形体等来反映美的本质的，是一种独特的视觉思维方式；音乐是运用音高、节奏、音色等音乐要求来表达美的，是一种特殊的听觉思维方式。

朱光潜先生在《美感问题》一文中，对审美的认识提出了问题："它完全是感性活动呢？还是也包括理性活动呢？感性活动和理性活动是否可以在同一阶段里进行呢？如果能，这种结合究竟取什么方式？如果不能，它们是否有先后的关系？如何理解这种关系？再就感性来说，是单纯的感觉在起作用，还是也牵涉到创造的想象？"①

审美是按照美的规律和特点进行的一种观察活动，因此，审美同观察一样，有感性认识和理性认识之分。我们运用美的规律，抓住表现事物本质的、生动具体的、有感情色彩的东西时，才能说是审美。人们对不同审美对象的认识都是由浅入深，最后达到质变的过程。这个过程既有形象思维的参与，也有抽象思维的参与。人们运用抽象思维剥去表面的、具体的东西，抽取出普遍的、必然的、本质的东西，最后形成概念。审美活动中的形象思维也有概括性，但又不同于抽象思维的概括性。它使表现本质的、具体的、生动的内容表现得更凸显，但不会形成概念。人们不断地把感觉和记忆综合起来，通过形象思维进行加工，实现思维的发展。

如同体育运动需要直觉思维一样，审美也需要直觉思维。审美的直觉思维是一种对事物进行观察、认识和判断的思维能力，是在不断丰富的基础上认识产生的一种飞跃。审美直觉思维是一种以美的规律为依据，对自然美、社会美、艺术美做出即时判断和评价的思维能力。它与直接感知相联，具有直感性、即时性、非语言性，在表象加工过程中不需要语言参与。

联想和想象是审美的一般思维方法。联想是事物的普遍联系在人脑中的反映，是将两者或多者联系在一起的思维方法，如"这朵花是黄的""张三是一个懂事的孩子"都在两者之间建立了联系。想象是人们在头脑中对表象进行加工改造后产生新表象的思维方法，通常综合分解、组合、类比、概括、联想等思维方法，是形象思维方法的综合运用。艺术创作和欣赏主要靠想象来实现。审美教育需要重视和丰富学生的生活体验，激发学生的情感，加强对联想和想象能力的培养。

---

① 《朱光潜选集》第十卷，360 页，合肥，安徽教育出版社，1993。

（五）劳育与思维

劳动创造了人类历史，创造了人本身，是一切社会财富的源泉。教育的起源与生产劳动有着直接的联系，最初教育是在生产劳动中进行的。由此可见，劳动自古就与教育紧密相联，并作为教育的一种方式而存在。

1. 劳动创造了语言和能思维的大脑

在群体性的日常生活和生产劳动中，相互的配合、合作与沟通促使语言产生了。语言的产生是一个非常漫长的过程，经历了从肢体语言、简单的符号语言到逐步复杂的语言的过程。当猿人直立行走后，手成为一种沟通工具。他们通过简单的手势来表达和传递信息。随着生产力的发展，人们用一些声音伴随手势来传递信息。在这个过程中，发音器官也在慢慢得到进化，发出的声音更多样，表达的内容更复杂。当人们赋予不同的音节或音节组合以不同的意义后，语言就产生了。

随着手的解放和利用，人脑也不断地得到发展。当人们开始制造工具时，脑中已经有了一个简单的表象。随着工具的不断使用和改进，人们对工具的制造越来越精细、越来越精巧，脑中工具的表象也越来越清晰、越来越细致。人们在制造工具和狩猎的过程中，对什么样的工具攻击力更强、什么样的距离更容易打击野兽、如何才能保护自己并保存族群的力量这些问题的思考不断地促进人脑的发展，于是思维产生并慢慢得到了发展。思维的产生和发展促进了人脑中脑髓的发展。考古学证明，从 200 万年前的猿人到现代人，人脑的容量从 700 毫升左右增加至 1400 毫左右。在这个过程中，人的各个感觉器官也得到不断变化和发展。

2. 劳动在实践中促进了思维的发展

猿人向现代人的进化过程中，劳动起着重要的作用。正是对劳动成果的更高追求促进了人的发展以及周围环境的不断改善。人的发展不仅表现为外貌、身体征特的变化，而且表现为人脑的发展。思维以其独有的特征体现了人之为人的本质。

远古人类在与自然、族群相处的过程中，最初获得的是以表象为主的形象思维。随着形象思维的不断发展，人慢慢发现并总结事物及其关系中的共性，将其进行概念化、抽象化，在这个过程中逐渐形成了抽象思维。在抽象思维产生后，思维以形象思维和抽象思维两种形式并存。在思维过程中，人们既认识了事物的本质及其相互间的关系，也通过劳动创造着未来。马克思说："劳动过程结束时得到的结果，在这个过程开始时就已经在劳动者的表象中存在着，即已观念地存在着。"①

3. 思维融合于劳育之中

劳育即劳动教育，是学校教育体系的重要组成部分，也是实施教育的重要途径。劳育与德育、智育、体育、美育既相互区别又相互联系，是学生成长的必要条件，具有树德、增智、强体、育美的综合育人价值。正是由于劳育与其他四育之间具有这种联系，因此思维也参与了劳育的全过程。任何劳动都是有目的的活动，目的的确立和达成过程是抽象思维和形象思维不断地对表象进行加工进而外化表象的过程。

劳动教育既包括体力劳动，也包括脑力劳动。在当代社会，这两种劳动更多是结合在一起呈现的。在劳动教育中，学生需要不断地观察、想象和创造，需要动手去操作。这些都与思维有着紧密的联系，是对学生劳动能力的培养和训练。在形成能力的过程中，学生形成积极的劳动情感以及端正良好的劳动态度。

第二节　迁移与能力

🌳 节前导读

在温寒江先生的研究中，学习是一种认知行为，是认识外界和自我的一种方式。基于两种思维的理论，学习是认识的过程，思维是认识的核心，能力和技能是认识的两翼，知识是认识的结果。学习通过记忆而实现；迁移的发生会提升学习的效果；信息的不断输入和学习会形成技能与能力，甚至是创新能力。本节主要探讨温寒江先生基于思维研究提出的工作记忆原理、学习迁移原理与能力发展多层次原理。

---

① 中共中央编译局：《马克思恩格斯列宁哲学论述摘编》党员干部读本，86页，北京，中央编译出版社，2019。

一、工作记忆原理

(一)记忆

记忆是人脑对经验的保存和提取。人们在日常工作和生活中感知过的事物、体验过的情感、参与过的活动都会在脑中存留下来，在需要的时候随时在头脑中被提取出来，这个过程就是记忆。记忆包括记和忆两部分。实际的过程是通过识记将表象保持在大脑中，再通过回忆的方式提取和调用。因为有记忆，人类才能在生活中不断发展；因为有记忆，社会才会不断进步。

1. 短时记忆与长时记忆

生活中，人们经常会发现，我们经历过的一些事情，有的记住了，有的记不起来了；打电话的时候，刚刚还记着的电话号码，转身就记不清了；有的学生上课时状态好，互动反馈效果也不错，第二天再提问就忘记了。这些都与人的记忆有关。早在20世纪50年代，心理学家就把记忆分成短时记忆和长时记忆。短时记忆容量有限，只能保持很短的时间，甚至几秒。只有经过加工和强化的信息才能转化为长时记忆，长期保留，甚至终生难忘。一些印象深刻的突发事件或经历，也会因其独有的刺激而成为长时记忆。

传统上，记忆理论把学习与记忆看作相同的机制，这一观点被认知神经科学的新观点和新概念取代。两个新概念的形成与发展对今天记忆的研究起到非常重要的作用：一个概念是，人的记忆分为编码、储存和提取等阶段，经验数据与理论分析都已证明了这一点；另一个概念是，多重记忆系统或各种分离的记忆形式的概念，这是一个与传统的记忆思想相对立的根本性的概念。① 多重记忆系统改变了传统的记忆是单一体的观点，把记忆看作由多种动态的、相互作用的系统组成的综合系统。多重记忆的提出进一步细化了对记忆的划分。"感觉记忆"从短时记忆中区分出来，如听觉、视觉、触觉、味觉、嗅觉等感觉通道的记忆，时长为1~4秒。作为短时记忆的信息加工场，工作记忆因具有处理信息的功能而被提出。长时记忆也

---

① [美]加扎尼加.：《认知神经科学》，沈政等译，429页，上海，上海教育出版社，1988。

有了多种划分。

2. 外显记忆与内隐记忆

根据多重记忆系统理论，在长时记忆中，对知识、经验的提取与对技能的提取是不同的。因此，该理论认为外显记忆和内隐记忆是由各种不同的操作系统组成的。

外显记忆是指需要有意识地努力才能提取信息的记忆。例如，当我们回忆一次印象深刻的愉快旅行时，头脑中会非常清晰地浮现出所有的画面，也可以描述得绘声绘色，让人有身临其境的感受；当我们给别人讲述我们看过的一个喜欢的故事时，我们会把故事的背景、起因、经过、结果都有条理地讲出来。类似这样的有关知识、经历的回忆都属于外显记忆。外显记忆受意识的控制。

与外显记忆相对，内隐记忆是指无须通过意识控制就能提取信息的记忆。这种记忆的特点是，经验对个体当前的活动有一种无意识的影响；或者说，不需要对经验进行有意识的回忆，经验就会促进活动的开展。例如，学生在熟练地掌握了运算技能后，不需要刻意努力就能熟练计算；一个人学会骑自行车后，就会形成一系列无意识的动作，自如地跨上自行车，轻松地骑起来。类似这样的行为都是不用意识努力就可以做到的。习惯是指长时间逐渐养成的行为方式。人们按照习惯行动、办事，是不用思考的自动化行为，是不需要意识来参与的。

启动效应也是内隐记忆的体现。启动效应是指由于之前受到某一刺激的影响，使得后来对同一刺激的识别和知觉加工变得容易了。启动效应不是简单地通过激活储存的记忆表征而产生的，而是以刺激引起的感觉、知觉为基础的。① 例如，你如约去拜访一位朋友，第一次去的时候是根据详细的地址找到的，再次拜访时根据周围的环境就能找到。

(二)思维的工作记忆

工作记忆是一种可以对信息进行暂时加工和储存的记忆，具有处理和储存信息的双重任务。它是作为短时记忆的加工场被提出的，因此，短时记忆往往被称为工作记忆。"人们工作、学习和解决问题时，通常要弄清楚研究对象的特征和属性的

---

① ［美］加扎尼加：《认知神经科学》，沈政等译，512~513 页，上海，上海教育出版社，1988。

关系，认识客体特定时间和空间的关系，分析客体间相互关系等，这些都要求在短时间内，大脑要注意集中地把与此相关的思维元素（词语、概念、图像等）加以汇集起来，按思维规则和思维方法进行加工。把知觉中的思维元素（文字、符号、图像等）和记忆中（长时记忆）的思维元素联系起来，进行思维加工的机制就是工作记忆。"①

多重记忆理论认为工作记忆存在不同种类。脑科学研究显示，大脑皮层是由感觉通道组成的，不同的皮层部位支配着不同的感觉，因而不同感觉通道获取的信息具有不同的工作记忆。例如，对于视觉来说，言语的工作记忆不同于空间的工作记忆。脑科学家史密斯（Smith）的研究和实验表明：空间任务中四个显著激活的区域都在右脑，言语任务多数显著激活的区域在左脑。可见，空间工作记忆与言语工作记忆之间有一个区分，空间工作记忆的机制居于右脑，言语工作记忆的机制居于左脑，即对不同类信息存在性质不同的工作记忆。② 在斯佩里的裂脑人实验提出了大脑两半球的功能的不对称性和右半脑具有高级功能后，史密斯的实验再一次证明了空间工作记忆与言语工作记忆分别居于脑的右半球和左半球。

1. 工作记忆原理的基础研究

人脑在日常认识活动中，总是不停地通过工作记忆将信息与时间、空间等相关元素结合起来进行加工的。

"GeorgeMiller 的著名论文《神奇的数字 7±2》是一个很好的例子，这篇文章发表在 1956 年，……法国先驱心理学家 Alfred Binet 那时已发现，人最多只能记住 5~9 个无关的数字……当我们研究人类记忆一些无关联的单词、数字、颜色、短语、音调及等级范畴时，结果都是如此。当然，我们能将无关的数字通过学习组成我们熟悉的组块，如 1900，1914，1776。这时短时记忆的容量就变成了 7±2 个组块。"③

"工作记忆是推理过程的核心，它是人们用加工来表征特定情境的机制。工作记忆的界限无疑是决定我们如何推理的一个主要问题。"④

---

① 温寒江、陈爱苾：《让青少年智力得到最佳发展：两种思维的智力基本理论》，126~127 页，北京，北京科学技术出版社，2006。

② ［美］索拉索：《21 世纪的心理科学与脑科学》，朱莹、陈烜之等译，72 页，北京，北京大学出版社，2002。

③ 同上书，7 页。

④ ［美］加扎尼加：《认知神经科学》，沈政等译，644 页，上海，上海教育出版社，1988。

"工作记忆必须把元素的汇集编码成与关系概念有关的特定角色。要保持合适的汇集，就需要注意控制，以防'串道'，串道会使个别元素的全同性和角色分派产生模糊。汇集必须是动力性的，以便在没有持续改变元素表征的情况下完成中介的计算。此外，还需要对情境中与作业无关的元素进行控制，防止它干扰与目标有关的元素的表征。"①

"Fuster 认为，根据损毁研究、单细胞记录和电生理测量所汇集的证明表明，前额叶皮层有三种基本功能：维持工作记忆中元素的表征，以便对跨时间的关系信息进行加工；学习条件性偶然事件；抑制干扰。对猴的损毁实验研究表明，这些功能有各自的解剖学上的定位：背侧部支配工作记忆对跨时间的非连续性关系进行编码；弓周围部位是学习与时距无关的条件性偶然事件的中枢；眶额部是减少干扰的关键。"②

2. 工作记忆原理的内涵

工作记忆有如下表现：第一，工作记忆的容量非常有限，思维活动需要采取小步子的形式；第二，注意力要集中，以维持工作记忆中思维元素的同一性；第三，要防止无关元素的影响。以上三点被称为思维的工作记忆原理，也叫思维基本法则。温寒江先生做出了如下诠释。

（1）工作记忆是一个动态的操作系统

人需要不停地面对新的情境，新的表征会不断地进入人脑并成为思维的操作对象，人脑需要处理和短暂储存信息。例如，人们看到"大雨""房子""走""冲""了"5 个字词后，运用语言规则进行加工，完成句子表达：大雨冲走了房子。在这里，字词是外显知识，语言规则是内隐知识(思维规律)。

（2）小步子

由于工作记忆的容量是 5~9 个组块，因此人在学习新的内容时，需要遵循这一特点，开展小步子输入和学习。例如，解应用题时，要先厘清顺序，明确步骤，一步一步展开，这样才会减少畏难情绪。

---

① ［美］加扎尼加：《认知神经科学》，沈政等译，674 页，上海，上海教育出版社，1988。

② 同上书，680 页。

（3）同一性

工作记忆遵循形式逻辑的基本规律，在思维的同一过程中，保持概念的确定性和同一性，避免出现相互矛盾、模棱两可的问题和答案。在此，基于工作记忆的思维法则与逻辑基本定律的要求基本是一致的。

（4）组块、迁移

工作记忆只能容纳 5~9 个组块，如何扩充实际容量成为提高学习效果和质量的关键。将信息内容进行意义编码，进行组块化，可以在一定程度上增加记忆容量。学习的迁移就是借用组块的方法将新旧知识联系起来，增加记忆容量，使学习变得容易的。在学习中，新旧知识之间建立的关联越多，学习越容易。

（5）防止干扰

控制干扰能够增强工作记忆的效果。因此，人们需要集中注意力，保持操作元素的同一性。

（三）知识记忆与学习

多重记忆理论指出知识的记忆和技能的记忆是不同类的，知识的记忆属于外显记忆，技能的记忆属于内隐记忆。人的思维离不开记忆，通过思维实现的学习更需要依赖长时记忆。下面介绍如何利用长时记忆的特点来促进知识的学习。

1. 在理解的基础上记忆

受到工作记忆容量的限制，学习需要从各组块的信息量中寻找信息间的关系。理解就是顺着脉络进行剖析和认识，是运用思维对新旧信息进行关联的过程。在调用长时记忆中的相关信息后有结构地认识新的内容就会形成对新信息的理解和认识，从而更好地进行编码和记忆。从这个层面来看，理解和学习有意义的材料比无意义的材料更容易。

福建省龙岩市市直机关幼儿园的教师教"比较多少"时，让幼儿通过玩"抢椅子"的游戏来理解。通过亲身参与游戏，幼儿直观、形象地理解了数字的意义，理解了多和少的关系，理解了 6 比 5 多 1、5 比 4 多 1、3 比 4 少 1。这种在理解基础上的记忆既高效快速，又易于迁移。

对于汉字的学习，如果将字形、读音、字义结合起来，就会加深对汉字的理解。英语单词的学习也一样，将字根、前缀、后缀理解后，就会举一反三，迁移记忆。

2. 形象化记忆与结构化记忆

思维分为形象思维和抽象思维。由形象思维产生的知识被称为形象性知识，由抽象思维产生的知识被称为抽象性知识或理论性知识。这两类知识的产生方式不同，记忆方式也不同。形象性知识宜用形象化记忆方法，抽象性知识宜用结构化记忆方法。

形象化记忆是将一个完整的表象作为一个单位来记，这个形象可以是一幅画，也可以是一个场景或一个人的脸。形象记忆具有极大的记忆容量。加拿大的佩维奥（Paivio）曾在一个实验中证实了有关形象记忆的优越性。实验结果表明，对图片的回忆比对那些抽象的语词的回忆要好得多。一周之后，对无意识记忆的图片的回忆，其得分实际上比 5 分钟后即对有意识记忆的抽象词语所做的回忆还要高。有趣的是，比起抽象的词语来，对较具体词语的回忆大约占了 75%，原因很可能是那些具体的词语能唤起由它们所代表的一些事物的心理表象来。① 对于生活中的很多事情，用形象化记忆的方式更容易。当一个人想向别人指路时，画一幅图比语言描述更清楚；当我们描述一处景色或一个人美时，一幅画也会比千言万语更有效。

结构化记忆是与形象性记忆不同的记忆方式。学生在面对大量信息时，需要按照信息类型进行分类或综合，从而使信息概念化、抽象化，进而寻找信息之间的结构来记忆。随着学习的知识逐渐增多，学生需要梳理知识间的结构，使其有纲有目，便于理解和记忆。马芯兰在小学数学教学中将知识结构化，从 540 多个概念中梳理出了最核心、最基本的概念，将其作为主概念，然后将其他概念统率起来，确立清晰的概念从属关系。这种方式既便于教学，也方便学生理解和记忆。

3. 分散记忆与集中记忆

知识的记忆通常会以复习的方式来实现。复习的方式分为集中复习和分散复习。集中复习是指在一段时间内反复记忆相关材料或信息，直到熟记。分散复习是分散在不同的时间段重复记忆，以达到熟记程度。很多实验表明，多次分散记忆优于集中记忆。在教学过程中，教师可以参考艾宾浩斯遗忘曲线合理安排记忆时间。

---

① ［加］布莱克斯利：《右脑与创造》，傅世侠、夏佩玉译，57 页，北京，北京大学出版社，1992。

二、学习迁移原理

温寒江先生根据两种思维的理念，提出了学习迁移理论，即前后两种知识、技能(能力、习惯)若有共同的思维要素(思维材料、思维规律、思维方法)，就能产生迁移。迁移是新旧知识、技能联系的机制。

(一)迁移

1. 学习的迁移

学习是人们的一种行为方式，是人们通过各种途径获得知识和能力的过程。那么，学习是怎样进行的呢？孔子用"温故而知新"对学习做出了回答，指出了新知与已知之间的联系。朱熹在《四书章句集注》中注说："故者，旧所闻。新者，今所得。"注释包括这样的意思："故"是"新"的基础，"新"是"故"的发展。① 这些观点再一次说明了在已知的基础上探求新知的意义。

自古以来人们普遍将学习建立在新旧知识的联系上。近一个世纪以来，国内外学者从各自的哲学思想和学习理论出发，提出多种迁移理论。美国心理学家布鲁纳在《教育过程》中阐述："掌握事物的结构，就是允许许多别的东西与它有意义地联系起来的方式去理解它。简单地说，学习结构就是学习事物是怎样相互关联的。"② 实际上，并不是所有的知识都属于结构良好的知识，如化学的学习就是从没有结构的元素知识开始，而后走向有结构的学习的。

与布鲁纳的观点不同，奥苏伯尔的迁移理论认为迁移是通过认知结构的组织特征来起作用的。他指出："学生原有认知结构的特征始终是影响新的学习与保持的关键因素。这些特征不是指前后两个课题在刺激和反应方面的相似程度，而是指学生在一定知识领域内的认知结构的组织特征，如清晰度、稳定性、概括性和包容性等。"③显然，这种组织特征缺乏确定性和可操作性。

研究过程中，研究者既要剖析迁移理论是否存在片面性，也要认识到迁移产生

---

① 郭齐家：《中国教育思想史》，36页，北京，教育科学出版社，1987。
② [美]布鲁纳：《教育过程》，邵瑞珍译，28页，北京，文化教育出版社，1982。
③ 边玉芳、李白璐：《教育心理学》，161页，杭州，浙江教育出版社，2015。

的正向和负向影响。迁移发生的过程中，既存在积极的、正向的迁移，也存在消极的、负向的迁移。一种旧知对新知的学习有促进作用，就是正迁移。例如，在汉字学习中，学生学习了"青"后，再学习"清""晴""请"等字就会更加容易，这就是正向迁移；一个人从小习得的方言对后期学习普通话有影响，致使这个人说话总是有口音，这就是负迁移。学习过程中应尽量发挥正迁移的作用，减少或避免负迁移的发生。如果新旧知识间没有发生任何影响，则为零迁移。以下内容中主要是从正迁移展开论述的。

2. 知识的迁移

在学习知识的过程中，知识的理解一般分为两个步骤，即将新旧知识联系起来和进行思维的加工，二者分别被称为思维材料和思维方法。旧知如果在思维材料或思维方法上和新知识没有任何联系，就不会对新知识产生任何影响。如果原有知识以思维材料或思维方法的形式参与了学习过程，那么这些原有知识就会促进对新知识的理解。这种参与与促进的过程就是迁移。因此，迁移的发生是需要在新旧知识间找到共同的思维要素，而且思维要素越多，实现迁移的程度越大，学习效果越好。

为了实现知识迁移，教师通常会先将一般性的、典型性的内容放在前面，为后面知识的学习打下基础。例如，在学习基本概念时，教师往往会把握基本概念与一般概念间上下位的包容关系，将基本概念的学习放在一般概念之前，从而使其产生对新问题的迁移作用。在讲解同一类事物的共同的本质属性时，可以采取典型示例讲解法，然后将思维方式迁移到同类事物中去，如讲授哺乳动物时可以将猫作为典型示例，猫作为哺乳动物的知识就可以迁移到对其他哺乳动物的教学中。

随着社会的不断发展，知识呈爆炸式增长。人们在有限的时间内学习什么知识最有价值？当然是适用性强的知识，也就是能够产生广泛迁移的知识。字词的学习就是一个很好的例子。教育部发布的《2005 年中国语言生活状况报告》中说："报告对包括本报(北京日报)在内的平面媒体、有声媒体、网络媒体的语料调查分析研究后发现，在过去的一年，汉字出现 37 亿多次，媒体用了汉字 8225 个。平面媒体、有声媒体和网络媒体共用的汉字是 5607 个。""其中 581 个汉字就可以覆盖语料的 80%，就可以读懂媒体文字的 80%，当覆盖率达到 90% 的时候，只需 934 个字。

当覆盖率达到 99% 的时候，需要 2315 个字。"①这一报告明确指出常用汉字是适用性强的汉字，能够在生活和学习中产生广泛迁移。

3. 技能和能力的迁移

关于技能的定义，见仁见智。有学者将技能定义为完成任务的动作系统，有学者将技能定义为一种活动方式或心智活动方式，还有学者将技能定义为一种动作方式。温寒江先生从考察认识的过程入手，结合外部动作和内部思维活动，将技能定义为：在认识活动中，外界信息经感官活动内化为思维，和思维活动及其结果通过感官活动表达出来的活动方式或方法。这一定义具有两个特点：其一是技能由人体外部动作和内部智力活动两部分构成，其二是技能需要通过多次练习才能形成。在这个过程中，迁移起了很大的作用。例如，阅读技能的形成过程包含识字技能、句子阅读技能、段落阅读技能以及篇章阅读技能之间递增式的迁移。在这个过程中，前一项技能的获得对后一项技能的获得起到了良好的促进作用。数学计算中的加、减、乘、除之间的数量关系也是技能上的迁移，体现出发展的过程性。在运动中，幼儿的翻、爬、走、跑是在身体发展过程中不断发展和渐次成熟的，每一个动作的技能化都为后一个动作的习得打好了基础，并促进后一个动作的发展。习惯作为一种特殊的技能，也会通过迁移成为新的习惯。

熟练的技能是一种内隐记忆，是在反复练习中获得的目标反馈信息与身体相关部位肌肉的协调能力，是人脑中视觉表象和动觉表象不断加工、整合的结果，也是形象思维不断加工的结果。技能的迁移有以下几个特点：第一，新技能是在原有同类技能的基础上发展而成的；第二，在技能的迁移过程中，同样的技能与同样的思维方法相联系；第三，技能属于一种内隐记忆，思维活动通常不为人们所觉察。

能力是一种顺利地或高质量地获取知识和运用知识的个性心理特征，是技能的高水平的综合。可以说，技能是能力的基础，能力是技能的高水平体现。这种高水平在学习上体现为知识的灵活运用。技能是在反复练习的基础上习得的，实现的是有限迁移；能力通过思维的灵活训练习得，实现的是广泛迁移。在学习过程中，技能表现为根据教师的引领解决相似问题，能力表现为在更广泛的范围内解决实际问题。可以形象地说，技能解决的是质量问题，能力解决的是效率问题。这就是技能

---

①　国家语言文字工作委员会：《中国语言生活状况报告》，载《北京日报》，2006-05-23。

和能力及其迁移的意义所在。

4. 兴趣、情感、信心的迁移

迁移既能发生在知识、技能、能力方面，也能在情境的影响下在发生兴趣、情感、信心方面。

兴趣是人在认识事物的过程中的一种情绪表现，也是推动认识活动发生和持续的动力。兴趣总是和好奇心相伴的。学生对某一事物或某一领域感兴趣时，就会对该事物及相关领域密切关注。随着关注的不断深入，学生的兴趣范围也在不断扩大，这个过程就是兴趣的迁移过程。数学家陈景润在中学时听老师讲了"哥德巴赫猜想"的故事，激起了兴趣和好奇心，从而一生孜孜不倦地从事这个问题的研究，取得了优秀的成绩。

情感是伴随认识出现的主体对客观事物的态度和体验，渗透于人的一切活动中。"亲其师，信其道"表达的是一种情感迁移，因为喜欢教师而相信其所说的话，并一直追随下去。"爱屋及乌"是对情感迁移的另一种表达，字面表达的是因为喜欢这座房子，也会喜欢住在房子上的乌鸦，引申为因为喜欢对方而喜欢对方所喜欢的事物。在欣赏文学作品或影视作品时，这种现象也非常突出。人们将自身对作品里的事、物、人等的情感与自身经历相联系，产生喜欢、开心、悲伤等情绪情感体验，与作者或人物产生情感上的共鸣。

信心是一种意志力，是学习过程中不断克服困难、继续前进的动力。教师及时肯定和表扬学生的某一种行为或表现，会激发学生的自信心和上进心，从而使其产生学习的力量。这就是信心的迁移。

在实际教育过程中，兴趣、情感和信心往往有着各种各样的联系，共同参与迁移的发生。

(二)学习迁移原理的内涵

知识、技能、能力及兴趣、情感、信心等都存在于学习过程中。从形象思维和抽象思维相结合的思维基本理论来看，学习经验是通过思维活动来实现对后期学习产生影响的，这就是学习迁移原理。

学习迁移原理的内涵包括以下五个方面。第一，在学习活动中，迁移是普遍存在的，是人的认识活动、创造活动的基础。第二，前后两种知识、经验，若有共同思维要素(思维材料、思维方法)，就能产生迁移；共同思维要素越多，迁移程度越大。第三，前后两种同类技能、能力，若有共同的思维方法、方式，就能产生迁移；共同的思维方法、方式越多，越容易产生迁移。第四，与学习活动相伴随的兴趣、情感、信心也能产生迁移。第五，迁移根据其作用，可分为正迁移、负迁移和零迁移。

(三)学习迁移原理的特点

基于两种思维的学习迁移原理具有全面性和操作性两个特点。

研究表明，对于知识的理解和运用，技能、能力的形成和运用，习惯的养成，思维都起着关键的作用。因此，只要过程中具有共同的思维要素，就能产生迁移。思维的迁移理论涵盖了学习活动的各个方面，因此具有全面性。

由来已久的形式教育说和实质教育说之争分别强调注重能力培养和注重知识学习，这一论争的影响在当前的教育教学中依然存在。我们如果从思维的层次来分析，那么可以找到问题的解决方式。两种思维理论认为，无论是知识还是能力，都以思维为核心，作为思维材料或思维方法而存在。也就是说，形式教育重视的能力与实质教育重视的知识，分别是思维过程中的思维方法和思维材料，二者共同参与思维的过程。因此，用思维理论来分析，不仅从根本上解决了形式教育说与实质教育说之争，而且揭示了教育和学习的本质。由此可见，思维的迁移理论是全面的、辩证的。

学习的迁移是在新旧两种学习情境中具有共同的思维要素的基础上产生的。无论是从知识层面、技能层面还是能力层面，具有共同的思维材料或思维方法都能实现学习的迁移。由此可见，思维的迁移理论是可操作的。

(四)学习迁移的意义

作为新旧知识联系的内在机制，迁移对于学习具有重要的意义，学习中的迁移对于认识事物、提高教学效率具有重要的意义。

首先，迁移是普遍存在的，是人认识活动和创造活动的基础。从远古时期到现在，人类的发展经历了漫长的年代。这个过程中，人们对外部世界的认识和改造是在经验的不断积累中实现的。新旧知识间的迁移是促进人类发展和社会进步的重要基础，无论是在工具的改进中还是在科学的发展创造中，经验的积累与迁移都是新经验的基础和成果更新的推动力。

其次，学习的迁移是提高教学质量和教学效率的重要途径。在教学中，新旧知识间的共同要素越多，越会在更大范围和程度上产生迁移。正是由于这一事实的存在，教师在教学中需要了解学生的原有知识基础，以便于更好地利用迁移扩充学生的新经验。学生的经验越丰富，学习新知识的效果就会越好。因此，加强新旧知识（经验）的联系，是提高教育质量的关键。

三、能力发展多层次原理

（一）学习与人的发展

1. 人的发展

人在认识外界事物的过程中展开学习，也在学习的过程中实现不断发展。在社会快速发展和知识大爆炸的背景下，人需要终身学习和终身发展，这是一个长期的过程。学习和发展的过程中既有知识的丰富、能力的增强、思维的发展，也有情感、意志和人格的发展。

如前所述，知识的学习是通过感官获取信息后思维对信息进行加工而形成的。知识的不断获取有利于形成技能，进而形成能力。知识、技能、思维的发展过程中总会伴随着情感。在知识、情感的积累中，人会形成一种意志品质，促使自己不断前进。在这个过程中，人的知识越丰富，情感越强烈，学习就越勤奋，意志也越坚强。

2. 人的全面发展

人的发展既包括身体的发展，也包括心理和精神的发展。从最初的发展来看，劳动是人发展的主要因素。正是在不断进行社会生产和生活的过程中，人对外部世界的认识越来越多，对外部世界的改造也越来越多。在改造外部世界的过程中，人也在改造着自己。这是学习和发展的过程。马克思提出人的全面发展理论，首先强调了劳动能力的全面发展。这一理论是针对历史发展过程中劳动发展的片面性而提出的，实现了体力与智力在充分发展基础上的完整结合。人的全面发展实际上是指在人的劳动能力全面发展的基础上包括人的社会关系、道德精神面貌、意志、情感、个性及审美意识和能力的和谐统一发展，具体表现为德、智、体、美、劳五个方面和谐发展。这既是个体发展的需要，也是社会发展的需要。

人的发展是一个历史范畴。在历史进程中，人的发展经历了从片面到比较全面、从基本发展到和谐发展的过程。在两种思维理论的指引下，结合不同的教育目标，采用不同的思维材料和思维方法，开展基于人的整体发展的、以形象思维和抽象思维相结合的教育与学习，是实现人的全面发展的重要途径。

(二)能力发展的多元性

人的能力在学习和发展中有着十分重要的意义。两种思维的学习理论指出学习是感官感知客观世界后，通过内化技能，形成思维及知识(思维结果)，然后再通过外化技能，形成物质化的知识的过程。由此可见，发展能力是实现高质量学习和工作的正确途径，人的能力发展成为人的发展中的重要关注点。从横向来看，能力发展的多元性是指人的能力发展是多元的、多侧面的。各种能力虽然具有一定的独立性，但都与思维相联，相通于思维。

1. 观察能力

观察是人了解外部世界的基本途径之一，是调用视觉感官来获取信息的方式。无论是远古时期人类开展生产和生活，还是呱呱落地的婴儿不断成长，观察都起着重要的作用。

作为一种基本的认识活动，观察具有感性认识和理性认识之分。生活中的观察会让人对事物了解得更全面，科学研究中的观察为把握事物的本质提供了基础。17世纪，意大利物理学家伽利略在比萨斜塔上进行自由落体的观察实验，开了近代实验科学的先河。中医中的望、闻、问、切，望即是观察，通过观察来做出最初的判断。

观察是直接经验的来源，自然科学和社会科学中的许多知识都是科学观察的成果。一幅地图、一张人体心脏图、一个原子模型、一堂实验课，无论是图像还是文字的叙述，都是科学观察的结果。我国药物学家李时珍经过长期的观察和实践，用27年完成了巨作《本草纲目》；法国昆虫学家法布尔(Fabre)将其毕生精神投入对昆虫的观察，写出了200多万字的科学巨著《昆虫记》。这些都是通过观察获得的成果。

2. 语言能力

语言是一种沟通工具，是人类在长期的交往中形成的表达思想和意义的工具。语言的产生扩大了人类交往的范围，加深了人类交流的深度。对于教育来说，语言作为各学科的学习工具，成为学习的前提和基础，也在学习的过程中不断地得到丰富。

从脑科学来看，儿童具有天生获取语言的生理机制。语言的获得同思维相联，思维的发展也促进了语言的发展。听、说、读、写是语言能力的四个组成要素。从认识的输入和输出过程来看，先通过听和读获取语言信息，经过人脑进行思维的加工，再通过说和写表达出来。脑科学研究表明："看词、听词、说词和想词都有各自特异的活动脑区，从这些脑区似乎有各自独立的通路到达更高级的脑区来理解词的意义与表达。"[①]所以，听、说、读、写四种技能需要根据其内在的联系，进行综合的、循序渐进的训练。

3. 运算推理能力

运算推理能力是数理运算的基本能力，包括演绎推理、归纳推理和类比推理。从思维过程来说，演绎推理是从一般推导至特殊，归纳推理是从特殊推导至一般，类比推理是从一类推导至另一类。从思维的类型来说，演绎推理是通常所说的逻辑思维，前提为真，结论则为真。归纳推理是两种思维并用，人们把对某物的认识迁移至其他事物中，其前提和结论仅具有或然联系，如对动物和植物的分类。

数学是研究数量关系和空间形式的科学。事物的数量关系和空间形式都源于具体的事物，经过运算和推理会形成抽象的结果，以至于看上去失去了同现实生活的联系。但数学的运算和推理与形象思维和抽象思维有着紧密的联系。数量的研究以抽象思维为主，空间关系的研究以形象思维为主。两种思维共同作用于对数与形的认识和理解，促进运算推理能力的发展。

4. 动手能力

直立行走完成了从猿到人的具有决定意义的一步。拥有了双手，人类认识世界

---

① 杨雄里：《脑科学的现代进展》，14 页，上海，上海教育科学出版社，1988。

和改造世界的能力更强了，空间更大了。工具的制造、火的使用等都是通过双手实现的。动手能力成为人基本的实践能力。

手的运动是由大脑支配的，动手与动脑相互联系。手部动作的精细会促进思维更精细，思维的发展又会使手更灵巧。人在实践活动中有着明确的目标，这个目标以表象的形式存在于人脑中，手的操作会使事物一步步接近头脑中的形象。信息的不断输入和反馈构成了思维的过程，最终实现符合实践需要的结果。

5. 图像能力

图像是一种历史悠久的记录形式，两河流域的苏美尔人用楔形文字记录生活和生产，我国的汉字起源于象形文字，这些文字都是早期的图像。因此，有人称图像为第二语言。

在现实生活中，图像的存在空间很广。工程学把物体或零件画成三视图，供技术工人制造机器或零件；生物学把动植物的状态、结构绘成图像供学生了解；工作和学习过程中的流程图、结构图都因直观的优点而被广为运用。生活中图像的例子更是比比皆是。因此，图像能力成为生活和工作的重要能力。

学习图像需要依靠表象来思维。图像作为表达的方式，既有优点也有不足。图像具有形象直观的特点，是以整体的方式呈现的，包含着大量的信息。这种直观形象的表达易于学生学习和理解；但是图像表达的内容是有限的，同语言相比缺乏连贯性。

6. 身体运动能力

身体运动能力是人在日常生活中不可缺少的能力，走、跑、跳、爬等都体现于人的日常生活中。人的运动能力与身体素质有着紧密的联系。身体素质是人体结构在功能上的反映，表现为力量、速度、耐力、灵敏度和柔韧性等，这些都是人运动能力的表现。

人的身体运动总会以一种表象的形式传输给思维，经过不断练习产生一种感觉。不同的运动技能有着不同的感觉，这种感觉是一种形象思维。儿童通过运动来促进身体不断发展。肢体动作和其他感官的不断协调会促进儿童思维的发展。

7. 音乐能力

音乐是运用节奏、旋律、音高等要素表达情感的一种形式，是一种特殊的听觉思维方式。古代重要的仪式活动中总有音乐，或表达捕获猎物的喜悦之情，或表达某种仪式的庄重之感。我国古代教育家孔子喜好音乐，通晓音律。在他的教育内容（礼、乐、射、御、书、数）中，"乐"占有很重要的位置。脑科学研究发现，适宜的音乐能够舒缓大脑，激活大脑，在人的发展中起着重要的作用。

拥有音乐能力既可以感觉、欣赏乐律之美，也可以通过这一形式表达自我，甚至创作出更优美的音乐。

（三）能力发展的多层次性

人的能力从横向来看是多元的，从纵向来看存在多层次性或多等级性。人的能力是不断发展的。技能是由人体外部动作和内部智力活动构成的。能力是技能的高水平的综合，是通过概括的、灵活的思维训练来提高的。技能是能力的基础，二者属于同一性质的活动。能力是一种顺利地或高质量地完成某一活动的心理特征。当这种高质量的活动表现为一种独特的、新颖的成果时，这种能力就是创新能力，也叫创造力。因此，创新能力是能力最高水平的表现。由此可见，技能、能力、创新能力是人的能力的不同层次，三者既有联系又有区别。

（四）能力发展多层次性原理的内容

温寒江先生把能力发展的多元性和多层次性建构成能力发展多层次性原理，其内容主要包括以下三点。

第一，学习与发展是指在学习和实践的基础上人的身心发展的过程，其核心内容是人的全面发展，基本方法是发展能力。发展能力是实现高质量学习和工作的正确途径。

第二，能力的发展从横向来说，是多元的、多侧面的，其中基本能力有七种，即观察能力、语言能力、运算推理能力、动手能力、图像能力、身体运动能力、音乐能力。

第三，能力的发展从纵向来说，是多层次的。同一种能力有技能、能力、创新能力三种不同水平。技能、能力、创新能力三者之间既相互联系，又相互区别。思维是其内在联系的基础。

(五)能力发展多层次性原理的意义

1. 培养能力是提高教学质量的有效途径

能力是高质量地获取知识和运用知识的个性心理品质。排除天赋，教育和社会环境成为能力形成和发展的关键因素。不断练习知识能够形成技能，技能的高水平发挥表现为能力。知识、技能与能力都与思维相联。只有将基础知识、基本技能、基本思维结合在一起，才能找到一条培养能力并提高教学质量的有效途径。

2. 有利于培养中小学生的创新能力

我国的教育提出要培养具有创新精神和创新能力的人。中小学生并不需要有大的发明和创造，而是需要在能力不断发展的基础上开展创新实践，在不断创新的过程中促进思维的发展，进而外化为创新行为。例如，数学课上的新解题法、音乐课上的新创作、综合实践活动中的新作品等，这些都是能力的高水平表现，与科学家的发明、创造在性质上是一样的。因此，发展的多元性和多层次性为中小学教学培养学生的创新能力找到了一条可操作的路径。

3. 广泛发展学习兴趣、爱好，不拘一格培养人才

世上没有完全相同的两片树叶，也没有完全相同的两个人。人与人之间的差异是由先天素质和后天环境造成的。正是由于人的差异性，他们的兴趣、爱好、行为表现才会有所不同。美国心理学家加德纳的多元智能理论充分说明了人与人之间的差异，也提出了教育中应体现因材施教原则。因此，教育倡导尊重学生体现为尊重学生不同的学习兴趣和爱好，发展学生的不同学习能力。

第三节　学习的原理

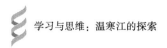 **节前导读**

学习的基本过程原理、学习的可持续发展原理以及学习的主体性原理是温寒江先生提出的学习学理论的重要组成部分。温寒江先生提出学习是一个长期的、

连续的、螺旋上升的过程。在这个过程中，信息不断通过感官内化为思维，经过思维活动将结果通过感官表达出来。过程的不断发生和重复实现了知识的丰富、技能的增强以及能力的提升。在这个过程中，思维是不断发展的，学习也具有可持续性。学习的这一特性决定了教育要以人为本，关注学生的主体性，以实现培养人的目标。

一、学习的基本过程原理

(一)学习的基本过程

学习是一种认识活动，遵循认识过程的一般规律，即从感性认识上升到理性认识，再从理性认识到实践。学习又具有特殊性，是在教师主导下的认识活动，以促进学生的身心和谐发展为目的。

1. 从感性认识到理性认识

人对外部世界的认识是通过感官获得的。信息通过各种感官传递到人脑，这是直接感知。人们也可以通过阅读、听等方式获取信息，这是间接感知。通过感官获取信息是形象思维和抽象思维的基础。从感知到形象思维和从感知到抽象思维的过程各具特点。

从感知到形象思维的过程有两个特点。一是可感性。通过不同感官获取的信息属于感性认识，这一阶段的认识具有可感性。在感性认识发展到理性认识后，大脑根据表象来思维，这一阶段的认识同样具有可感性。这是因为表象和同类感知觉通道有着共同的脑机制。如前所述，当人们回忆印象深刻的美景时，画面感极强，如同再现。二是质的飞跃。当感知觉的表象不断积累时，思维对表象的加工就抓住了事物的本质，认识产生质的飞跃。由于形象思维具有可感性，因此经常有人将形象思维当作感性认识。形象思维的理性认识并非表现为思维的抽象性，而是以形象的呈现形式展示事物的基本属性和本质。

从感知到抽象思维的过程也有两个特点：一是思维对丰富的感性材料进行加工，去粗取精，由表及里，概括出能体现共性特征的概念；二是在理性认识阶段脱离具体的、可感知的事物，运用概念进行思维，表现为抽象的推理。

2. 学习的理解过程

从感性认识到理性认识的过程就是学习的理解过程。学习中的理解是学习理论的核心，不同的心理学派用不同的观点来解释。行为主义将学习认定成刺激与反应之间的联结，认知主义认为学习是认知结构的改变，建构主义认为学习是意义的建构。根据思维理论，学习理解的过程是通过对思维材料的加工而实现的，是在新旧知识间产生迁移后对新知识本质的把握。

通常情况下，学习的理解过程分为三步。第一步，了解不同学科中两种思维结合过程的形式和特点。第二步，根据思维的学习迁移原理，将新知识的获得与已有知识、技能联系起来。第三步，进行思维的加工。思维加工的完成速度和效率既取决于新旧知识、技能间的联系程度，也取决于是否遵循了工作记忆原理来进行。

3. 从理解到实践

人们认识和理解事物的目的是更好地开展实践活动。从理解到实践是一个从主观精神到客观世界的过程，人们通常通过表达和问题解决将其所理解的知识应用于实践。

表达不同于对事物的认识和理解，是一种输出的过程。表达的形式可以是语言表达、图像表达以及其他艺术形式的表达。语言具有概念化和抽象性的特点，通常情况下，语言表达与抽象思维具有直接联系。用语言表达形象思维比较普遍，但并不是所有的形象思维都可以用语言充分表达，如一种特殊的感觉、一个优美的舞姿。图像表达属于形象思维的范围，可以超越语言直观地表现出人和物的形态、状态等。比图像更具表现力的是各种艺术形式，如绘画、音乐、舞蹈、文学、雕塑等，这类形象思维的表达更加丰富。

问题解决是指经过不断努力，采用一定方式方法来解决问题的过程。人类实践的过程就是一个不断解决问题的过程。在解决一个又一个问题的过程中，人们对外界和自我的认识不断深入，从而获得知识和能力，并将其外化为行动，推动社会发展。关于问题解决的过程，美国教育家杜威（Dewey）在《民主主义与教育》中论述了教学过程的五个步骤，借此来解决教学中的问题。英国心理学家华莱士提出艺术创造过程的四阶段论，即准备期、酝酿期、明朗期、验证期。① 问题解决的方法多种多样，主要有数学模型法、科学实验法、创造性(研究性)学习法和社会调查法，这些方法分别适用于不同的问题和情境。

(二)思维与学习理论中的认识过程

学习是一种认识过程，这一认识过程是在形象思维和抽象思维共同参与下完成的。在不同学科的学习过程中，思维材料和思维方法具有不同的特点，完成着不同的认识和学习。传统教学更多地强调抽象思维的运用，忽视了形象思维在学习过程中的地位和价值。对学习的片面认识和片面教育行为极大地影响了学习的效果，也扭曲了人们对学习过程的认识。

两种思维的学习理论完善了学习的认识过程，认为技能是一种认识方式或方法。在认识活动中，外界信息通过感官内化为思维，被称作内化技能；思维活动及其结果通过感官表达出来，被称作外化技能。这两种技能都与思维相联。知识作为内化技能的产物时，是头脑中主观形态的知识；知识作为外化技能的产物时，是特质化的知识。这两种形态的知识也与思维相联。由此，温寒江先生得出学习的基本过程原理，即学习是一种认识过程，思维是这个过程的中心，内化技能和外化技能是它的两翼，知识是认识的结果。

(三)学习的基本过程原理的内涵

学习的基本过程原理揭示了学习的认识过程，具有丰富的内涵。

1. 知识、技能、思维是学习过程的三个基本要素

根据现有的教育理论，人们把基础知识和基本技能称为"双基"，在实际教学中将"双基"提到很重要的地位。学习的基本过程原理指出，学习过程的基本要素有基础知识、基本技能、基本思维(方法)三个，而不是两个。能力、情感、意志是在知识、技能、思维发展的基础上产生和获得的。由此可见，抓住基础知识、基本技能、基本思维这"三基"，就抓住了学习的纲。

---

① 北京市科技干部局、北京继续教育协会：《创造学及其应用》，16 页，北京，科学普及出版社，1998。

2. 阐明了学习的基本过程的顺序，理顺了思维、技能、知识三者的关系

学习过程是教学过程的基础。长期以来，教育工作者一直在研究学习的基本过程。孔子认为学习过程主要是学、思、习、行；《中庸》提出"博学之，审问之，慎思之，明辨之，笃行之"；德国赫尔巴特提出明了、联想、系统、方法四个阶段。两种思维的学习理论指出学习过程是感官感知客观世界后，经过内化技能形成思维及知识(思维结果)，然后再通过外化技能形成物质化的知识。

学习的基本过程原理将思维分为形象思维和抽象思维，明确了不同的外部信息具有不同的思维通道，经过外化技能表达出来时体现为不同的形式。这一原理很好地弥补了被抽象思维垄断的学科教学，提出了不同的学科内容、不同的学习信息应以不同的方式呈现给学生，如语言和音乐的学习要先听再说或唱，几何要先通过视觉观察再进行证明。

3. 思维是学习过程的核心

思维既是智力的核心，也是学习过程的核心。朱智贤教授认为"抽象概括能力(逻辑思维能力)是智力的核心成分"[1]，这是从抽象思维的角度提出的。思维应该是全面的，既有抽象思维，也有形象思维，这样思维才真正成为学习过程的核心。

4. 知与行辩证统一于学习过程

学习从感性认识到理性认识，是获取知识和理解知识的过程，表现为"知"；学习从理性认识到实践，是运用知识的过程，表现为"行"。学习的过程就是不断地从认识到实践，到再认识和再实践的过程。知与行统一于学习过程，二者是辩证统一的关系。

5. 唯物的主客观关系

关于世界的本原问题，唯物观和唯心观有不同的看法，对先有物质还是先有精神做出了不同的判断。站在唯物观的立场上，学习的基本过程原理阐明了学习是从客观到主观实现对外部世界的感知，再从主观到客观能动地改造世界。在这个过程中，能力是连接主观和客观的"桥梁"。

---

①　白学军：《智力心理学的研究进展》，4页，杭州，浙江人民出版社，1996。

二、学习的可持续发展原理

学习是新旧知识间不断地发生迁移，促使新知进入长时记忆并作为下一次学习的迁移材料，从而不断形成技能和能力的过程。迁移的发生是学习过程中的关键。在教育教学中，如何促使学生的新旧知识发生迁移，是确定教学难点（学习难点）时需要着重思考的问题，这也成为实现学习可持续发展的关键。

(一)直面学习难点

学生经常会碰到一些经过努力但还不能理解的知识或难以掌握的技能，这些就是学习难点。学习难点是学生学习过程中的"拦路虎"。学习难点如果没有被解决，那么会影响后面知识的理解以及学生头脑中的知识结构，最终导致学习成绩下降。学习中出现难点有不同的原因。例如，认识层面的原因，没有了解学科的本质特点，在片面认识下开展学习；方法层面的原因，忽视观察和直接经验，以间接学习代替，不能找到新旧知识间的关联从而促使迁移的发生等。

(二)化解学习难点

化解学习难点是促进学生不断发展的关键环节，需要更新观念，突破现有教育理论的局限，用两种思维的学习理论，结合学科特点来完成。

1. 发展形象思维

形象思维是思维的基本方式之一，普遍存在于人们的认识活动中。中小学教师应该充分运用形象思维来促进学生的学习和发展。

观察是获取直接经验的主要方式，是形象思维的基础。美国心理学家班杜拉（Bandura）的观察学习理论强调人是通过观察他人的表现与行为的结果来获得信息和自我调节能力的。幼儿是通过观察外部世界来学习的，中小学生是在与教师及同伴的互动中通过观察来获取知识和相关信息的。鼓励学生多观察，教会学生观察的方法以及记录观察结果的方式可以加深学生对事物的认识和理解程度。

图形和图像是对事物的另一种表述形式，因其具有直观性而在学生学习中发挥重要的作用。关注形象思维的培养，可以有效化解学习中的难点，促进学生发展。

2. 做好新旧知识的衔接

新旧知识间的共同要素是发生迁移的关键，能有效化解学习难点。两种思维的学习迁移原理具有全面性和可操作性，是全面做好新旧知识衔接的理论依据。全面性是指全面分析新旧知识、技能间的关系。知识方面包括知识和经验等，技能方面包括技能、能力、习惯等。同时教师要关注新旧材料的联系度，支持迁移的发生，这样既不会增加学习负担，也能发挥学生的主动性。

3. 完善技能体系

在学习过程中，知识和技能是协调发展的，知识是技能发展的结果，技能是获得知识的支撑。知识的获得会促进技能的形成与发展，思维也会得到发展。要改变当前教育教学中重知识轻技能、重间接经验轻直接经验的现象，就要整体关注知识、技能、思维的发展。例如，语文阅读技能包括分析字词、句子、段落和篇章等技能，是系列技能的综合。教师在教学中要明确各项技能间的联系，形成和完善技能体系。

4. 整体把握教材

教材是教学的主要依据之一，整体、系统地呈现了知识的结构，既明确了知识间的相互联系，也突出了各类知识在整个体系中的位置和价值。因此，教师需要整体把握教材，找出知识的重点、难点，合理运用学习的迁移原理。

教材中知识间的内在联系是实现迁移的条件。同一学科的知识分为不类型，有共性知识、个性知识，有概括性的抽象知识、具体化的形象知识。理顺知识间的关联，完善教材中的知识结构，才能为知识以及技能的迁移创造条件。

（三）学习的可持续发展原理的内涵

学习是一个长期的、连续的过程，是知识不断丰富、技能不断提升的过程。在这个过程中，思维是不断发展的，学习也实现了可持续发展。根据各学科的特点，在思维全面发展和知识与技能协调发展的基础上，新旧知识和技能中若具有必要且足够的共同思维要素，通过有序的步骤与具体的方式把新旧知识和技能联系起来，进行思维加工，就能获得新知识，通过多次练习就能形成新技能，使学习可持续发展，这就是学习的可持续发展原理。其内涵主要包括以下几点。

1. 新旧知识与技能的关系

学习的迁移原理明确了新旧知识与技能之间有必要且足够的共同思维要素时才能实现迁移。这些共同思维要素能实现新旧知识与技能的联系时才能最大限度地促进学习的发展。

2. 思维加工方法

两种思维各有不同的加工方法。抽象思维通过分析、比较、抽象、概括等方法形成概念，进行判断、推理等。形象思维主要通过表象的积累和加工，实现由量变到质变，但没有概念的形成。不同学科的学习需要运用不同的思维加工方法。例如，语文阅读主要运用一般思维方法，识字用联想，理解句子用语言法则和再造想象，篇章阅读用联想、想象、分析、归纳等；数学中通过对数量进行分析、综合来建立特殊的思维加工方法。

3. 对知识的理解

所谓对知识的理解，是指通过思维加工把握事物的本质属性和特征，属于理性层面的认识。理解是以思维发展的全面性为基础的，通过思维的加工来实现。抽象思维在对表象进行加工的过程中舍弃具体的、可感的东西，抓住抽象的本质；形象思维在对表象进行加工的过程中始终保有其形象性和可感性。这是两种不同的理解形式和结果。

学习无处不在，学习也已是终身之事。思维的全面协调可持续发展是学习可持续发展的基础。也正是源于学习的可持续发展，人们才得以实现不断发展、全面发展。

三、学习的主体性原理

学生是学习的主人，也是学习的主体。虽然教育和环境对学习有着很重要的影响，但真正促使学习发生的是学习主体的主观能动性。主观能动性体现为学生的主体性和积极性。教育要坚持以人为本，充分发挥学生学习的主动性、积极性和创造性，开发学习潜能。

（一）人的主体性

主体性是人在实践过程中表现出来的能力、作用、地位等。人是认识的主体，周围的环境是认识的客体。环境是指自然、社会和他人，人在认识周围环境的过程中不断深化对自我的认识。人在对主客体关系的认识中产生并发展自我意识，一般表现为自我意识的产生、自我意识的发展、自我意识的深化三个阶段。

人在社会生活中逐渐产生意识和自我意识，把自己与周围环境分开，认识到自我与外界的关系。纽约州立大学的心理学家盖洛普（Gallup）做过一个动物自我认识的实验：他在动物的额头上涂一个红点，让动物从镜子前走过。它如果把镜子里的影像看作另一个个体，就可能去摸镜子里的红点；它如果认出镜子里是自己的影像，就会摸自己头上的红点，这就表明这个动物有自我认识能力。这个实验中只有一只黑猩猩好像知道镜子里是自己的影像。① 随着文字的产生，人的自我意识发展了，人们通过反省来进一步认识自我及自我与环境的关系。曾子就有"吾日三省吾身"之习。

主客体的关系及主体地位一直是哲学界的关注点，不同的哲学流派有着不同的价值选择。马克思主义哲学强调社会实践中人的主体作用是能动的、积极的。心理学的元认知理论强调人对自我认知活动的认知也是对自我的省察和关注。

（二）学习的主体性

学生是学习的主体，知识是学习的对象和客体。通常情况下，学习的过程是在教师引导下学生能动地获取信息和知识，促进身心发展的过程。这是一个特殊的认识过程，客体的知识不仅包括直接经验，也包括间接经验。学生的成长和发展是在教师的指导与帮助下实现的。人的认识是从感性认识到理性认识，再从理性认识到实践的过程。学习的主体性是在从客观（客体）到主观（主体）和从主观（主体）到客观（客体）的过程中体现的。具体而言，学习的主体性是主体在学习过程中表现出来的能动性、自主性和自觉性（自为性）。

---

① ［肯尼亚］理查德·利基：《人类的起源》，吴汝康、吴新智、林圣龙译，115 页，上海，上海科学技术出版社，2007。

1. 学习主体的能动性

学习是一个从感性认识到理性认识，再从理性认识到实践的过程。这也是客体信息内化和思维结果外化的过程，分别体现为内化技能和外化技能。因此，在心理层面上，学习主体的能动性表现为在思维的参与下技能的形成与发展，其核心是思维。

学习是主体发展的过程，学习主体的发展也表现为其能动性的发展。学习主体的能动性表现为主体的技能、能力和创造能力。思维贯穿于从技能到能力再到创造能力的发展中。

2. 学习主体的自主性

学习主体积极地、主动地参与学习，开展探索活动，体验着知识获取和运用的快乐，这便是学习的自主性，即自主性学习的体现。这是一种良好的学习状态，表现为学生主动获取外部相关信息，积极调用已有知识进行思维加工，并在过程中不断提升技能和能力。

学生具有较强的兴趣和内在学习动机，就会大大增强学习效果。从生理学来看，以兴趣为基础的积极情绪能够激发脑神经的巨大潜力，提高工作效率。作为学习活动的核心，思维的过程也是主体积极思考的过程。这一过程既调动了两种思维的参与，也促进了思维的发展。在成人引导下独立思考和判断是促进个体个性化发展的根本。

3. 学习主体的自觉性(自为性)

学习的自觉性是主体在能动性和自主性的基础上达到的学会学习的状态，表现为主体对自身的认知和把握。教育里有一句话叫作"教是为了不教"，教的是知识和方法，不教是因为已学会学习。知识和方法体现为两种思维理论中的知识和技能(能力)，掌握知识和方法是由学会转化为会学的关键。在此基础上，学生有目的、有选择、有计划地学习就是学习自觉性的具体表现。

(三)以人为本

历史唯物主义认为人是历史的创造者和社会前进的推动者，历史的主体是现实的人。以人为本就成为社会发展和个人发展的重要思想。我国古代思想家提出"民惟邦本，本固邦宁"的思想，西方心理学家提出"人本主义"思想，这都将人放在一

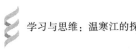

个重要的位置。在学校的教育教学中，学生和教师分别是学的主体和教的主体。以人为本既是教育的本质要求，也是主体发展的要求。

1. 学生与教师的关系

学生与教师的关系是教育中的基本关系，也是教育史上争论的焦点之一。关于教师与学生的地位及关系的两种对立观点是"教师中心论"与"学生中心论"。"教师中心论"以夸美纽斯、赫尔巴特为代表，重视教师的作用，重视知识的系统化学习，忽视学生的主体性，不关注学生的差异性。"学生中心论"以卢梭（Roussea）、杜威为代表，强调学生的主体性，关注学生的经验和活动，忽视教师的作用及间接经验的学习。

"教师中心论"和"学生中心论"是教育发展过程中不同时期的不同认识，分别提出"教师主体"和"学生主体"两种教育主体论观点。"教师主体"观认为教师是教育的主体，学生是客体；"学生主体"观指出学生是教育的主体，教师是客体。两种观点各有偏颇。后有学者提出双主体的观点，即从教的角度来看，教师是主体，学生是客体；从学的角度来看，学生是主体，教师是客体。学生是学习的主体，是学习的主人。在学习过程中，为主体学习服务和被选择的对象都可以成为学习的客体。学习活动中的教师、教材、手段、环境等都是以客观的方式呈现的，并在学生的学习活动发挥着各自的作用。

温寒江先生从认识过程的角度对教与学中的主客体关系提出了自己的观点。他指出，教师的教是从备课开始的。通过研究课程标准、教材和学生，教师对课堂教学从感性认识上升到理性认识，教案是这一过程的认识成果，将教学计划付诸实施的上课是从理性认识到实践的过程。教师就是在一次又一次的认识提升中发展自己的能力，发挥自身主体性的。学生在课堂上的学习从观察、阅读、听课等感知活动开始，不断将感知到的知识进行内化，实现从感性认识到理性认识的提升；再通过学习结果的外化来解决实际问题，实现从理性认识到实践的转化。教学就是在教和学的认识转化中实现思维的发展和学生的成长的。

2. 关爱学生

第一，教育要以人为本。人是教育的出发点，也是教育的归宿。教育中以人为本就要明确学生是学习的主人，有主观能动性，有发展的需要和可能。教师在肯定学生主体性的同时，要发挥学生的积极性和创造性，营造适宜的环境，化解教学难点，使学生得到发展。

第二，关爱每一名学生。教师的爱是不同于父母的爱，是一种教育意蕴的大爱。教师对学生的爱以引领学生精神成长为方向，以知识(技能)获得为过程。关爱每一名学生，需要尊重学生的人格和发展水平，尊重学生的个性特征。

第三，肯定每一名学生。每一名学生都是独立的个体，也是独特的个体。每一名学生都有独特的成长生活经验，所以学生的个性差异会表现得很明确。他们有着不同的个性、兴趣、认知方式、学习动机等，因此需要因材施教。美国心理学家加德纳的多元智能理论指出每个人都有智能的强项和弱项，每一名学生都有发展的优势和劣势。教师需要肯定每一名学生的强项，采取合适的方式方法来发展弱项，实现个体的全面发展。

第四节　学习学理论的诞生

🌳 节前导读

两种思维的学习理论是温寒江先生及其研究团队经过长期的研究和实践形成的，是中国本土的学习学理论。这一研究，扎根于中国教育教学的实践，总结了众多中国优秀教师的教学经验，体现了中国教育工作者的责任担当与文化自信。整个研究过程以问题为导向，就实践中教师的"教"和学生的"学"这两个层面，尤其是学生的"学"这一根本性问题，以课题的方式进行不断探索，形成了丰富的理论和实践成果，具有丰富的时代意义。

一、学习与思维的课题研究

温寒江先生多年的研究源于一线教师课堂教学的现实困惑：为什么课堂中既存在枯燥乏味、学习低效、死记硬背、高分低能的现象，也存在形象、生动、感人、学生喜爱、效果甚好的现象？为了寻找答案并改进实践，温寒江先生开展了四项课题研究。这一研究形成了学习与思维的六大基本原理。

（一）"八五"课题：开发右脑，发展形象思维的教学实验与研究

马芯兰老师的论文及其教学研究过程引起了温寒江先生对形象化教学为什么会帮助学生理解数学知识的思考，毛泽东、钱学森对形象思维的肯定使温寒江先生进一步明确了以形象思维为科学研究的突破口，美国心理学家斯佩里对裂脑人的研究为温寒江先生进行形象思维研究找到了脑科学依据。因此，温寒江先生于 1992 年申报了北京市哲学社会科学规划办"八五"规划重点课题，试图通过开发右脑使左右脑得到协调发展，从而全面发展思维。

温寒江先生深入一线，开展了长期的研究。研究指出，观察是人脑通过各种感官认识客观事物的过程，有感性认识和理性认识之分，在思维的过程中主要表现为形象思维。这一观点厘清了基于观察的形象思维发展的理论，将发展形象思维作为教学的重要目标，成为提升课堂效率和教学效果的重要手段。课题探索的重点是如何通过学科教学发展形象思维，使理论研究更好地为教学改革服务。课题探究并形成了物质化成果——《开发右脑——发展形象思维的理论与实践》一书。

这项研究得到了各级领导的重视和各界专家的肯定。1998 年，时任国务院副总理李岚清阅读了《开发右脑——发展形象思维的理论和实践》一书，写下 100 多条批语，也在专门会议中听取了研究成果汇报。该书得到了领导和各界专家的充分肯定。

（二）"九五"课题：发展形象思维的理论研究与教学实验

20 世纪 90 年代，国家强调创新发展，如何在学习的基础上实现创新、创造成为新的时代要求和教育关注点。课题组从形象思维的研究转向创造性思维的理论与实践研究。研究提出创造性思维是创造过程中两种思维（抽象思维、形象思维）新颖的、灵活的、有机结合的思维活动，总结了培养创造性思维、创新精神和实践能力的初步探索经验。要培养中小学生的创新能力，就要关注思维，将形象思维和抽象思维的培养融入学科教学过程，创新教学方法，促进思维发展。

在课题研究过程中，对技能的新界定成为一项突破。不同于传统理论将技能划分为智力技能和动作技能，两种思维的理论将技能与思维相联，将技能分为内化技

能和外化技能，使认识过程更具可操作性。

"九五"课题是在"八五"课题研究基础上的进一步深化。课题组共同努力，开展了更大范围的实践探索，完成并出版了《构建中小学创新教育体系》一书。

(三)"十五"课题：发展形象思维的理论研究与教学实验

这一阶段的课题在思维全面发展的基础上，主要研究了学习过程中知识、技能和思维三个基本要素，深入研究了两种思维与知识、技能、能力的关系。

基于认知神经科学的研究成果，温寒江先生进一步研究并对思维做出新的界定：思维是人脑对客观事物在脑中的表征，即对语言(概念)和表象进行加工的认识过程。它既能反映、提示事物的本质特征和事物间的规律性联系，又能预测、计划事物的未来。

技能这一概念也得到了新的界定：技能是在认识活动中，外界信息经感官活动内化为思维，和思维活动及其结果通过感官活动表达出来的活动方式方法。技能分为内化技能和外化技能，一般由人的外部动作(感官、肌肉、骨骼等)和内部智力活动(思维活动)两部分构成。

知识是人类在长期认识世界(包括认识自己)、改造世界的过程中获得的成果和经验的总和。它有观念和物质两种存在形态，实际上是信息不断内化和不断外化的产物，这一过程和思维是相联的。

这一阶段，温寒江先生在课题研究和实践的基础上，重构了系列理论，写了《让青少年智力得到最佳发展——两种思维的智力基本理论》一书。

(四)"十一五"课题：学习中思维的全面、协调和可持续发展研究

这个时期的研究开始从两种思维向学习研究转化，课题以"学习中思维的全面协调和可持续发展研究"为核心，重点研究了学习过程、学习与发展等问题。理论上的研究成果概括为六大基本原理，即思维的基本法则、学习迁移原理、学习的基本过程原理、学习的可持续发展原理、能力发展的多层次原理、学习的主体性原理。这些原理构建起了一个比较完善的学习学理论体系，是《学习与思维——学习中思维的全面协调和可持续发展》一书的主要内容。实践中，教师的教学能力不断提升，学生的学习效果越来越明显。课题组的第一套丛书"开发大脑潜能，发展形

象思维，创新教育丛书"出齐，共 20 本，其中 13 本反映了学科教学的经验和成果。

"十二五"和"十三五"期间，温寒江先生继续完善其研究成果，亲自撰写了《学习学》（上、下册），重新组织修订和编写了 20 多本学习学理论与实践专著，使中国特色的学习研究从理论到实践有了完整的结构。在课题研究近 30 年的时间里，共有 41 所中小学和幼儿园在 15 个学科领域参与并开展了理论与实践研究，培养了大批的中小学教师，并建立了"北京市教育学会学习与思维教育研究会"这一专门的学术性研究组织，创造了多项理论和实践研究成果，推动了我国本土教育理论的形成和发展。

二、学习与思维的教学实践

温寒江先生多年的研究是从问题出发，紧密结合教学实践，采取边学习、边研究、边实践、边总结的方法进行的长期探索。他以马克思主义为指导，以脑科学成果为依据，带着一线实验学校的教师不断地实验、创新、再实验、再创新，对中、小、幼许多学科的改革进行了无数次的实验，最终实现了实践改进和理论创新。在温寒江先生的引领和带动下，先后有 41 所学校、1000 多名教师参与了课题研究和实践改进。在多年的教育改革实践中，实验学校的教师人人搞实验，个个写文章，奠定了理论创新的实践基础。

（一）实践中聚焦的问题

随着义务教育的普及以及教育均衡发展的推进，中小学教育取得了实质性发展，同时也反映出很多问题。这些成为研究团队的关注点，主要表现为以下几点。

第一，学生学习负担重。中小学生的学习负担越来越重，学生主体性体现不足，自由发展的空间很小。

第二，学习存在不可持续性。学校中，部分学生有厌学情绪，存在学生流失现象；学科教学中的教学难点普遍存在，个别问题长期得不到解决。

第三，教育质量提高不明显。中小学课堂教学普遍存在抽象难懂、死记硬背的现象，学生的学习和生活实际相脱离。

第四，审美教育成为短板。一方面，审美教育成为学校教育的短板，在实践中出现被弱化甚至被扭曲的现象；另一方面，朱光潜先生对审美能力是感性活动还是理性活动的疑问引起了课题组的关注。

第五，创新能力的培养问题。面对经济社会的快速发展，国家提出要培养学生的创新精神和创新能力。创新能力能不能在中小学培养，如何培养学生的创新能力，这些问题有待进一步研究。

实践中的问题需要在实践中解决。温寒江先生带着对教育的热情和解决问题的决心走进了一所又一所学校，带动了一批又一批教师，也带来了教学实践的不断改进。

(二)参与者及其范围

带着问题，温寒江先生走进学校开始研究。他从一所学校到另一所学校，从一个学科的研究延伸到许多学科的研究，从一些教师参与发展到很多教师加入，逐步形成了自己的研究队伍。队伍的核心是以温寒江先生为首的几位老教育工作者，包括温寒江(原北京教育学院院长)、连瑞庆(中央教育科学研究所《教育研究》杂志主编)、江丕权(清华大学教育科学研究所所长)等人。参加实验的学校和教师从"八五"到"十一五"逐步增加，先后有41所学校(其中幼儿园3所、特殊教育学校2所、小学22所、中学12所、大学2所)和1000多名教师参加(其中特级教师16人，中学高级教师20多人)，在多年改革实验的实践中形成了一支团结协作、奋发有为、勇于创新的队伍。这个过程中发展出很多优质学校，培养出一批又一批优秀教师。

(三)走进实践现场，开展教学研究

不同的学校有着不同的关注点，不同的学科有着不同的特点。课题组走进不同的学校，根据学校的实际情况开展了相应的研究。下面以部分学校为例来呈现实践研究的过程。

1. 关注形象思维，注重学生观察

温寒江先生以"八五"时期的课题为依托，走进学校开展实践研究。这一时期参与的实验学校并不多，北京育才学校小学部是从研究初期就参与的学校。该校以形象思维为突破口，开始了小学语言改革之路的探索。为了让教师尽早了解这项实

验研究，温寒江先生开展了"辩证唯物主义认识论""现代思维理论""现代语文教学理论"等专题讲座，组织教师开展座谈会、集体研讨、自主读书等活动。多种形式的学习为研究的实施做好了铺垫。他们从改革语文阅读教学开始，突出儿童阅读过程中的想象和感受，帮助儿童进一步理解阅读内容。他们将语言的基本功从听、说、读、写扩展至听、说、读、写、观察五种技能，强调观察是儿童阅读的基础，应该调用多种感官去观察和感受，积累直接经验，促进思维发展。

福建省龙岩市市直机关幼儿园也是从"八五"时期加入课题研究的。在初始阶段，该园在一个班进行实验，以发展幼儿形象思维为主，重视感知阶段的观察、体验，重视理解过程的再造想象，使幼儿教育走上"发展形象思维—发展语言—思维全面发展"的教育模式。在参加课题研究的近30年的时间里，这种教育模式在幼儿园逐渐全面实施，并渗透进各领域教育活动。

2. 完善两种思维，全面展开实践

北京市朝阳区实验小学因课题和温寒江先生结缘，从"九五"时期开始加入课题组开展课题实验。该校通过组织团队不断学习后，从两种思维的角度对知识、技能、能力、创造力、知识的理解和迁移等有了深入的理解，并做了新的界定，赋予了新的内涵，使其更具可操作性。从发展形象思维到思维的全面发展，该校各学科教学普遍将思维置于核心位置；根据学科的不同特点，将两种思维有机结合，突出形象思维的训练，培养学生的观察力、想象力、直觉思维能力等；在课题组教学思想的引领下，开展了数字校园的建设，丰富了学生的学习方式和形象思维材料，培养了学生的多种能力，促进了学习的可持续发展。

育才学校小学部在实践研究的过程中，将现代教育技术作为推动教学改革的突破口，比较早地开展了电化教育。为发展学生的两种思维，学校在语文、数学、英语、自然、体育等学科大面积实施改革，有效地协助了教学的开展，丰富了形象思维的材料，进一步促进了形象思维的发展。

3. 形成个性课题，过程承载发展

北京工业大学附属中学在"九五"后期加入课题研究，成为实验校。在初期，物理、化学、生物、语文、数学、外语等学科的教师陆续在日常教学中展开发展形象思维的研究，重视学生动手能力和思维能力的培养，并充分利用信息技术落实各学科教学中两种思维结合的教学模式。得益于课题研究的收获，学校在"十一五"

时期申报子课题"在高中学科教学中运用迁移理论分析与化解教学难点"，同时以此为题申报了区级规划课题。课题围绕"化解教学难点，提高教学质量"开展了系列研究和实践。教师运用学习与思维的几大原理化解教学难点，激发学生学习兴趣，加强技能训练，开展为促进正迁移而教学的研究，取得了多方面的成果。

北京市东城区特殊教育学校在课题研究的带动下，结合学校的特殊情况，先后立项了"运用形象思维理论指导智障儿童课堂教学的探索研究"和"注重思维的全面协调和可持续发展，提高残障学生课堂教学实效"等子课题，根据特殊儿童身心特点，运用形象思维的理论指导课堂教学，培养特殊学生的智能。经过十多年的实践，研究取得了一定的成效。面对不同的学生，教师将两种思维的训练在实践中渗透进语文、音乐、舞蹈等学科的教学，创设情境，提供学生体验的机会，形成了自己的教学特色，真正体现了以人为本。

(四)实现教学改革，促进教师发展

参与研究的每一所学校都立项多个研究子课题，每一位教师都在课题指导下开展教学实践。不同的学校、不同的教师虽然参与的时间或长或短，但都收获满满：既有学校的发展，也有教师的成长，更有学生的收获。

北京育才学校小学部统计发现，在参与研究的过程中，一批又一批具有现代教育理念、懂科研、会科研的科研型教师成长起来了。他们由经验型教师发展为研究型教师、专家型教师，在参与中实现了自身的专业化发展。该校30余位语文实验教师中有1人被评为特级教师，12人由小学一级教师成长为小学高级教师，4人被评为北京市级骨干教师，有区级学科带头人4人。课题组的3位语文实验教师成长为校级干部，3位教师成长为学校中层干部，担负起学校的管理工作。根据研究成果统计，语文教师撰写科研论文共计600余篇，其中获得全国一等奖21篇，市级一等奖56篇，区级评比中有224篇获奖。在课题研究的过程中，语文实验教师做市级公开课、研究课、展示课共43节，区级127节，赴外省市交流14节。在区级以上的各类会议上汇报课题研究的经验或宣读研究论文的有58人。已正式出版的研究成果有三部：《小学语文教学新路》《小学语文练习改革与研究性作业》《课改育才语文卷》。

福建省龙岩市市直机关幼儿园从"八五"时期参与课题研究，参与范围逐渐从

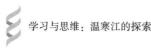

一个实验班扩展到全园，再推广至三所分园。经过多年的实践和研究，幼儿和教师都获得了明显的发展。根据园所对幼儿升入小学后的跟踪调查发现，幼儿在认知能力、学科成绩、行为习惯和活动获奖情况等方面都明显优于同龄人，这是实验研究成果的有力证明。教师队伍也获得了极大的发展，仅 2007 年至 2009 年，教师基于实践撰写了教学论文 160 篇，优秀教案 2650 篇，有 100 多篇论文获奖或被发表。幼儿园的教育得到家长和上级领导肯定。

以上两个单位只是众多参与单位的代表。参与课题研究的每一位教师都有丰满的收获，每一个单位也都实现着发展和超越。

以温寒江先生为首的团队开展的研究和实践，探索出了一种教育改革的新模式。这种模式以学生思维的全面发展为起点，以关爱每一名学生和教会每一名学生为目标，培养能力，促进迁移，走上了学习的可持续发展之路和德、智、体、美、劳和谐发展之路。

三、学习学的时代意义

经过多年的研究和实践，温寒江先生带领他的研究团队以课题为引领，以实践改进为目的，以问题为导向，积累了丰富的理论成果和实践成果。温寒江先生提出的基于两种思维的学习学理论，在教育理论建设和实践改进中做出很大贡献，具有显著的时代意义。

（一）丰富了我国本土教育理论

温寒江先生以发展形象思维、促进人脑全面发展为基础，对学习与思维做了长期的研究和实践，打破了长期以来教育只强调抽象思维的局限性，站在思维全面发展的立场来看待学习。两种思维的学习理论抓住思维这一学习认知中的核心，以脑科学为研究基础，厘清了知识、思维、技能、能力（创新能力）等学习学的基础概念，明确了它们之间的相互关系，从全新的视角对学习进行了论述，为丰富和完善我国本土教育理论研究做出了重要贡献。

两种思维是人脑在认识外部世界的过程中的不同处理方式，二者的结合共同构成人的认识过程。各学科的学习是通过形象思维和抽象思维全面、协调发展实现的。以思维为核心，温寒江先生的学习学理论包含了六大基本原理，全面阐述和回答了关于学习的重要问题，如学习脱离实际的理论根源是什么，新的学习是怎样发生的，如何从已知到未知，新旧知识间内在联系的机制是什么，知识与技能、能力及创新能力的关系是什么，学习是否具有可持续性。对这些问题的回答既是对现有教育理论的丰富与完善，也是在本土实践基础上的学习学理论研究。

（二）实现了教育理论与实践的融合

原初的理论和实践的一体化状态在发展的过程中逐渐演变成理论是思、实践是做的二元状态。在拉近合二者之间距离的过程中，学者们做出了很多努力。温寒江先生在多年的研究和实践中，以问题为导向开展基于实践改进的研究，既形成了基于实践的理论，也实现了理论指导下实践的改进。

温寒江先生带领着几十个单位、1000 多位教师边研究边实践，从开发右脑开始研究形象思维，到促进思维的全面协调发展，再到建构学习学理论体系，经历了约 30 年，实现了研究参与者人人做实验、个个搞研究。这一系列的研究源于实践，在实践中展开，且以改进实践为目的，真正做到了理论与实践有机结合、相互促进。课题研究注重实践经验的总结，不断地反思，形成了理论体系，再回归实践，这一过程既促进了学校的发展和教师的成长，也会因其所具有的理论价值影响到更多的人。

（三）推动了教师现代化的进程

在教育现代化进程中，人的现代化至关重要。教师作为重要的教育主体，其现代化的实现是教育现代化的重要基础。教师现代化体现在很多方面，观念的现代化是关键要素，教师原创性教育科研成果是重要标志，教育目的的实现是最终目的。

在温寒温先生的长期实践研究中，有 41 所学校的上千名教师参与。教师在实验与研究中不断地反思、改进、再反思、再改进；扎根教育实践，在持续研究中更新对教育、教学以及学生的认识；围绕学习与思维的原理和基础法则，逐步实现从教向学的转变；更多地关注学生主体地位，调动学生的主观能动性。在不断实践和反思的过程中，教师积累了丰富的成果，并将成果转化成论文或专著。例如，"十五"期间北京市朝阳实验小学的教师做了上千节研究课，实验教师撰写研究报告、

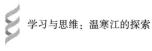

学科论文、教育案例、实验总结近 500 篇，参加市级征文获奖 180 余篇。这是教师专业发展的过程，也是教师现代化的体现。

（四）引领教师走以研究促发展之路

在传统教育教学中，教师以开展课堂教学为主，教育研究是理论研究者的专属，中小学教师只需要向理论研究者学习、在实践中利用相应的理论即可。温寒江先生带领大批中小学教师开展的基于实践的教学研究扭转了人们对实践和研究的认识，呈现了中小学在实践中研究以及为了实践而研究所做出的努力和收获的成果，也引领了教师通过开展实践研究和行动研究来改进教育实践，实现专业发展。

温寒江先生的研究团队中走出了许多优秀学校管理者、优秀教师、学科骨干等，这些是教育研究支持下教师专业发展的结果。他们是课题研究的积极参与者和研究的受益者，以在实践中开展研究、在研究中改进实践为追求，以促进学生发展为最终目的。以解决问题和改进实践为目的的研究引领参与的教师不断地思考、改进、实践，突破经验的局限，走上专业发展之路。

教育的关键在于学习，学习的核心是实现思维的发展。温寒江先生经过多年的研究和实践，明确提出了学习学理论，将学生的思维能力置于教学活动中心，突出学生思维能力的训练，引导学生综合运用两种思维来实现全面发展，并学会预见和构想未来事物及其发展趋势，从而培养学生的创新精神和创新能力。温寒江先生以其与时俱进的科学精神和献身教育的崇高人格，凝聚和团结课题组及实验学校的广大教师深入探索思维与学习的规律，创生了中国本土的教育理论，书写了中国自己的教育故事。温寒江先生的研究精神对我国教育工作者来说是一种鼓舞和激励，也必将会对更多的学校和教师产生积极的影响。

📝 本章小结

➢思维发展具有全面性和协调性，在人的发展中发挥着重要作用，成为人全面发展的基础。

➢工作记忆具有处理和储存信息的双重任务。思维的工作记忆原理提出思维活动需要采取小步子的方式，集中注意力，并防止无关因素的影响。

➢迁移是新旧知识、技能联系的机制。学习迁移原理提出迁移是普遍存在的，前后两种知识、经验、技能、能力、情感等若有共同思维要素就能产生迁移。共同的思维方法、方式越多，越容易产生迁移。

➤学习与发展的最终目的是实现人的全面发展。人的能力发展具有多元性和多层次性，思维是其内在联系的基础。

➤学习的基本过程是从感性认识到理性认识，经由理解再到实践的过程。学习的基本过程原理指出学习是一种认识过程，思维是这个过程的中心，内化技能和外化技能是它的两翼，知识是认识的结果。

➤学习是通过新旧知识的迁移而形成技能和能力的过程，促使学生的新旧知识间产生迁移是实现学习可持续发展的关键。

➤学生是学的主人，也是学的主体，具有主观能动性。教育要以人为本，发挥学生的主体性和创造性，开发学习潜能。

➤教育的关键在于学习，学习的核心是思维的发展。两种思维的学习理论的研究扎根于中国教育实践，形成了丰富的理论与实践成果，创生了中国本地的教育理论，书写了中国自己的教育故事。

✄% 章后链接

➤从两种思维基础理论的提出，到基于教学和学习的知识、技能、能力、创新思维等概念的创新和重构，奠定了提升教学效率的基础，并在这个基础上由"教"向"学"转化，提出了两种思维一系列理论与学习的本质关系，从而形成了基于两种思维的学习理论，主要表现为思维全面性和协调性是学习的基础理论，思维的同一性为基础的学习迁移理论，思维发展的学习难点破解理论等。

——参见《教师现代化是教育现代化的重要基础——温寒江先生讲述教师科研的中国故事》（杨志成），《教师发展研究》2019 年第 3 期。

附　录

温寒江简介①

◇1924 年

◆5 月 20 日出生在福建省龙岩县(现改为新罗区)好坑村。全村是单一的温姓，客家人，汉族的一个支系。

◆父亲温仰崧，兄弟三人，排行老二，年轻时经营造纸业，邻近的几个村子都有他的造纸作坊，纸经销到漳州、厦门。母亲滕顺红是一位普通的农村妇女，性情温和，育有九子(女)。

◆原名温泽民，工作后改名温寒江，排行第四。

◇1931 年

◆上小学。小学期间，2 篇作文在上海出版的《儿童世界》上刊登。

◇1937 年

◆"七七事变"后，协助学校教师在校园内油印、张贴抗战消息和重要新闻，排练"活报剧"(老百姓称"文明戏")并在家乡周边的村子演出，号召全校师生关心国家大事。同年小学毕业。

◇1938 年

◆就读于雁东初中。

◇1940 年

◆以同等学力考入省立福州高中。因为战争，福州高中迁至沙县。高中期间，受高一国文老师成绍宗鼓励和影响颇多，阅读苏联的革命书籍，主动同一些思想进

---

① 本简介按年代顺序记事，主要叙述温寒江先生的教育生涯，适当反映了某些重要的背景材料，一般均省略主语。相关年代下包括不同月日多次活动，包括同一事件在较长时间段内的情况。对于文中涉及的有些人和事，做了简单的注释。文中不同年份涉及的领导与专家的职务皆为当年时任职务。

步的同学交往。

◇1943 年

◆福州高中毕业，并被学校推荐入浙江大学。

◆大学期间，浙江大学迁到贵州。师从一批国内一流学者，如数学系主任苏步青、生物学教授贝时璋、数学史专家钱宝宗等，深受厚重学术风气的熏陶。

◇1945 年

◆开始接近潘寰、向协伍等进步同学，利用旧报刊办《文萃报》，宣传国内知名民主人士的文章。

◆参加物理系助教许良英①组织的进步学生活动。

◆被选入学生会，担任学习委员。

◇1946 年

◆暑期，浙江大学迁回杭州。

◆申请加入中国共产党，许良英是入党介绍人。

◇1947 年

◆在西湖风景区黄龙洞后面的小山上宣誓入党。

◆浙江大学成立共产党(南方局)支部。党支部书记为刘茂森(工学院)，与许良英、孙幼礼(化学系)一起为支部成员。

◆浙江大学学生会在全国掀起了"反饥饿、反迫害、反内战"的学生运动。在全校罢课期间，受党支部指派与学生会主席于子三②联系，及时研究校内形势。

◆6 月，大学毕业。

◆7 月，经苏步青教授介绍，拟到厦门大学当助教。因发展对象夏文俊在温州被捕，上级党组织通知取消原定到厦门大学的计划。临时决定去北平，住在堂哥家。经堂哥友人介绍到私立民国中学当教员。

---

① 许良英(1920—2013)，男，中共党员，浙江临海市人，中国著名科学史家，《爱因斯坦文集》的主要编译者，介绍温寒江同志入党。

② 于子三(1924—1947)，男，中共党员，山东牟平县(现牟平区)人。1947 年 10 月 29 日被国民党特务杀害，时年 23 岁。

◇1949 年

◆新中国成立后在"北京市中小学教职员联合会"任驻会专职干部。此前，在杨伯箴①、薛成业的领导下，协助在北平建立党的外围组织"人民教育联盟"，简称"人教联"。

◇1950 年

◆"北京市中小学教职员联合会"与"大学教职员联合会"合并，第一个北京教育工会成立，任驻会干部、办公室副主任。在北京教育工会工作期间，在北京市第一女子中学教政治课、高中代数，在国立北京师范学院附属中学一部教逻辑学。

◇1952 年

◆8 月，被调到北京市第三十五中学(前身为志成中学，革命先驱李大钊烈士是建校董事之一)任党支部书记兼校长，由北京市市长彭真同志任命，也是北京市第三十五中学由私立学校改成公立学校的第一任校长。到任后，住在学校，同学校干部一起研究如何抓管理、抓教学；建立健全了教研组，开展教学研究，发挥老教师的作用，抓教师的备课工作；印发苏联专家讲稿，组织教师学习苏联先进教育理论，如课堂教学原则、教学方法、五级计分法等；抓课堂教学，整顿课堂教学纪律，提倡教师到课堂听课，树立新校风；在区委领导下，有步骤地整顿教师队伍，落实党的知识分子政策。经过师生一年多的努力，学校工作步入正轨，并涌现出一批年轻干部，如张湘平、孙焕然、王振信等。

◇1954 年

◆1 月，任北京四中校长。

◆北京市委为提高教育质量，出台《五四决定》②，要求教师认真备课、分析试卷、了解学生，努力提高教学质量，做好教书育人工作。

◆与学校主要干部，如教务主任高万春、党支部书记刘铁岭、团委书记屈大同等，团结协作，建立核心教研组，研究教学改革问题，有力地推动了学校的教学改

---

① 杨伯箴(1919–1989)，男，中共党员，贵州镇远县人。曾任华北联合大学教员、中共中央晋察冀分局机关党总支副书记。中华人民共和国成立后，任青年团北京市委书记，中共北京市委宣传部、教育部副部长等。

② 1954 年，北京市委出台《市委关于提高北京市中小学教育质量的决定》，简称《五四决定》。这是中华人民共和国成立后北京市委第一次专门对中小学教育工作做出的决定。

革工作。鼓励教师听课，一批青年教师有目的地、系统地听老教师的课，外校的许多教师也经常来校听课观摩。

◇1956 年

◆"国庆节"前夕，与北京市实验中学党总支副书记兼历史教师吴秀同志在北海公园举行婚礼。

◇1959 年

◆9 月，任北京八中校长。

◆直到"文化大革命"前，主要工作为完成市教育局下达的"关于中小学十年制改革实验"任务。市教育局派林婉、查良珍二位教研员来帮助开展实验工作。实践表明，十年制的学制改革实验是成功的。

◇1971 年

◆年初，随同 1000 多名北京干部到陕北插队，驻在志丹县双河公社。

◆插队期间，利用晚上时间，为麻家河知青和生产队里的青年积极分子讲党课。

◇1976 年

◆6 月，由陕北回到北京八中。

◆拨乱反正，深入教学改革。总结了 28 年来学校工作正反两方面的经验教训，抓好三方面的工作：坚持以教学为中心，坚持加强基础，抓教材教法的研究。

◆复课初期，学校根据各年级各班的学习实际情况，开设"快慢班"，有针对性地开展教学。半年后教学质量有了明显进步。

◆进行备课改革。组织实施学期总备课和课时备课，备课组有固定备课时间，新老教师结合，定时总结备课经验，制定"教学常规"标准。

◇1979 年

◆随着教学改革的深入，提倡教学理论研究。在北京市第八中学召开第一次理论研讨会，主题为"关于教学过程的特点与规律的探讨"。区教育部门领导和教研员到会指导。

◇1980 年

◆任北京教育学会常务副会长。

◇1981 年

◆年初，调至北京教育学院工作。5 月，被任命为院长。

◆开始自学教育基础理论，如教育史、心理学、教育心理统计等。

◆主持"六五"国家教育科学规划重点科研项目"中小学师资培训的研究"（1980—1985），形成了研究成果《师资培训概论》，填补了国内师资培训理论研究的空白。

◇1986 年

◆主持北京市哲学社会科学"七五"规划课题"中小学教师素质和能力问题"（1986—1990），形成研究成果《论教师的素质》。

◆主持教育部"七五"重点课题"课外活动与教学体制改革的研究"（1986—1990），形成研究成果《课外活动与教学体制改革》。

◆"七五"期间，担任北京市哲学社会科学规划办公室教育科学专家组副组长。

◇1987 年

◆离休。

◇1992 年

◆主持北京市哲学社会科学"八五"规划重点课题"在发右脑，发展形象思维的教学实验与研究"（1992—1995），形成研究成果《开发右脑——发展形象思维的理论和实践》，其中观察理论是最重要的创新。

◆"八五"期间，担任北京市哲学社会科学规划办公室教育科学专家组副组长。

◇1995 年

◆11 月 20 日，北京市教育局、北京市哲学社会科学规划办公室和北京市教育学会联合召开"开发右脑，发展形象思维的教学实验与研究"成果汇报会，并联合举办课题成果汇报展览。中国教育学会会长张承先、副秘书长郭永福出席，北京市教育局局长陶春辉主持会议，副局长文喆讲话。首都部分专家学者和一线教学骨干共 200 余人出席汇报会，有 5000 余人参观为期一周的成果展览。

◇1996 年

◆主持北京市哲学社会科学"九五"规划重点课题"发展形象思维的理论研究与教学实验"（1996—2000），形成研究成果《构建中小学创新教育体系》，其中"技能和能力"的界定是一项重要的突破。

◆"九五"期间，担任北京市哲学社会科学规划办公室教育科学专家组副组长。

◆11 月，北京市教育学会开发右脑研究会成立（2006 年更名为"开发大脑潜能发展形象思维研究会"，2012 年更名为"学习与思维教育研究会"），任第一任理事长（1996—2006），此后分别任顾问（2006—2012）、名誉理事长（2012—）。

◇1998 年

◆春节期间，国务院副总理李岚清关注"开发右脑"问题研究，北京市委书记贾庆林转呈"学习与思维"课题有关材料。李岚清阅读了《开发右脑——发展形象思维的理论和实践》全书，写下 100 多处批注。3 月 17 日，李岚清主持召开"人脑功能开发与素质教育"座谈会，教育部部长陈至立和科技部部长朱丽兰等领导、专家出席。北京市人大常委会副主任陶西平、副市长林文漪率"学习与思维"课题组部分成员参会。会上，温寒江先生等汇报了课题研究成果，与会领导专家给予了充分肯定。当时市委主要领导把该书呈送给了江泽民同志。

◆2 月 2 日，北京市委副书记李志坚同志批示，请市委宣传部牵头，召开"开发右脑，发展形象思维"科研成果新闻发布会。3 月 12 日，中共北京市委宣传部、市社会科学规划办公室联合召开"开发右脑，发展形象思维"科研成果新闻发布会，市委宣传部副部长王学勤主持，温寒江先生介绍课题研究情况。会后，《北京青年报》《北京日报》《北京社科信息》《教育研究》《中国教育报》等相继刊发相关文章。

◆3 月 31 日至 4 月 2 日，北京市教育委员会、北京市社会科学规划办公室、北京市教育学会和《教育研究》杂志社联合在北京航空航天大学召开"开发右脑，发展形象思维，深入素质教育"研讨会。北京市委常委、北京市教育工委书记徐锡安出席。北京市人大常委会副主任陶西平，北京市委宣传部常务副部长、北京市社会科学规划领导小组副组长刘述礼等领导出席并讲话。

◇2000 年

◆"开发大脑潜能　发展形象思维"教学观摩与研讨会在北京工业大学附属中学召开。首都十几所学校的 50 余名教师和研究人员与会。

◇2001 年

◆主持北京市哲学社会科学"十五"规划重点课题"发展形象思维的理论研究与教学实验"（2001—2005），形成研究成果《让青少年智力得到最佳发展——两种思维的智力基本理论》，其中思维的界定、思维的两个属性和思维的全面性是思维理论的重要创新。

◆"十五"期间，担任北京市哲学社会科学规划办公室规划工作顾问。

◇<u>2002 年</u>

◆北京教育学院与"学习与思维"课题组联合举办"两种思维结合的学习与智力基本理论研究班"。为期一年半，每周学习半天，共43名学员。

◆"开发大脑潜能，发展形象思维，中小学培养创新能力"研修班在北京市育才学校小学部举办。北京、福建、陕西等地150余名代表参加。

◇<u>2003 年</u>

◆"学习与思维"课题组研究课（展示课）观摩活动在北京市朝阳区实验小学举办。北京各区（县）150余名教师参加了此次活动。

◇<u>2004 年</u>

◆"学习与思维"课题组研究课（展示课）观摩活动在北京八中举办，主题为"新课程计划下学生创新思维培养途径研究"。

◇<u>2005 年</u>

◆在"发展形象思维的理论研究与教学实验"课题研究十五年成果汇报会上做主题报告《走进现代教育——"发展形象思维的理论研究与教学实验"课题研究十五年》。北京市社会科学界联合会主席陶西平先生发表题为《一项具有深刻意义的教育研究成果》的讲话。

◇<u>2006 年</u>

◆主持北京市哲学社会科学"十一五"规划重点课题"学习中思维的全面协调和可持续发展研究"（2006-2010）。形成研究成果《学习与思维——学习中思维的全面协调和可持续发展》，初步形成学习学理论体系。

◆"八五""九五""十五""十一五"期间，主持课题总称为"学习与思维"的课题研究，与课题组成员出版"'开发大脑潜能发展形象思维'创新教育丛书"。

◇<u>2007 年</u>

◆被评为全国教育系统关心下一代先进个人。

◇<u>2008 年</u>

◆在北京教育学院召开的温寒江教育科学研究30年研讨会上，做主题报告《教育科研30年》。北京市社会科学界联合会主席陶西平先生发表题为《光辉的人生》

的讲话。北京市政协副主席、北京市教育系统关心下一代委员会顾问李晨，中国教育学会会长郭永福，北京市哲学社会科学规划办公室主任陈之昌，北京教育学院院长李方，北京四中校长刘长铭和北京市朝阳区实验小学校长马芯兰等同志出席会议并讲话。

◇2009 年

◆被推荐为全国离退休干部先进个人。

◇2010 年

◆在北京教育学院与北京市社会科学联合会、北京市哲学社会科学规划办公室、北京市教育学会联合召开的"学习与思维"课题研究 20 年成果汇报会上，做主题报告《教学改革的回归与创新》。北京市人大常委会副主任、北京市社会科学界联合会名誉主席陶西平，中共北京市委教育工作委员会常务副书记刘建，北京市社会科学界联合会党组书记、常务副主席张文启，北京市社会科学界联合会党组副书记、常务副主席陈之昌等领导和北京大学、北京师范大学、首都师范大学、北京联合大学等高校的专家学者以及北京教育学院院长李方、党委副书记刘枫耘等同志出席会议。

◆被评为北京市离退休干部先进个人。

◇2011 年

◆11 月，北京市教育学会学习与思维研究会主办、中国科学院附属实验学校承办的"爱·智"课堂教学实践研讨会举行。

◇2016 年

◆与课题组成员重新修订和编写"脑科学·思维·教育丛书"，其中《学习学》(上、下册)研究成果的形成标志着学习学理论体系形成。

◇2017 年

◆6 月 26 日，北京市副市长王宁同志做出批示："温寒江同志长期从事教育教学基础理论研究，为构建和完善教育基础理论体系做出了突出贡献。目前研究成果已全部出齐，应予以积极推广并给予大力支持。所提问题和建议请予积极研究，协调解决。"

◆在北京教育学院召开的"学习与思维"课题研究 25 年成果发布会与《学习学》系列丛书出版座谈会上，做主题报告《全面发展思维 走提质增效教改新路》。联合国教科文组织协会世界联合会名誉主席陶西平先生发来贺信。北京教育学院党委书记杨公鼎同志致辞，祝贺温寒江"学习学"体系的成功创立。北京市教育委员会主任刘宇辉、北京大学党委书记闵维方等专家出席会议并讲话。

◇2019 年

◆5 月，中共北京教育学院委员会授予温寒江同志"荣誉教授"称号。北京教育学院党委书记肖韵竹同志号召全体干部、教师以温寒江同志为榜样，学习他勇于求索、敢为人先的创新精神，学习他耐得住寂寞、持之以恒的执着精神，学习他扎根实践、攻坚克难的求实精神，学习他甘为人梯、举人过己的奉献精神，学习他热心公益、关心桑梓的仁爱精神。

◆5 月 18 日，在北京教育学院召开的温寒江"学习与思维"研究与实践研讨会上，做主题报告《向教师学习，总结教师经验》。联合国教科文组织协会世界联合会名誉主席陶西平先生发来贺信。北京市委常委、北京市委教育工作委员会书记王宁，教育部教师工作司司长任友群，北京市委副秘书长郑登文，北京市委教育工作委员会委员、北京市教育委员会副主任李奕，北京教育学院相关领导以及北京部分高校领导出席会议并讲话。各区教育委员会领导、区培训机构领导及骨干培训者、"学习与思维"实践基地校长及负责人参加了会议。

◆北京教育学院成立"学习与思维教育研究中心"。北京市委常委、北京市委教育工作委员会书记王宁，教育部教师工作司司长任友群，北京教育学院党委书记肖韵竹、院长何劲松为"学习与思维教育研究中心"揭牌。

◆北京教育学院举办首期"学习与思维"高级研修班，为期一年，30 名学员分别来自北京教育学院，北京市海淀区、西城区、朝阳区、房山区、顺义区等区级教师培训机构和"学习与思维"课题组实践基地。

◆《学习学》(上、下卷)荣获北京市第十五届哲学社会科学优秀成果奖。

主要参考文献

1. 全国教育学会研究会．教学过程的特点和规律[M]．北京：人民教育出版社，1979.

2. 温寒江．解放思想深入改革[N]．光明日报，1980：10-10.

3. 中央教育科学研究所学校管理研究室．中学校长工作经验选编[M]．北京：教育科学出版社，1981.

4. 温寒江．按照教育规律全面提高教学质量[J]．红旗，1982(1).

5. 温寒江．学习党的教育方针总结历史经验[J]．教育研究，1982(1).

6. 温寒江．谈谈语文教学科学化问题[J]．教育研究，1982(6).

7. 温寒江．学校管理工作改革刍议[J]．北京教育，1983(4).

8. 温寒江．教与学外因与内因[J]．教育研究，1983(8).

9. 温寒江．形象思维的一般概念、思维的方式与训练[J]．教育研究，1983(11).

10. 温寒江.《实践论》对于研究教学过程的指导意义[J]．教育研究，1984(4).

11. 温寒江．建立以课堂教学为基础课内外结合的教学体制[J]．教育研究，1984(9).

12. 温寒江．搞好在职教师培训是发展教育事业的战略措施[J]．教育研究，1985(8).

13. 温寒江．观察、说话、写话——小学语文改革的新经验[J]．教育研究，1986(2).

14. 温寒江．纠正片面追求升学率的关键何在[J]．教育研究，1986(4).

15. 温寒江．教学过程优化的探讨[J]．教育研究，1986(7).

16. 温寒江．课外活动是对传统教育的重大改革[J]．教育研究，1986(1).

17. 温寒江. 改革数学教学培养数学能力的新经验[J]. 北京教育学院院刊，1987(1).

18. 温寒江. 试论教学与整体发展[J]. 教育研究，1987(11).

19. 温寒江. 现代教学论引论[M]. 天津：天津教育出版社，1988.

20. 温寒江. 试论教学过程中的德育[J]. 中国教育学刊，1988(3).

21. 温寒江. 关于加强中小学教师教学和教育工作基本功问题的探讨[J]. 北京研究，1988(11).

22. 温寒江. 教学结构与教学改革[J]. 北京教育研究，1989(5).

23. 温寒江：师资培训概论[M]. 北京：北京师范大学出版社，1989.

24. 温寒江：论教师的素质[M]. 北京：北京燕山出版社，1991.

25. 温寒江：课外活动与教学体制改革[M]. 北京：中国工人出版社，1992.

26. 温寒江. 关于发展形象思维的初步研究[J]. 教育研究，1993(4).

27. 温寒江. 教学结构与课外活动[M]. 郑州：河南教育出版社，1993.

28. 温寒江. 小学数学改革的新经验[J]. 人民教育，1994(3).

29. 温寒江. 形象思维与教学过程[J]. 教育研究，1994(11).

30. 温寒江. 形象思维表达及其教学意义[J]. 北京教育研究，1995(2).

31. 温寒江. 发展形象思维教学实验报告[J]. 北京教育研究，1995(5).

32. 温寒江. 略论观察与观察力[J]. 北京教育，1996(Z2).

33. 温寒江，董素艳. 形象思维与语文教学[J]. 教育研究，1996(11).

34. 温寒江，连瑞庆. 开发右脑——发展形象思维的理论和实践[M]. 杭州：浙江教育出版社，1997.

35. 温寒江. 开发右脑——发展形象思维的理论与教学研究[J]. 北京教育研究，1998(3).

36. 温寒江. 全面深入改革传统教育培养创新能力[J]. 中国教育学刊，1999(1).

37. 温寒江. 关于语文训练体系(小学)的研究[J]. 教育研究，1999(8).

38. 温寒江，连瑞庆. 构建中小学创新教育体系[M]. 北京：北京科学技术出版社，2002.

39. 温寒江. 为了教学的高质量——能力的结构及培养[J]. 北京教育研究，2003(1-4).

40. 温寒江. 让青少年智力得到最佳发展——论智力[J]. 北京教育研究, 2003(5).

41. 温寒江. 建立两种思维的新智力观——学习与智力基本理论研究成果[J]. 北京教育研究, 2003(5-6).

42. 温寒江. 多媒体教学——两种思维结合的教学好形式[J]. 北京教育研究, 2004(3).

43. 温寒江, 陈爱苾. 让青少年智力得到最佳发展——两种思维的智力基本理论[M]. 北京：北京科学技术出版社, 2006.

44. 温寒江, 王迎春, 连瑞庆. 走进现代教育——"发展形象思维的理论研究与教学实验"课题研究十五年[M]. 北京：北京科学技术出版社, 2006.

45. 温寒江. 小学数学教学与创新能力培养：马芯兰教学法的研究与实践[M]. 北京：北京科学技术出版社, 2006.

46. 温寒江. 谈思维在德育中的作用[J]. 中国德育, 2007(4).

47. 温寒江. 学习与思维：学习中思维的全面协调和可持续发展[M]. 北京：教育科学出版社, 2010.

48. 温寒江, 董素艳. 化解教学难点教会每一个学生[M]. 北京：教育科学出版社, 2010.

49. 温寒江, 王迎春, 连瑞庆. 教学改革的回归与创新——"学习与思维"课题研究 20 年[M]. 北京：教育科学出版社, 2010.

50. 温寒江, 连瑞庆, 江丕权. 思维的全面发展与中小学生创新能力培养[M]. 北京：教育科学出版社, 2015.

51. 温寒江, 陈立华, 魏淑娟. 小学数学两种思维结合学习论——马芯兰教学法的研究与实践[M]. 北京：教育科学出版社, 2016.

52. 温寒江, 陈爱苾. 学习学(上卷)[M]. 北京：教育科学出版社, 2016.

53. 温寒江. 学习学(下卷)[M]. 北京：教育科学出版社, 2016.

54. 杨志成, 温寒江. 用中国的故事讲中国的教育[M]. 北京：教育科学出版社, 2016.

55. 温寒江. 论教师的素质[M]. 北京：北京燕山出版社, 1991.

56. 施良方. 学习论[M]. 北京：人民教育出版社, 2001.

57. 温寒江. 课外活动与教学体制改革[M]. 北京：中国工人出版社，1992.

58. 马克思恩格斯全集(第23卷)[M]. 中共中央马克思恩格斯列宁斯大林著作编译局，译. 北京：人民出版社，1972.

59. [加]布莱克斯利. 右脑与创造[M]. 傅世侠，夏佩玉，译. 北京：北京大学出版社，1992.

60. [美]索拉索. 21世纪的心理科学与脑科学[M]. 朱莹，陈烜之，等，译. 北京：北京大学出版社，2002.

61. 爱因斯坦文集(第一卷)[M]. 许良英，范岱年，编译. 北京：商务印书馆，1976.

62. [美]鲁迈夫·阿恩海姆. 视觉思维[M]. 滕守尧，译. 成都：四川人民出版社，2019.

63. [美]加扎尼加. 认知神经科学[M]. 沈政，等，译. 上海：上海教育出版社，1998.

64. [美]托马斯·R. 布莱克斯利. 右脑的奥秘与人的创造力[M]. 董奇，杨滨，译. 北京：国际文化出版公司，1988.

后　记

2019 年 5 月 18 日，为进一步推动"学习学"的基础教育理论研究，使"学习与思维"系列成果在新时代首都基础教育的改革发展中发挥更加重要的作用，北京教育学院举办了"学习与思维"研究与实践学术研讨会。同日，"学习与思维教育研究中心"正式揭牌，首期学习与思维高级研修班的研修工作也拉开了序幕。北京教育学院"学习与思维教育研究中心"的成立和高级研修班研修工作的开始，标志着温寒江先生领衔研究的"学习学"从理论研究进一步走向实践推广的重要阶段。

作为"学习与思维教育研究中心"的首期高级研修班学员，我们很荣幸成为温寒江先生的学生。2019 年 5 月 18 日以来，研修班围绕学习与思维课题成果的研究与应用，全面开展了相应的研究、培训和推广活动。在了解温寒江先生学术探索的过程中，我们日益强烈地感受到了温寒江先生敢为人先的创新精神及"学习学"作为我国本土教育学理论成果的理论价值和实践价值，从而有了全面整理温寒江先生教育思想与实践的意识和决心。

展开来说，我们尝试编写《学习与思维——温寒江的探索》，有两方面的动力和意图。

第一个动力和意图是梳理与学习。温寒江先生是我国的教育家，他的教育生涯伴随着中华人民共和国的成长，积累了丰富的教育经验。20 世纪 70 年代起，温寒江先生及其研究团队用中国的学术话语发表出版了 60 多篇(部)理论研究与教学实验的学术成果。2019 年 5 月，温寒江先生不辞辛劳完成了《"90 后"学习学文集》手稿。这些成果展现了温寒江先生不断探索"学习与思维"理论和实践的艰苦历程，闪烁着他深邃的教育思想的火花。其思维的全面协调和可持续发展理论，对全面贯彻党和国家的教育方针以及促进我国素质教育的发展做出了卓越的贡献。我们希望能立足于学习与思维的视角，对温寒江先生的研究成果进行学习梳理，以便为进一步探索"学习学"理论发展和实践应用的新思路打下坚实的基础。

第二个动力和意图是传承与发展。温寒江先生是教育家。在北京教育学院工作期间，他站在促进首都基础教育改革发展的高度，积极推进首都中小学教师培训事业，努力开拓教师教育的新思路、新途径、新内容与新方法。首都40多所学校开展了学科教学实验，在学生的知识掌握、能力形成、创新精神培养等方面取得了显著的成效，这是首都基础教育界关于教学理论和教育实践的一笔宝贵财富。我们希望在学习和传承中进一步找到教师教育研究的新生长点，把这笔宝贵的学术财富、精神财富和方法论财富进一步传承下去。温寒江先生是我们身边的教育家。在学习学理论创新创造的过程中，温寒江先生在问题意识、学习态度、创新品格、实验精神和服务意识方面给我们做出了榜样，我们有责任传承温寒江先生的学术研究精神，传承他耐得住寂寞、持之以恒的执着精神，传承他扎根实践、攻坚克难的求实精神，传承他甘为人梯、举人过己的奉献精神。我们要着眼于首都基础教育领域的人才成长，走进教师培训现场，做服务于基础教育教师队伍的"排头兵"。

本书共包括序言、正文、附录和参考文献三部分。进行这样的总体设计，既是为了更全面地反映温寒江先生的教育实践与思想内容，也是为了深化研修班学员的学习研究成果。第一部分为序言，由丛书总序《追寻教育的理想》、温寒江先生的《向教师学习，总结教师经验》、陶西平先生的《光辉的教育人生》、王宁先生的《把握时代脉搏，勇于探索创新》、任友群先生的《深入研究教与学，促进学生全面发展》五篇序言组成。第二部分是全书的关键内容，包含导论和五章内容，每章分为"本章概述、节前导读、本章小结与章后链接"四部分。五章内容主要沿着温寒江先生从事学习与思维科学研究"基础——初耕——再耕——深耕——精耕"的时间历程，阐述其关于中小学师资培训的教育思想以及"学习学"理论体系的主要内容。第三部分为附录和参考文献，主要根据温寒江先生的自传、著作、文章等对其教育生涯的关键事件做出纵线梳理。我们在学习、思考、研讨和总结温寒江先生的研究成果的过程中，深切地体会到了温寒江先生教育探索的内容、特色和贡献。

需要说明和感谢的是，北京教育学院党委书记肖韵竹同志与副院长汤丰林同志对全书的立意与结构进行了总体设计，序言与导论由北京教育学院人文与社会科学学院副教授李军整理编写，第一章由北京教育学院附属丰台实验学校校长郝玉伟编写，第二章由北京教育学院信息科学与技术教育学院杨建伟编写，第三章由北京市宣武区师范学校附属第一小学书记陈崴编写，第四章由北京教育学院党政办公室主任滕利君编写，第五章由北京市房山区教师进修学校教研员白永然编写，附录与参考文献由北京教育学院党政办公室科员王延梅整理编写，李军对全书进行了统稿与修订。

最后要感谢温寒江先生对本书成稿给予的建议，感谢北京市相关教育部门、北京教育学院党委和"学习与思维教育研究中心"对所有学员的支持和信任，感谢北京教育学院离退休老干部处所提供的相关音视频资料，同时也感谢北京师范大学出版社对于本书能够面见读者所付出的辛苦劳动。尽管我们投入了极大的热情，也付出了最大的努力，但受研究视野及学习能力的局限，对温寒江先生教育探索的理解还有待于进一步提升，祈望各位读者批评指正。

李军

2020 年 5 月 18 日